Achim Schmidtmann (Hrsg.)

Maximilian Grigat, Stefanie Jurecz, Sascha Kirschner, Robin Seidel, Tobias Stepanek (Autoren)

Kosten der IT-Sicherheit

Ein Ausgangspunkt für weitergehende Untersuchungen

Mit scharfem Blick, nach Kennerweise,

Seh ich zunächst mal nach dem Preise,

Und bei genauerer Betrachtung

Steigt mit dem Preise auch die Achtung.

Wilhelm Busch (1832-1908)

deutscher Zeichner, Maler und Schriftsteller

Achim Schmidtmann (Hrsg.)

Maximilian Grigat, Stefanie Jurecz, Sascha Kirschner, Robin Seidel, Tobias Stepanek (Autoren)

Kosten der IT-Sicherheit

Ein Ausgangspunkt für weitergehende Untersuchungen

1. Auflage

September 2020

Bibliografische Information der Deutschen Nationalbibliothek:

Die Deutsche Nationalbibliothek verzeichnet diese Publikation in der Deutschen Nationalbibliographie; detaillierte bibliografische Daten sind im Internet über http://dnb.dnb.de abrufbar.

Coverfoto erstellt aus Bildern von Pete Linforth und Angelo Luca Iannaccone von Pixabay

© 2020 Grigat, Maximilian; Jurecz, Stefanie; Kirschner, Sascha; Seidel, Robin; Stepanek, Tobias; Schmidtmann, Achim
Herstellung und Verlag: BoD – Books on Demand, Norderstedt

ISBN 978-3-7526-0874-8

Inhalt

Markenrechtlicher Hinweis

Die in diesem Band wiedergegebenen Gebrauchsnamen, Handelsnamen, Warenzeichen usw. können auch ohne besondere Kennzeichnung geschützte Marken sein und als solche den gesetzlichen Bestimmungen unterliegen.

Amazon ist eine eingetragene Marke von Amazon.com, Inc.

Microsoft® ist eine eingetragene Marke der Microsoft Corporation.

SAP® und SAP® R/3 sind Marken oder eingetragene Marken der SAP AG, Deutschland

Sämtliche in diesem Band abgedruckten Bildschirmabzüge unterliegen dem Urheberrecht © des jeweiligen Herstellers.

Hinweis zur Verwendung der männlichen und weiblichen Form

Aus Gründen der besseren Lesbarkeit wird im Folgenden auf die gleichzeitige Verwendung männlicher und weiblicher Sprachformen verzichtet. Sämtliche Personenbezeichnungen gelten gleichwohl für beiderlei Geschlecht.

Vorwort

Ich beschäftige mich bereits seit ca. 13 Jahren in Lehre und Forschung mit der Informations- und IT-Sicherheit. Durch einige spektakuläre IT-Sicherheitsvorfälle in den letzten Jahren ist die mediale Aufmerksamkeit und damit auch die Frequenz der Berichterstattung stark angestiegen. Gleichzeitig haben aber auch die verursachten Schäden rapide zugenommen und erst dieser „Schmerz" hat das Bewusstsein in Bezug auf IT-Sicherheitsrisiken in vielen Unternehmen geschärft und ist zu einem der Hauptmotivatoren für Investitionen geworden.

Laut einer Umfrage des Digitalverbands Bitkom e.V., deren Ergebnisse im November 2019 veröffentlicht wurden, verursachen Angriffe auf deutsche Unternehmen jährlich einen Gesamtschaden von knapp 103 Milliarden Euro[1]. Im Gegenzug haben deutsche Unternehmen in 2019 allerdings nur ca. 4,6 Milliarden Euro für Hardware, Software und Services im Bereich IT-Sicherheit ausgegeben. Das waren ca. 10 Prozent mehr als im bisherigen Rekordjahr 2018 und für 2020 ist ein weiteres Wachstum um 7,5 Prozent auf 4,9 Milliarden Euro prognostiziert[2]. Damit wachsen die Ausgaben für Sicherheitstechnologie in Deutschland zwar doppelt so schnell wie die Gesamtinvestitionen in der IT, trotzdem ist bei der aktuellen jährlichen und weiter steigenden Schadenssumme noch sehr viel Luft nach oben.

Die Situation wird durch das weitere Voranschreiten der Digitalisierung und Globalisierung in allen Bereichen immer komplexer. Insbesondere die Digitalisierung ist mit vielen Chancen verbunden aber auch untrennbar mit

---

[1] Vgl. Bitkom, https://www.bitkom-research.de/de/pressemitteilung/angriffsziel-deutsche-wirtschaft-mehr-als-100-milliarden-euro-schaden-pro-jahr abgerufen am 31.08.2020.
[2] Vgl. Bitkom, https://www.bitkom.org/Presse/Presseinformation/Rekordjahr-im-Markt-fuer-IT-Sicherheit abgerufen am 31.08.2020.

IT-Sicherheit verknüpft.[3] Die dadurch zusätzlich entstehenden Risiken sind für Laien und dazu zählen auch die meisten Unternehmensleitungen kaum mehr überschaubar. Die TÜV Cybersecurity-Studie in 2019 ergab leider, dass das Risikobewusstsein bei Führungskräften und Entscheidern nach Expertenmeinungen immer noch auf einem zu geringen Niveau ist.[4] Denn erst, wie oben bereits ausgeführt, wenn die Unternehmen von konkreten Vorfällen betroffen sind, wird IT-Sicherheit[5] vom abstrakten zum konkreten Thema.

Ein sehr konkretes und alltägliches Thema für Führungskräfte sind Kostenoptimierungen, um den Erhalt der Wettbewerbsfähigkeit ihres Unternehmens zu analysieren und gezielt zu beeinflussen. Dabei geht es aber nicht nur um Kostensenkungen, sondern auch um mittel- oder langfristige Effizienzsteigerungen durch Investitionen. Um nun das Thema IT-Sicherheit in dieses, den Unternehmensleitungen bekannte Terrain zu überführen und damit in ihren Fokus zu rücken, gilt es die Wirtschaftlichkeit von IT-Sicherheitsmaßnahmen im Detail zu betrachten. Es geht darum, zu ergründen, welche Kosten tragbar und erforderlich sind und welcher Nutzen durch jene Maßnahmen ermöglicht wird.

Aufgrund der Komplexität der Informations- und IT-Sicherheit sind bei der Kosten- und Nutzenbetrachtung eine Vielzahl von Aspekten zu beleuchten. Die Beiträge dieses Buches haben nicht das Ziel, einen vollständigen Über-

---

[3] Vgl. Security-Insider, https://www.security-insider.de/it-sicherheit-macht-digitalisierung-erst-moeglich-a-562455/ abgerufen am 31.08.2020.

[4] Vgl. Verband der TÜV e.V., TÜV Cybersecurity Studie, 2019.

[5] Zur begrifflichen Abgrenzung von Informations- und IT-Sicherheit verweise ich auf das Kapitel Kernbegriffe aus dem ersten Beitrag dieses Buches (S. 6).

blick zu geben. Vielmehr verdeutlichen sie die Situation in einigen relevanten Teilbereichen und sollen damit einen fundierten Ausgangspunkt für weitergehende Betrachtungen bieten.

Abschließend möchte ich als Dozent dieses Kurses noch anführen, dass ich mich über das Engagement und das große Interesse der beteiligten Studierenden an diesem Projekt sehr gefreut habe.

Zu guter Letzt bitte ich unsere Leser um ihre Kritik und Anregungen. Sie erreichen mich per E-Mail unter:

achim.schmidtmann@fh-bielefeld.de

Bielefeld im September 2020

Prof. Dr. Achim Schmidtmann

Geleitwort

Informationssicherheit – und als Teilaspekt auch die IT-Sicherheit – wird in der breiten Öffentlichkeit gerne mit dramatischem Duktus diskutiert, wenn es einen neuen „Vorfall des Monats" gegeben hat. In solchen blitzlichtartigen Momenten der Empörung scheint kein Aufwand zu groß, um ein erneutes Auftreten desselben unmöglich zu machen. In den Mühen des Informationssicherheits-Alltags hingegen scheint jede konkrete Maßnahme, sei sie monetär oder nur in Form einer scheinbaren Komplikation, unter dem Vorbehalt zu stehen, „ob dies denn jetzt wirklich nötig sei – es sei doch noch nichts passiert".

Mir scheint es, als würde hier eine fruchtlose Diskussion wiederholt, die sich in einem anderen Feld – nämlich demjenigen des Qualitätsmanagements – bereits vor Jahrzenten abgespielt hat: Die Diskussion um die „Kosten der Qualität", beziehungsweise jetzt: die „Kosten der Informationssicherheit". Es hat viele Jahre und intensiver Diskussionen bedurft, ein allgemeines Verständnis der Kosten von NICHT-Qualität zu erzeugen und Aufwände für Qualität als Investition in anhaltende Kundenzufriedenheit und Kundenbeziehungen zu erkennen.

Wobei es sich im Feld der Informationssicherheit nicht nur um Kunden und deren Haltungen und Entscheidungen dreht. Vielmehr können Angriffe, aber auch Verstöße gegen geltende Regelungen und Gesetze, die Existenz ganzer Unternehmen gefährden. Vor diesem Hintergrund lohnt sich die Auseinandersetzung mit den Aufwendungen für Informations-/IT-Sicherheit, wie sie in diesem Buch in verschiedenen Facetten vorangetrieben wird. Es ist Prof. Achim Schmidtmann und seinen Studierenden zu danken, dass diese Aspekte einer offenen Diskussion zugeführt werden – hoffentlich mit dem Ergebnis, dass zukünftig von Investitionen in die Sicherheit anstatt von Kosten der InformationsUNsicherheit gesprochen wird.

Nachtrag - Wenige Tage nach dem Verfassen dieses Geleitwortes habe ich folgende Pressemitteilung gefunden:

Bundesgesundheitsminister Jens Spahn im Bundestag zur 2./3. Lesung des Krankenhauszukunftsgesetzes

„...Wir spüren übrigens auch, dass es um IT-Sicherheit geht. Wir haben gerade die Meldung von der Uniklinik in Düsseldorf, wo es wieder einen Hackerangriff gegeben hat. Und ja, Investitionen in IT-Sicherheit sind nicht immer sexy, weil man nicht gleich etwas zeigen kann, was vielleicht in der Versorgung gut ausschaut, aber Investitionen in IT-Sicherheit sind notwendig; denn Gesundheitsdaten sind die sensibelsten Daten, die es gibt, und deswegen ist es richtig, dass wir sagen: Mindestens 15 Prozent der Investitionen müssen in die IT- und Cybersicherheit in den Krankenhäusern gehen...“

Quelle: https://www.bundesgesundheitsministerium.de/presse/reden/khzg-beschluss-bundestag.html, abgerufen am 22.09.2020

Bielefeld, im September 2020

Torsten Moch
Senior Consultant QM/ITSM/ISMS

Einleitung

Dieser erste Abschnitt des Buches stellt neben der Motivation und dem Ziel den Aufbau dieses Sammelwerks kurz vor.

Motivation und Ziel

Die Idee zu diesem Buch entstand im Rahmen eines Seminars mit dem Oberthema „Kosten der IT-Sicherheit" im Masterstudiengang Wirtschaftsinformatik an der FH Bielefeld im Sommersemester 2019. Ziel der Veranstaltung war es, dass die Studierenden sich mit diesem Thema eingehend beschäftigen und zu einem von ihnen selbst ausgewählten Unterthema eine Seminararbeit erstellen sollten. Außerdem war es auch ihre Aufgabe, die Ergebnisse ihrer Arbeit in einer Präsentation vorzustellen. Neben einer Einführung in das Thema IT-Sicherheit wurden den Studierenden folgende Anhaltspunkte für die Auswahl Ihres Seminarthemas gegeben:

- (Vorgehens-)Modelle, Ansätze, Methoden zur Bestimmung der Kosten der IT-Sicherheit

- Kosten durch die DSGVO

- Kosten durch das IT-Sicherheitsgesetz

- Kosten einer Zertifizierung (ISO/IEC 27000, BSI Grundschutz)

In den darauffolgenden Seminarterminen zeigte sich, dass dieses Thema für die Studierenden recht schlecht zu greifen war und ihnen somit die Auswahl eines Seminarthemas recht schwerfiel. Der Hauptgrund dafür lag in der begrenzten Zahl relevanter Quellen begründet. Ein wissenschaftlicher Diskurs zum Thema Kosten der IT-Sicherheit hat bisher nur eingeschränkt stattgefunden. Und genau aus diesem Grund kam auch die Idee auf, die Ergebnisse des Seminars in Buchform zu veröffentlichen, um damit einen breiteren Adressatenkreis zu erreichen und die Diskussion über dieses Themengebiet anzuregen und zu unterstützen.

Aufbau des Buchs

Das Buch umfasst sechs Beiträge zu verschiedenen Aspekten des Themas „Kosten der IT-Sicherheit". Der erste Beitrag ist vom Herausgeber dieses Buches verfasst. Die folgenden fünf Beiträge sind Seminararbeiten von Studierenden des Wirtschaftsinformatik Masters der Fachhochschule Bielefeld.

Als Einstieg und gleichzeitig auch eine Art Themenüberblick ist der erste Beitrag „Kosten der IT-Sicherheit" gedacht. Er propagiert mit dem erweiterten Regelkreis der IT-Sicherheitskosten einen systematischen und integrierten Ansatz.

Es folgt der Beitrag „Datenschutz als Kostenfaktor?", der sich mit den Kosten eines DSGVO-konformen Systems also einer rechtssicheren Umsetzung aller Vorgaben und Regelungen der Datenschutz-Grundverordnung beschäftigt.

Im dritten Beitrag wird das Verfahren „Return on Security Investment" zur Berechnung der Kosten der IT-Sicherheit eines Unternehmens analysiert und bewertet. Dabei werden Vor- und Nachteile abgeleitet und mögliche Verbesserungen und Erweiterungen benannt.

„Kosten der ERP-Sicherheit" ist der Titel des vierten Beitrags, der sich spezielle mit diesen unternehmenskritischen Anwendungen, der Bewertung verschiedener Maßnahmen zu ihrer Absicherung und ihren Kosten auseinandersetzt.

Einen etwas breiteren Adressatenkreis spricht der fünfte Beitrag „Kosten der IT-Sicherheit im Smart Home" an. Er stellt einerseits die Sicherheit aktueller Smart Home Geräte auch anhand einiger Beispiele und Vorfälle dar und geht andererseits auf die Kosten für Sicherheitsmaßnahmen im Bereich Smart Home ein.

Der abschließende Beitrag mit dem Titel „Ein Ansatz zur Kostenkalkulation für die Informationssicherheit von IoT-Geräten" identifiziert einen Informationssicherheitsprozess für IoT-Geräte, welcher sich durch einen kostenkalkulatorischen Ansatz ganzheitlich bewerten lässt sowie eine Methode, um die anfallenden Kosten verursachungsgerecht zu verrechnen.

Den Abschluss des Buches bildet eine kurze Vorstellung der Autoren, eine Danksagung an alle die, die sich um dieses Buch besonders bemüht haben und ein paar Worte über die Wirtschaftsinformatik an der Fachhochschule Bielefeld.

Kosten der IT-Sicherheit

Qualitätsgesichertes IT-Sicherheitsbudget auf Basis des erweiterten Regelkreises der IT-Sicherheitskosten

Autor: Achim Schmidtmann

Einleitung

Die Gefährdungen der IT-Sicherheit sind in den letzten Jahren auch durch vielfältige Berichte in den Medien für Unternehmen immer realistischer und greifbarer geworden und die Angst vor Angriffen, Datendiebstahl oder Produktionsausfällen ist stark angewachsen. Es ist also klar, dass an dieser Front etwas getan werden muss. Doch welcher genaue Nutzen und auch welche spezifischen Kosten durch bestimmte IT-Sicherheitsmaßnahmen verursacht werden, das ist häufig noch völlig unklar. Ein umfassender Maßnahmenkatalog zusammen mit einem nachvollziehbaren Kosten-/Nutzen-Vergleich wären in jedem Fall hilfreiche Grundlagen für IT-Sicherheitsentscheidungen, letzterer scheitert aber an den Schwierigkeiten der klaren Quantifizierung.

Der folgende Beitrag kann leider auch keine Zauberformel präsentieren, mit der auf Grundlage einer kleinen Auswahl unternehmensspezifischer Kennzahlen die Kosten der IT-Sicherheit exakt ermittelt werden können. Ebenso verhält es sich mit der Bestimmung des genauen Nutzens von Sicherheitsmaßnahmen. Vielmehr sollen hier Ansatzpunkte geboten werden, wie IT-

Sicherheitsverantwortliche in Unternehmen geeignete Maßnahmen auswählen, sich einer Quantifizierung annähern und zu möglichst realistischen Bewertungen bzw. Kosten- und Nutzeneinschätzungen kommen können.

Um im Folgenden mit einer gemeinsamen Sprache zu sprechen, werden zuerst wichtige Begriffe kurz definiert bzw. gegeneinander abgegrenzt. Danach wird dargestellt, was es in Unternehmen zu schützen gilt. Damit eng verknüpft, folgt eine Darstellung der Bedrohungen und der durch sie verursachten Gefährdungen. Beides zusammen ermöglicht eine Einschätzung des Gefährdungsgrads und damit auch der Relevanz von IT-Sicherheit bzw. IT-Sicherheitsmaßnahmen für ein Unternehmen. Parallel dazu kann ein Benchmarking mit vergleichbaren Unternehmen stattfinden und zu einer ersten Kostenschätzung führen. Anschließend wird auf Basis dieser Einordnungen konstatiert, wie nun genau der Schutz erfolgen kann und mit welchen Maßnahmen im Unternehmen er verbunden ist. Dieses erfolgt mit Hilfe des erweiterten Regelkreises der IT-Sicherheitskosten. Er bildet das Fundament für eine genauere Kostenschätzung ebenso wie eine detailliertere Nutzenabwägung und damit ein qualitätsgesichertes IT-Sicherheitsbudget.

Kernbegriffe

Die Informationssicherheit umfasst die Sicherheit jeglicher Informationen im Unternehmen und damit z.B. auch des gesprochenen Wortes. Die IT-Sicherheit dagegen ist nur ein Teilbereich der Informationssicherheit und dabei auf die Informationstechnologie und digitale Informationen begrenzt. Da letztere aber immer wichtiger im Unternehmen werden sowie in fast allen Bereichen und für mehr und mehr Aufgaben (Digitalisierung) eingesetzt werden, was gerade aktuell durch die Corona Pandemie noch einmal verstärkt wurde, schwinden die Unterschiede. Die Verantwortung für die

IT-Sicherheit liegt fast immer in Händen der IT-Leitung im Unternehmen. Da die Informationssicherheit, wie oben erläutert, über die IT hinausgeht, sollte sie eigentlich von übergeordneter Stelle verantwortet werden. Dieses ist jedoch häufig nicht der Fall und auch für sie zeichnet in vielen Unternehmen die IT-Leitung verantwortlich, was insbesondere in Bezug auf die generelle Bedeutung und das Bewusstsein für die Thematik im Unternehmen große Auswirkungen hat.

Der Begriff Datensicherheit ist mit dem Begriff Informationssicherheit gleichzusetzen und wird in der Folge synonym verwendet, auch wenn natürlich zwischen Daten und Informationen entsprechend des DIKW-Modells[1] bzw. der Wissenspyramide zu unterscheiden ist. Somit befasst sich die Datensicherheit ganz generell mit dem Schutz von Daten sowohl digital als auch analog. Beim Datenschutz dagegen geht es nur um die Sicherheit von personenbezogenen Daten, so dass das Recht jedes Einzelnen auf informationelle Selbstbestimmung gewahrt bleibt und seine Daten vor missbräuchlicher Verwendung geschützt werden.

Schutzbedarf

Nach dem Bundesministerium für Wirtschaft und Energie (BMWi) geht es bei IT-Sicherheit um den „Schutz aller Teile eines IT-Systems vor unbefugtem Zugriff, Manipulationen oder Diebstahl. Geschützt werden müssen alle Teilsysteme, mit denen Informationen verarbeitet, genutzt und gespeichert werden: Dazu zählen Endgeräte, Betriebssysteme und Anwendungen, aber auch Server und Cloud-Dienste." Auf diese Weise werden natürlich sowohl

---

[1] DIKW ist ein Akronym für Data, Information, Knowledge and Wisdom, die im Rahmen des Modells ins Verhältnis gesetzt werden. Dieses Verhältnis bildet eine Pyramide bzw. Hierarchie, dessen Basis die Daten bilden. Darauf aufbauend folgen Informationen, Wissen und als letzte Stufe der Pyramide die Weisheit.

die Daten und Informationen selbst als auch die damit verbundenen Personen (Datenschutz) und Unternehmenswerte (Assets) geschützt.

Als klassische Schutzziele der IT-Sicherheit werden in der Literatur insbesondere die folgenden benannt: Verfügbarkeit, Integrität und Vertraulichkeit. Dabei geht es um den unbefugten Informationsgewinn, die unbefugte Modifikation von Informationen und die unbefugte Beeinträchtigung der Funktionalität[2]. Darüber hinaus werden die Eigenschaften Authentizität, Zuverlässigkeit, Nichtabstreitbarkeit und Verbindlichkeit von Informationen ebenfalls häufig als relevant erwähnt.

Heutzutage sind mehr denn je der Schutz der IT-Systeme vor Ausfall und die notwendige Belastbarkeit der IT-Systeme grundlegend für die Aufrechterhaltung des Geschäftsbetriebs, die Business Continuity. Allerdings hat die Coronakrise gezeigt, dass Unternehmen nicht zwischen dieser Aufrechterhaltung des Geschäftsbetriebs und der Bewahrung der IT-Sicherheit (Information Technology Security Continuity) unterscheiden. Es werden Maßnahmen ergriffen, um den Geschäftsbetrieb aufrechtzuerhalten und den Mitarbeitern die Arbeit mit unternehmenskritischen Informationen auch im Homeoffice zu ermöglichen, ein ausreichender Schutz der Systeme und Informationen wird dabei aber häufig außer Acht gelassen[3]. Hier muss jederzeit ein sinnvoller Kompromiss zwischen Geschäftsbetrieb und einer ausreichenden Sicherheit gefunden werden, sonst sind Schäden möglich, die zu weitaus höheren Kosten führen als ein zwischenzeitlicher Ausfall des Betriebs.

---

[2] Vgl. Voydoch, Victor L., Kent, Stephen T.: Security Mechanisms in High-Level Network Protocols. ACM Computing Surveys 15/2 (1983) 135-171.
[3] Vgl. PWC, https://www.pwc.de/de/newsletter/it-security-news/wie-sie-die-informationssicherheit-in-der-coronakrise-sicherstellen.html abgerufen am 20.08.2020.

Bedrohungen und Gefährdungen

Unter einer Bedrohung versteht man in der IT-Sicherheit eine Konstellation oder ein Ereignis, die oder das eine Beeinträchtigung der Verfügbarkeit, Integrität oder Vertraulichkeit von Informationen bedingt und damit einen Schaden für den Besitzer bzw. Benutzer der Informationen zur Folge haben könnte. Der Wert der gefährdeten Assets sowie die voraussichtlichen Auswirkungen auf das Geschäft bilden die Grundlage zur Bewertung des Schadens. Eine Gefährdung entsteht dann, wenn ein gewisses Bedrohungspotential auf ein Schwachstelle trifft.[4]

Nach wie vor fühlen sich manche Unternehmen nicht ernsthaft von dem Risiko, Opfer eines Cyberangriffs zu werden, bedroht. Allerdings zeigten Zahlen des Branchenverbandes Bitkom bereits 2017, dass jedes zweite Unternehmen betroffen war. Die Cyber-Sicherheitsumfrage der Allianz für Cyber-Sicherheit (ACS) Betrachtungszeitraum 2018 kam zu dem Ergebnis, dass für 76% der Befragten Cyber-Angriffe das Potenzial bergen, betriebliche Prozesse zu beeinträchtigen.[5] Der Verfassungsschutz zählte ebenfalls bereits 2018 alle drei Minuten einen Angriff auf eine Firma in Deutschland. Die Polizeiliche Kriminalstatistik wies in 2018 insgesamt 87106 Fälle von Cybercrime im engeren Sinne aus[6].

Gleichzeitig rangieren Cyber-Vorfälle (39% der Antworten) im neunten Allianz Risikobarometer 2020 zum ersten Mal überhaupt als wichtigstes Ge-

---

[4] Vgl. Bundesamt für Sicherheit in der Informationstechnik (BSI), IT-Grundschutz-Kompendium Edition 2020, Februar 2020.
[5] Vgl. Allianz für Cybersicherheit, Cyber-Sicherheits-Umfrage - Cyber-Risiken & Schutzmaßnahmen in Unternehmen, April 2019.
[6] Vgl. BKA, Cybercrime Bundeslagebild 2018, S. 6.

schäftsrisiko weltweit und verdrängen die mehrjährige Top-Gefahr Geschäftsunterbrechung (Business Interruption - 37% der Antworten) auf den zweiten Platz. Dieses liegt nicht zuletzt daran, dass sich Unternehmen zunehmend auf Daten und IT-Systeme verlassen und es in der jüngsten Vergangenheit eine Reihe von hochkarätigen Vorfällen zu verzeichnen gab.[7]

Die folgenden Ausführungen sollen neben der Mannigfaltigkeit der Gefährdungen auch die Breite der Untersuchungen und Darstellungen zum Thema IT-Sicherheit verdeutlichen. Insbesondere die Hersteller von Sicherheitssoftware und -hardware aber auch verschiedene Beratungsunternehmen berichten regelmäßig über den aktuellen Status der IT-Sicherheit und führen in festem Turnus Befragungen von Unternehmen respektive IT-Sicherheitsverantwortlichen durch. Dies führt zu einem umfangreichen Datenbestand, der sich allerdings sowohl in den ermittelten Werten als auch und insbesondere in der Auswahl und Interpretation dieser Daten teilweise nicht unerheblich unterscheidet. Im Folgenden wird aber nur eine Auswahl relevanter Daten angeführt.

Dem Kaspersky Security Bulletin 2019[8] ist zu entnehmen, dass 19,8% Computer von Einzelbenutzern im Laufe des Jahres mindestens einem Web-Angriff der Malware-Klasse ausgesetzt waren. Ca. 760.000 dieser Computer wurden von Verschlüsselungsprogrammen und ca. 2,3 Millionen dieser Computer wurden von Minern[9] ins Visier genommen.

---

[7] Vgl. Allianz Group, https://www.agcs.allianz.com/news-and-insights/reports/allianz-risk-barometer.html abgerufen am 22.08.2020

[8] Vgl. Kaspersky, Security Bulletin 2019, https://securelist.com/kaspersky-security-bulletin-2019-statistics/95475/ abgerufen am 22.08.2020.

[9] „Miner (Sie) stehlen bei fremden Systemen Rechenzeit und lassen andere Computer für sich arbeiten. Dabei werden sogenannte Crypto-Miner verwendet. Dies sind Programme, die auf einem frem-

Die Ergebnisse des Kaspersky Global Corporate IT Security Risks Survey (ITSRS) 2019[10] zeigen für Unternehmen jeglicher Größe folgende Sicherheitsvorfälle auf den ersten Plätzen:

- Unangemessene IT-Ressourcennutzung durch Mitarbeiter

- Malware-Infektionen von firmeneigenen Geräten

- Unangemessene gemeinsame Nutzung von Daten über mobile Geräte

- Malware-Infektion von BYOD-Geräten (2018-19)

- Physischer Verlust von firmeneigenen Geräten oder Medien

- Physischer Verlust von firmeneigenen mobilen Geräten

Am meisten Sorge machen sich Unternehmen laut der Studie über Datenverluste infolge eines gezielten Angriffs, wohingegen Viren und Malware nur einen geringeren Anteil der Befragten beunruhigen.

Der 2020 Q1 Report Data Breach QuickView von Risk Based Security[11] konstatiert, dass die Zahl, der im Q1 2020 aufgedeckten Datensätze auf 8,4 Milliarden in die Höhe schnellte. Das ist ein Anstieg um 273% im Vergleich zum Q1 2019. Der Anstieg wurde hauptsächlich durch einen Vorfall verursacht, bei dem 5,1 Milliarden Datensätze öffentlich zugänglich waren. Doch auch bereinigt um diesen Vorfall stieg die Zahl der Aufzeichnungen

---

den Computersystem Kryptographie Berechnungen ausführen und diese an den Nutzer bzw. Initiators des Crypto-Miners zurückmelden." Security-Insider, https://www.security-insider.de/massnahmen-und-prozesse-gegen-crypto-miner-a-745763/ abgerufen 22.08.2020.

[10] Vgl. Kaspersky, Security Economics 2019, https://www.kaspersky.com/blog/security-economics-2019/28838/ abgerufen am 22.08.2020.

[11] Vgl. Risk Based Security, https://www.riskbasedsecurity.com/2020/05/11/no-of-records-exposed-in-2020-q1-data-breaches-skyrockets-to-8-4-billion/ abgerufen 22.08.2020.

im Vergleich zum ersten Quartal 2019 immer noch um 48%. Ungefähr 70% der gemeldeten Verstöße waren auf unbefugten Zugang zu Systemen oder Diensten zurückzuführen, während etwa 90% der Daten ungeschützt im Internet zugänglich waren.

Das BSI spricht in seinem Lagebericht zur IT-Sicherheit 2019[12] von einer Zunahme der Qualität vieler Cyber-Angriffe und verweist auf die großen Fälle von Identitätsdiebstahl, die 2018/2019 für Aufmerksamkeit sorgten. Das Vorgehen der Angreifer wird dabei immer individueller. Gleichzeitig besteht weiterhin eine hohe Dynamik der Angreifer bei der (Weiter-)Entwicklung von Schadprogrammen und Angriffswegen.

Die oben bereits zitierte Cyber-Sicherheitsumfrage der Allianz für Cyber-Sicherheit (ACS) kam weiterhin zu dem Ergebnis, dass unter den befragten Organisationen 43% der großen Unternehmen und 26% der kleinen und mittelständischen Unternehmen im Betrachtungszeitraum 2018 von Cyber-Sicherheitsvorfällen betroffen waren. 87% dieser Betroffenen gaben an, dass es durch diese Vorfälle zu Betriebsstörungen oder gar -ausfällen kam. Neben diesen Kostenpositionen gaben 65% an, dass zusätzlich noch Kosten für die Aufklärung der Vorfälle und die Wiederherstellung der IT-Systeme angefallen sind und bei 22% kam es zu Reputationsschäden.[13]

Es zeigt sich also, dass es bei all diesen Sicherheitsvorfällen eine große Bandbreite potenzieller und teilweise auch existenzieller Folgen gibt, die vom Verlust von Daten und Geräten über einen Imageschaden bis hin zur Bedrohung durch Produktions- und Betriebsausfälle reicht. Somit sind Inves-

---

[12] Vgl. Bundesamt für Sicherheit in der Informationstechnik (BSI), Die Lage der IT-Sicherheit in Deutschland 2019.
[13] Vgl. Allianz für Cybersicherheit, Cyber-Sicherheits-Umfrage - Cyber-Risiken & Schutzmaßnahmen in Unternehmen, April 2019.

titionen in IT-Sicherheit in vielerlei Hinsicht gut angelegtes Geld und dringend erforderlich, da es in den meisten Unternehmen noch eine Vielzahl von Schwachstellen gibt und auch immer wieder neue hinzukommen.

Diese Schwachstellen lassen sich in drei Kategorien unterteilen:

- Technische Mängel,

- Organisatorische Mängel und

- Menschliches Fehlverhalten

Zu den technischen Mängeln zählen alle Schwachstellen, die auf fehlerhafte Systeme, also Software, Hardware und/oder Netz-/Kommunikationsinfrastruktur zurückgehen. Nicht umgesetzte oder dokumentierte Prozesse, unbesetzte Rollen und nicht vorhandene oder unklare Strukturen sind die Schwachstellen, die sich unter organisatorische Mängel subsummieren lassen. Menschliches Fehlverhalten ob mit oder ohne Vorsatz stellt die dritte Gruppe der Schwachstellen dar und wird häufig auch als „Schwachstelle Mensch" bezeichnet. In ihrem „Human Factor Report 2019"[14] kommt proofpoint zu dem Ergebnis, dass in mehr als 99% aller beobachteten Cyberangriffe, Menschen die Schwachstelle darstellen. Systemschwachstellen werden nur in weniger als 1% ausgenutzt. Allerdings werden in diesem Report Schwachstellen aufgrund organisatorischer Mängel auch unter den „Human Factor" gefasst. Falsch konfigurierte Cloud-Server, öffentlich zugängliche Cloud-Speicher oder nicht ordnungsgemäß gesicherte Backup-Speicher sind ebenso menschliche Fehler und erleichtern Verletzungen der IT-Sicherheit.

---

[14] Vgl. PROOFPOINT, INC, Human Factor Report 2019.

Es gibt einige Schwachstellen, auf die Angreifer häufiger zielen. Nachstehend finden Sie eine Liste der Top 5 Cyber-Sicherheitslücken, die Organisationen in diesem Jahrzehnt am meisten Schaden zugefügt haben[15]:

- Endbenutzer

- Endpunktsicherheit

- Datensicherung und -wiederherstellung

- Authentifizierungs-Management

- Netzwerküberwachung

Auch diese Liste beinhaltet mit der Sicherheitslücke Endbenutzer die Schwachstelle Mensch. Der erste Angriffspunkt erfolgt in vielen Organisationen durch gezieltes Social Engineering, meist Phishing. Fehler von Endbenutzern stellen also eine der größten Bedrohungen bei Verstößen dar. Sie liegen in einem immer noch nicht durchgängig etablierten und durch regelmäßige Schulungen stetig aktualisierten Sicherheitsbewusstsein sowie dem Fehlen einer Validierung der Endbenutzer begründet.

Zwar verfügt die große Mehrheit aller Unternehmen heutzutage über eine Art von Endpunktschutz, in der Regel Anti-Viren-Tools, allerdings haben sich viele dieser Abwehrmaßnahmen für die Endpunktsicherheit als unzureichend und zu statisch erwiesen, um fortschrittliche Malware und Hacker abzuhalten, die auf Endbenutzer und Serverplattformen abzielen. Den ak-

---

[15] Vgl. Shackleford, Dave, How to fix the top 5 cybersecurity vulnerabilities, Voodoo Security, Juni 2019.

tuellen Tools fehlt es sowohl an flexibleren Präventions- und Erkennungsoptionen mittels Verhaltensanalyse als auch an einer dynamischen Echtzeit-Reaktionsfähigkeit auf derartige Vorfälle.

Der starke Anstieg von Ransomware[16]-Angriffen in den letzten Jahren hat die Schwachstelle Datensicherung und -wiederherstellung in den Fokus gerückt. Immer noch sind viele Organisationen in diesem Bereich nicht gut aufgestellt und vernachlässigen eine oder mehrere Facetten von Backup und Wiederherstellung, einschließlich Datenbankreplikation, Speichersynchronisierung oder Endbenutzer-Speicherarchivierung und -sicherung.

Die Schwachstelle Authentifizierungs-Management drückt sich in fehlerbehafteten Authentifizierungsprozessen und einer mangelnden Verwaltung von Berechtigungsnachweisen aus. Es wird z.B. nicht verhindert, dass Menschen immer wieder dasselbe Passwort verwenden, welches möglicherweise auch noch auf schwachen Passwortregeln basiert, und viele Systeme und Dienste schwache Authentifizierungspraktiken ohne Kontrollen und Eskalationsmöglichkeiten unterstützen.

Die Überwachung von Netzwerken stellt gerade in großen Organisationen eine besondere Herausforderung dar, da Hunderte oder Tausende von Systemen gleichzeitig innerhalb des Netzwerks kommunizieren und ausgehenden Datenverkehr senden können. Schwachstellen sind hier der Netzwerkzugang zwischen Systemen innerhalb von Subnetzen aufgrund einer schwachen Netzwerksegmentierung. Er ermöglicht seitliche Bewegungen zwischen Systemen, die nicht miteinander kommunizieren.

---

[16] Unter Ransomware wird eine Spezies von Schadprogrammen gefasst, die den Zugriff auf Daten und Systeme einschränken oder u.a. durch Verschlüsselung unterbinden. Für die Freigabe respektive Entschlüsselung wird ein Lösegeld (englisch: Ransom) gefordert. Vgl. BSI, https://www.bsi-fuer-buerger.de/BSIFB/DE/Risiken/Schadprogramme/Ransomware/ransomware_node.html abgerufen am 22.08.2020.

Wenn man nun diese Top 5 mit den drei vorher benannten Kategorien in Beziehung setzt, dann wirkt es erst so, als ob organisatorische Mängel nicht vertreten sind. Allerdings erkennt man bei genauerem Hinsehen, dass sich hinter vielen vordergründig technischen Mängeln gleichzeitig auch organisatorische Schwächen verbergen, denn die Technik wird nur eingesetzt, um Strukturen, Rollen und Rechte oder auch Richtlinien umzusetzen. Aufgabe für jedes Unternehmen ist es, die eigenen Schwachstellen mit dieser Hilfestellung und damit auch die Gefährdungen zu ermitteln.

Einschätzung des Gefährdungsgrads

Nachdem sich die Verantwortlichen im Unternehmen umfassend mit den Bedrohungen und Gefahren auseinandergesetzt haben, gilt es nun die Eintrittswahrscheinlichkeiten und das Schadenspotenzial zu ermitteln, um die letztendlichen Risiken für das Unternehmen und damit auch den Gefährdungsgrad zu bestimmen. Es geht um die Frage:

Mit welcher Wahrscheinlichkeit tritt aufgrund einer Bedrohung ein Schaden für das Unternehmen ein und wie groß ist dieser?

Schadenshöhe und Eintrittswahrscheinlichkeit können aber nur selten eindeutig gemessen werden, stattdessen basieren sie häufig auf statistischen Verfahren und Wahrscheinlichkeitsrechnung. Auf dieser Basis und unter Beachtung des angestrebten Sicherheitsniveaus findet dann eine Bewertung der Risiken statt und der „Risikoappetit" wird festgelegt[17]. Dieses wiederum ermöglicht eine Entscheidung über und auch eine Priorisierung der Gegenmaßnahmen, die rechtzeitig ergriffen werden müssen, um negative Folgen zu vermeiden. Denn wie oben bereits dargestellt, kann bereits aus einem

---

[17] Vgl. Hanschke, Inge: Informationssicherheit und Datenschutz – einfach und effektiv. 1. Auflage, Carl-Hanser-Verlag, München, 2019.

einzelnen Risiko ein großer finanzieller Schaden für das Unternehmen entstehen.

Dieser Schritt wird im Risikomanagement Risikosteuerung genannt. Hierzu stehen Maßnahmen aus den Kategorien Risikoreduktion, -diversifikation, -transfer, -vermeidung, und -vorsorge zur Verfügung.[18] Außerdem müssen auch Grenzen festgelegt werden, bis zu denen ein Risiko aufgrund geringer Schadenshöhe toleriert wird. Denn bestimmte Zwischenfälle, auch wenn sie zu kurzfristigen Beeinträchtigungen des produktiven Betriebs führen, werden als normal erachtet und können im laufenden Betrieb behoben werden. Werden die Grenzen überschritten, so erfolgt eine Risikobehandlung, die personelle, organisatorische, technische und infrastrukturelle Maßnahmen umfassen kann.

Eine Reduktion der Häufigkeit und/oder des Schadensausmaßes durch den Einsatz von technischen Sicherheitsmechanismen, wie z.b. Firewalls oder Anti-Viren Tools und organisatorische Maßnahmen, die sowohl organisatorischen Mängeln als auch menschlichem Fehlverhalten entgegenwirken, sind das Ziel der Risikoreduktion.

Die Risikodiversifikation strebt eine Verringerung der Verlusthöhe durch den Einsatz unterschiedlicher technischer Systeme an, die nicht denselben Bedrohungen ausgesetzt sind. Eine hohe Standardisierung bedeutet leider häufig auch eine größere Gefährdung.

Das Thema Risikotransfer ist in den letzten Jahren stärker in den Vordergrund gerückt, da es mittlerweile einige Versicherungsprodukte, sogenannte Cyber-Policen, am Markt gibt, mit denen IT-Risiken abgesichert werden

---

[18] Vgl. Prokein, Oliver: IT-Risikomanagement, 1. Auflage, Betriebswirtschaftlicher Verlag Dr. Th. Gabler GWV Fachverlage GmbH, Wiesbaden, 2008.

können. Allerdings gilt es für die Versicherungsnehmer sehr genau zu prüfen, welche Versicherung die richtige ist, wann der Schutz genau wirkt und unter welchen Bedingungen er erlischt. Gleichzeitig fordern Versicherer von ihren Klienten sowohl das Erfüllen von gewissen Sicherheitsstandards als auch und eng verknüpft damit ein gewisses Maß an eigener Risikosteuerung. Eine Studie von Sopra Steria Consulting[19] aus dem Herbst 2018 ergab, dass von 308 befragten Unternehmen nur 17 Prozent eine Versicherung gegen durch Cyber-Vorfälle verursachte Schäden besitzen. Bei 22 Prozent ist der Abschluss einer entsprechenden Versicherung in Planung. 30 Prozent sehen das Thema aktuell nicht als relevant für sie an. Auf der anderen Seite war nach Aussage der Studie ein Drittel der befragten Unternehmen in den vergangenen zwölf Monaten Opfer eines Cyber-Angriffs und 39 Prozent haben in diesem Zeitraum mindestens einen mit IT-Sicherheit zusammenhängenden Vorfall registriert.

Das Abschalten von unsicheren Systemen ist eine Maßnahme, die der Risikovermeidung zuzurechnen ist. Dieses kann aber nur der letzte Schritt sein, wenn keine andere Möglichkeit der Risikosteuerung mehr verfügbar ist. Unter Umständen ist es auch nur ein Abschalten auf Zeit, da Sicherheitsupdates für das System in naher Zukunft zur Verfügung stehen sollen.

Bei der Risikovorsorge schließlich kümmert sich das Unternehmen selbst darum, die Verluste durch IT-Risiken aufzufangen. Da es trotz umfangreicher Maßnahmen der Risikosteuerung immer ein gewisses Restrisiko gibt, sollte jedes Unternehmen also auch selbst Vorkehrungen für den Ernstfall treffen. Allerdings sollte es sich bei diesem Restrisiko nie um Risiken handeln, die die Existenz des Unternehmens gefährden.

---

[19] Vgl. Sopra Steria Consulting, F.A.Z.-Institut, Studie "Potenzialanalyse Unternehmen schützen, Risiken minimieren", Herbst 2018.

Insgesamt ermöglicht das Risikomanagement also eine Einschätzung des Gefährdungsgrads und damit auch der Relevanz von IT-Sicherheit bzw. IT-Sicherheitsmaßnahmen für ein Unternehmen. Bei all den beschriebenen Maßnahmen der Risikosteuerung ist die wirtschaftliche Bewertung allerdings mit Schwierigkeiten verbunden, da die Kosten der Maßnahmenergreifung dem Nutzen durch nicht erlittene Verluste aus IT-Risiken gegenübergestellt werden müssen. Dieser Nutzen lässt sich also über die Risiken bestimmen, die vermieden, vermindert, übertragen oder akzeptiert wurden. Die folgende Auflistung stellt einige der möglichen Verluste bzw. Kosten aufgrund von IT-Sicherheitsvorfällen dar[20]:

- Kosten der Untersuchung des Vorfalls sowie der Dienstleistungen zur IT-Forensik

- Kosten der Datenrettung und -wiederherstellung

- Strafzahlungen wegen Verstoß gegen Compliance und Datenschutz

- Gerichts- und Anwaltsgebühren

- Umsatzausfall

- Vertragsstrafen und Verlust von Kunden

- Beschädigung der Marke und Vertrauensverlust

---

[20] Vgl. KUERT Datenrettung Deutschland GmbH, https://www.kuert-datenrettung.de/blog/wieviel-sollte-man-in-it-sicherheit-investieren abgerufen am 20.08.2020.

Dübendorfer [21] klassifiziert sie in folgende Schadenstypen:

- Ausfallzeit-Verlust

- Wiederherstellungskosten

- Haftungskosten

- Verluste durch Abfall von Kunden

Die durchschnittlichen Kosten von Datenpannen für Unternehmen in Deutschland liegen laut einer Studie des Ponemon-Instituts im Auftrag von IBM[22] bei 4,78 Millionen Dollar. Im Vergleich zum Vorjahr ist der Wert damit um 9,76 Prozent gestiegen und damit der höchste seit Beginn der Aufzeichnungen. 193 Dollar kostet durchschnittlich jeder illegal kopierte Datensatz in Deutschland, wobei pro Vorfall durchschnittlich 25610 Datensätze kompromittiert werden. Zwar sind diese Daten nur Näherungswerte, sie können aber für Unternehmen als Grundlage zur Bewertung des eigenen Risikos dienen.

Demgegenüber stehen die Kosten der Risikobewältigung respektive -beherrschung durch Maßnahmen, die Gefahren und/oder Eintrittswahrscheinlichkeiten reduzieren oder die Folgen beherrschbar machen. Auch diese Kosten lassen sich in Kategorien einteilen, und zwar:[23]

- Investitionskosten

- Einführungs- und Inbetriebnahme-Kosten

- Betriebskosten

---

[21] Vgl. Dübendorfer, Thomas: Impact Analysis, Early Detection and Mitigation of Large-Scale Internet Attacks. Dissertation, Swiss Federal Institute of Technology Zürich, Zürich: ETH, 2005, S. 19-22

[22] Vgl. Cost of a Data Breach Report 2020, Ponemon Institute, IBM Security.

[23] Vgl. Königs, Hans-Peter: IT-Risikomanagement mit System: Praxisorientiertes Management von Informationssicherheit und IT-Risiken, Springer Vieweg; Auflage: 4. Aufl. 2013, S. 277

Dieses ist eine typische aber noch recht grobe Aufteilung von IT-Kosten und kann und sollte noch weiter untergliedert werden, z.b. in Personal-, Hardware, Software- und weitere Kostenarten.

Weder die Nutzenbestimmung noch die Ermittlung der Kosten kann jedoch allgemeingültig erfolgen, sondern muss an jedes Unternehmen individuell angepasst werden, denn abhängig vom Geschäftsmodell des Unternehmens sind die verschiedenen Maßnahmen der Risikosteuerung unterschiedlich zu priorisieren. Somit geben die hier dargestellten Klassifikationen von Schwachstellen und Schritte des Risikomanagements zwar praktische Hilfsmittel an die Hand, erfordern aber trotzdem eine umfassende und systematische Analyse der eigenen Situation. Dieses hat eine schrittweise Konkretisierung zum Ergebnis, was wiederum zu Verständnis und Akzeptanz im Umgang mit IT-Risiken führt und damit eine gute Basis für die Kosten-/Nutzenbetrachtung bietet.

Benchmarking

Neben dem gerade dargestellten ins Detail gehenden Ansatz der Gefährdungsanalyse bietet ein unternehmensübergreifendes Benchmarking unter gewissen Umständen die Möglichkeit, mit weniger Aufwand die Kosten der eigenen IT-Sicherheit abzuschätzen. Dabei ist aber die Vergleichbarkeit der Unternehmen das zentrale Kriterium. Denn nur, wenn in Relation gesetzte Unternehmen in einer Vielzahl von Faktoren übereinstimmen, kann die Übertragung der Werte auf das eigene Unternehmen sinnvoll sein. Zu diesen Faktoren gehören neben der Branche und Größe eines Unternehmens respektive seiner IT-Abteilung unter anderem auch die Organisationsstruktur ebenso wie der Führungsstil und die Organisationskultur. Wichtig ist auch zu beachten, dass es in vielen Unternehmen kein zentrales Sicherheitsbudget gibt, sondern verschiedene Abteilungen ihre eigenen Sicherheitspläne sowie auch Mittel verwalten. Dieses kann zu sehr unterschiedlichen Ergebnissen führen.

Der Cisco 2017 Annual Cybersecurity Report[24] verdeutlicht, dass das Budget für Sicherheit im IT-Budget in den letzten Jahren zurückgegangen ist. Waren es 2014 noch 61%, so sind es 2016 nur noch 55 % der befragten Unternehmen, bei denen das Budget für Sicherheit vollständig im IT-Budget enthalten ist. Bei 36 % der Unternehmen ist dieses nur zum Teil der Fall und 9 % der Unternehmen trennen das Sicherheits- und das IT-Budget vollständig.

Im Idealfall wollen Sie mittels Benchmarking von den Besten lernen, aber wie ermitteln Sie die Besten in Bezug auf die Wirtschaftlichkeit ihrer IT-Sicherheit? Der Vorteil der Berichterstattung in diesem Themenbereich ist der, dass die Schlechten, also die, die wenig, gar nicht oder planlos in ihre IT-Sicherheit investieren, darüber in den meisten Fällen nicht berichten.

Eine IDC Studie aus Canada aus dem Jahr 2015 unterteilt Unternehmen in vier unterschiedliche Kategorien:

- "Zweifler (Pessimisten)" – IT-Sicherheit ist schlecht geplant und unterfinanziert (23%)

- "Verweigerer" – IT-Sicherheit ist schwach, wird jedoch nicht als Problem verstanden und auch nicht zugegeben (37%)

- "Realisten" – IT-Sicherheit ist zufriedenstellend, aber es gibt Verbesserungsbedarf und teilweise wird zu viel ausgegeben (23%)

---

[24] Vgl. Cisco 2017 Annual Cybersecurity Report

- "Egoisten" – IT-Sicherheit hat einen hohen Reifegrad, aber Gefahr durch unerschütterliches Vertrauen (17%)

Unterteilt nach diesen Kategorien sind die Kosten für IT-Sicherheit im Verhältnis zum IT-Budget laut IDC:

- "Zweifler (Pessimisten)": 6%

- „Verweigerer": 8%

- „Realisten": 14%

- „Egoisten": 12%

Demnach gibt es eine eindeutige Verbindung zwischen dem Reifegrad der IT-Sicherheit im Unternehmen und dem Anteil am IT-Budget. Erst beim höchsten Reifegrad scheint dieser auch zu geringeren Ausgaben zu führen. Durchschnittlich ergeben sich laut der Studie Investitionen in IT-Sicherheit von 9.8% des IT-Budgets. Das IDC gibt jedoch in seinem Bericht einen idealen Zielwert von ca. 13.7% des Budgets an.

Generell nehmen an den Studien und Umfragen der großen Marktforschungs- und Beratungshäuser häufig jedoch nicht die wirklich schlechten teil, da sie ihre Schwächen insbesondere in diesem kritischen Themenbereich nicht offenbaren wollen. Die Ergebnisse dieser Befragungen und Untersuchungen eigenen sich trotzdem zu einem ersten Benchmarking. Es wird offenbar, ob das eigene Unternehmen gewissen Trends folgt und in Teilbereichen ähnliche Veränderungen mitmacht, wie andere Unternehmen. Allerdings sollte dabei immer die Stichprobe der Befragung, deren Größe, Heterogenität und vor allem die Vergleichbarkeit der Respondenten mit dem eigenen Unternehmen außer Acht gelassen werden.

Laut einer aktuellen Studie aus dem Juni 2020 sieht Gartner[25] zwar ein weiteres Wachstum der weltweiten Ausgaben für Technologien und Dienstleistungen im Bereich Informationssicherheit, allerdings beträgt die Rate nur noch 2,4% im Gegensatz zu den im Dezember 2019 prognostizierten 8,7%. Die Corona-Pandemie hat einerseits zu Nachfragesteigerungen in den Bereichen Cloud-Sicherheit und Sicherheit der Technologien für Mobiles Arbeiten (u.a. Homeoffice) geführt, andererseits aber auch Einsparungen z.B. im Bereich Ausrüstung für Netzwerksicherheit bedingt.

Das Sans Institute hat in seiner Spends und Trends 2020 Befragung[26] vier Bereiche als größte Kostentreiber im Bereich der IT-Sicherheit ermittelt, und zwar:

- Verstärkte Nutzung von Public-Cloud Infrastructure-as-a-Service (IaaS) und Hybrid-Cloud

- Neue Bedrohungen durch Bedrohungsakteure

- Neue oder veränderte Gesetzgebung zum Datenschutz/IT-Sicherheit (z.B. GDPR/DSGVO)

- Intensivierte Problematik Arbeitskräfte mit Erfahrungen und Know-how im Bereich IT-Sicherheit zu akquirieren und/oder zu halten

Neue oder vermehrte Kosten entstehen also in den Bereichen Cloud-Sicherheit, Netzwerksicherheit und insbesondere Mitarbeitergewinnung und -schulung. Die Verbesserung des Personals sowohl bzgl. Anzahl als auch Fähigkeiten gibt eine Mehrheit der Befragten als vorrangiges Ziel an. Denn

---

[25] Vgl. Gartner Forecasts Worldwide, Security and Risk Management Spending Growth to Slow but Remain Positive in 2020, Gartner (June 2020)

[26] Vgl. SANS™ Institute, Spends and Trends: IT Cybersecurity Spending Survey 2020.

neue Sicherheitstechnologien mögen zwar die künftige Effizienz fördern, benötigen aber ausreichendes und qualifiziertes Personal für ihre Auswahl, Konfiguration und Implementierung.

In der Studie "Potenzialanalyse Unternehmen schützen, Risiken minimieren"[27] aus dem Herbst 2018 gehen 56% der Befragten für die kommenden drei Jahre (2019-2021) von einer Steigerung des Budgets für IT-Sicherheit aus. Allerdings kommt die Studie „Aktuelle Lage der IT-Sicherheit in KMU"[28] aus 2017 zu dem Ergebnis, dass ein Drittel der KMU für das Jahr 2017 keine Investitionen in IT-Sicherheit geplant hat. Darüber hinaus zeigen die Ergebnisse dieser Befragung eine breite Spanne der für 2017 geplanten Investitionen in IT-Sicherheit und im Durchschnitt eine klare Steigerung gegenüber den vergangenen Jahren. In 2017 sind es durchschnittlich 2600 Euro pro Unternehmen und in 2011 waren es nur 1800 Euro. Unter den kleinen Unternehmen gibt es aber auch solche, die keinerlei Investitionen in die IT-Sicherheit planen und sich damit erheblichen Risiken aussetzen.

Nach einer Online-Umfrage von Kaspersky und B2B International in 2019 mit 3781 Befragten aus verschiedensten Regionen, Branchen und Firmengrößen, macht das IT-Sicherheitsbudget 23% der Gesamtausgaben für IT aus. Im Durchschnitt sind es 692 132 Dollar und für die nächsten 3 Jahre wird eine Steigerung des Budgets von 11% erwartet.

---

[27] Vgl. Sopra Steria Consulting, F.A.Z.-Institut, Studie "Potenzialanalyse Unternehmen schützen, Risiken minimieren", Herbst 2018.
[28] Vgl. Hillebrand, A., Niederprüm, A., Schäfer, S., Thiele, S. & Henseler-Ungar, I., Aktuelle Lage der IT-Sicherheit in KMU, Bad Honnef, 2017.

Die „IT-Sicherheitsstudie 2019" der Hamburger Datensicherheitsfirma TeamDrive und der Nationalen Initiative für Informations- und Internetsicherheit (NIFIS)[29], in der 100 vorwiegend mittelständische Unternehmen in Deutschland befragt wurden, kommt zu dem Ergebnis, dass 54 Prozent der Unternehmen von einer Verdoppelung der Ausgaben für IT-Sicherheit bis 2030 ausgehen. Ein Anstieg um die Hälfte wird von 12 Prozent und um ein Drittel von weiteren 14 Prozent der Studienteilnehmer erwartet. Über 75% der Firmen nehmen an, dass es ein hohes Investitionspotenzial für IT-Sicherheit geben wird.

In der Cisco 2020 CISO Benchmark-Umfrage[30] gaben die Befragten an, dass sie ihre Sicherheitsausgaben vorrangig mit folgenden Werten bestimmen und/oder kontrollieren:

- Ergebnisorientierte Ziele oder Metriken – 61%

- Budgets der vergangenen Jahre – 54%

- Cyber-Versicherung – 53%

- Prozent der Einnahmen – 49%

- Outsourcing-Kosten – 45%

Dieses Ergebnis zeigt einen engen Bezug zu einigen der am häufigsten verwendeten Ansätze zur Berechnung der IT-Sicherheitskosten[31]. So basieren ergebnisorientierte Ziele oder Metriken sehr wahrscheinlich auf Kennzahlenmethoden und Vergleichsmethoden wie dem IT-Sicherheitsbenchmar-

---

[29] Vgl. TeamDrive Systems GmbH, https://teamdrive.com/studie-firmen-werden-ausgaben-fuer-it-sicherheit-bis-2030-verdoppeln/ abgerufen 27.08.2020.
[30] Vgl. Cisco, Cybersecurity Report Series 2020, CISO Benchmark Study, Februar 2020
[31] Vgl. Schmidtmann, A.: Kosten der IT-Sicherheit. In: IT-Management: Best Practices für CIOs, De Gruyter Oldenbourg, Berlin, 2018, 299-318.

king, dem sich das nächste Kapitel dieses Beitrags widmet, und Experten-schätzungen. Die Anwendung der Analogiemethode drückt sich in der Ver-wendung der Budgets der vergangenen Jahre aus. Eine Festlegung der Aus-gaben über die Werte aus der Cyber-Versicherung kommt einer Nutzung der 2% „Faustregel" aus der Versicherungsbranche relativ nahe, auch wenn davon ausgegangen werden kann, dass diese Berechnungsformel mittler-weile aufgrund von Erfahrungen in diesem Bereich verfeinert worden ist. Falls die IT-Sicherheit als Dienstleistung ausgelagert ist, so sind die Out-sourcing-Kosten möglicherweise eine gute Grundlage für zukünftige Sicher-heitsausgaben. Die Sicherheitsausgaben allerdings als Prozentwert der Ein-nahmen des Unternehmens zu sehen, entspricht dem eher als willkürlich anzusehenden Price-to-win-Ansatz. Dabei werden die Ausgaben dadurch bestimmt, was das Management bereit ist zu zahlen, ohne dass ein Bezug zum wirklichen Bedarf hergestellt ist.

Nun aber zurück zu der anfänglichen Fragestellung, was Unternehmen ak-tuell für ihre Sicherheit ausgeben. Laut der Cisco Cybersecurity Series 2019[32] gibt es keine „magische Zahl", sondern, wie oben bereits erwähnt, hängt der Betrag von einer Vielzahl von Faktoren ab, wie z.B. Größe, Bran-che, Risikobereitschaft und -haltung usw. In ihrer Umfrage hat Cisco fol-gende Werte pro Jahr für Unternehmen in drei Größenkategorien ermittelt:

- Unternehmen mittlerer Größe (250-999 Mitarbeiter):
    - 46 Prozent weniger als 250.000 Dollar
    - 43 Prozent 250.000 bis 999.999 Dollar
    - 11 Prozent 1 Million Dollar oder mehr

---

[32] Vgl. Cisco, Cybersecurity Series 2019, The Security Bottom Line, Oktober 2019.

- große Unternehmen (1.000 bis 9.999 Mitarbeiter)

    o 23 Prozent weniger als 250.000 Dollar

    o 57 Prozent 250.000 bis 999.999 Dollar

    o 20 Prozent 1 Million Dollar oder mehr aus

- Sehr große Unternehmen (mit über 10.000 Mitarbeitern)

    o 7 Prozent weniger als 250.000 Dollar

    o 43 Prozent 250.000 bis 999.999 Dollar

    o 50 Prozent 1 Million Dollar oder mehr

Diese Zahlen geben einen gewissen Einblick in das Verhältnis zwischen der Größe eines Unternehmens und den IT-Sicherheitsausgaben. Allerdings sollte berücksichtigt werden, dass die Anzahl der Mitarbeiter allein nicht notwendigerweise mit der Höhe des Risikos, dem die Organisation ausgesetzt ist, oder auch den verfügbaren Mitteln korreliert. Deswegen sollten auch diese Werte nur als Anhaltspunkt verwendet werden.

Nach der Cisco 2018 Security Capabilities Benchmark Study[33] sind Budget (34%), Interoperabilität mit Legacy Systems (27%) und Personal (27%) die von Sicherheitsexperten am häufigsten benannten Einschränkungen beim Sicherheitsmanagement. Fortschrittliche Sicherheitsprozesse und -technologien benötigen verstärkt gut ausgebildetes Personal, dessen Mangel in den letzten Jahren immer mehr als Hindernis gesehen wird (von 22% in 2015 auf 27% in 2017).

---

[33] Vgl. Cisco, Security Capabilities Benchmark Study 2018.

Dies verdeutlicht wiederum die Komplexität der Thematik und bestärkt darin, einen strukturierten Ansatz zu wählen, der sich verschiedener Kennzahlen und Metriken bedient. Ein gut überlegtes und vorausschauendes Benchmarking bietet dabei die Möglichkeit, diese Kennzahlen mit geringerem Aufwand bzw. teilweise auch überhaupt zu ermitteln, da sie nicht anderweitig zu berechnen sind. Außerdem geben die Vergleiche häufig noch weitere Anregungen zur Bestimmung und Strukturierung der IT-Sicherheitsausgaben.

Systematisches Vorgehen

In Schmidtmann 2018[34] wurde bereits ein Vorgehensmodell zur Bestimmung der einzelnen Kostenpositionen der IT-Sicherheit angelehnt an den IT-Grundschutz sowie auch die ISO/IEC 27000 Familie vorgestellt. Die fünf Phasen dieses Regelkreises, denn es handelt sich hierbei um ein zyklisches Modell, das nicht die einmalige Ermittlung, sondern die dauerhafte Bestimmung die IT-Sicherheitskosten zum Ziel hat, sowie der stetig laufende Prozess Monitoring sind dort folgendermaßen definiert:

- 1. Phase Ziele: Festlegung der zu erreichenden Ziele (Sicherheitsniveau, IT-Sicherheitsleitlinie),

- 2. Phase Ist-Situation: Bestimmung der aktuellen IT-Sicherheitslage des Unternehmens (Gefährdungen und bereits vorhandene Sicherheitsmaßnahmen),

- 3. Phase Maßnahmen: Vereinbarung notwendiger Maßnahmen,

---

[34] Vgl. Schmidtmann, A.: Kosten der IT-Sicherheit. In: IT-Management: Best Practices für CIOs, De Gruyter Oldenbourg, Berlin, 2018, 299-318.

- 4. Phase Kosten der Maßnahmen: Abschätzung der Kosten dieser Maßnahmen,

- 5. Phase Laufende Kosten: Veranschlagung der dauernden Kosten zur Aufrechterhaltung und auch Optimierung des Sicherheitsniveaus (TCO) und

- Monitoring Prozess: Monitoring der Maßnahmen und Analyse der verschiedenen Kennzahlen (u.a. auch die Finanzkennzahlen)

Die Erkenntnisse dieses Beitrags führen nun zu einer Erweiterung dieses Regelkreises (siehe Abbildung 1), die insbesondere die ersten beiden Phasen betrifft. Aus der Untersuchung der Bedrohungen und Gefährdungen wurde deutlich, dass die Festlegung der zu erreichenden Ziele in der ersten Phase nicht ohne Bestimmung der aktuellen IT-Sicherheitslage des Unternehmens in der zweiten Phase stattfinden kann. Die sequenzielle Abfolge im Regelkreis entspricht hier nicht der Realität, aber auch eine Umkehrung der Reihenfolge wäre nicht völlig korrekt. Vielmehr werden die beiden Phasen in einer Phase „Analyse und Zieldefinition" zusammengeführt. Auch das Benchmarking ist Teil dieser ersten Phase, die im Rahmen der Analyse nicht nur interne Schwachstellen und externe Bedrohungen untersucht, sondern über den Vergleich mit anderen Unternehmen auch zu Kennzahlen und Zielstrategien gelangt. Außerdem ist diese Phase die Startphase des Regelkreises und benötigt einen Zugang von außen.

Außerdem sollte ein übergreifender Risikomanagement Prozess hinzugefügt werden, der nicht nur Teil der ersten Phase des Regelkreises ist, sondern u.a. im Rahmen der Risikosteuerung in alle Phasen mit hineingreift. Um die Relevanz dieses Prozesses zu unterstreichen, wird er in der Mitte des Kreises positioniert. Zwar gibt es eine gewisse Schnittmenge mit dem bereits vorhandenen Monitoring Prozess, jedoch reicht dieser über die Überwachung der Risiken hinaus und kontrolliert auch generell die Phasen des Regelkreises.

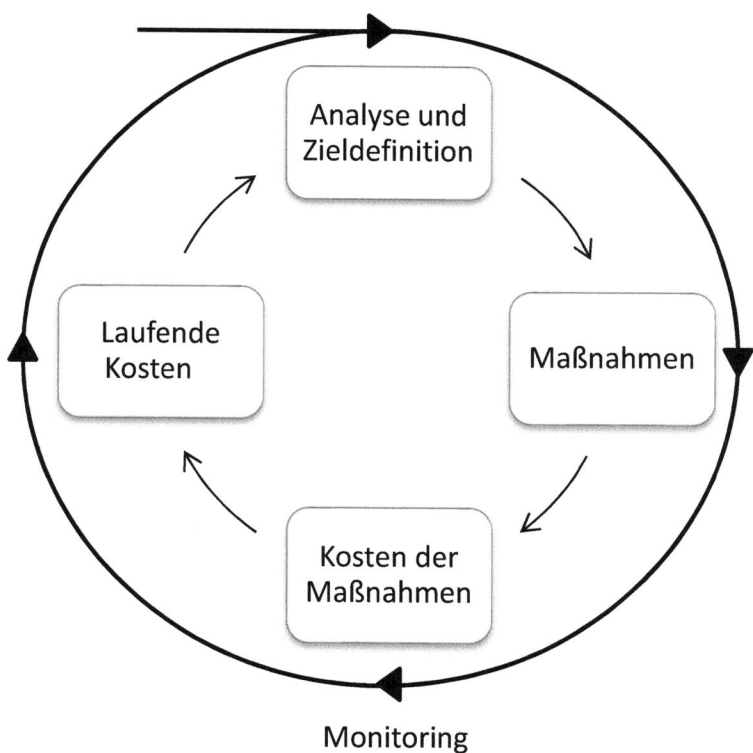

Abbildung 1: Erweiterter Regelkreis der IT-Sicherheitskosten nach Schmidtmann 2018

Die notwendigen Maßnahmen in Phase zwei beziehen sich auf die drei oben dargestellten Schwachstellenkategorien, so dass sie sich neben technischen und organisatorischen Mängeln auch menschliches Fehlverhalten zu reduzieren suchen, wobei eine enge Verknüpfung zur Phase drei besteht, da eine

Risikoreduktion möglicherweise zu kostenintensiv ist und stattdessen eine Risikodiversifikation ein -transfer, oder eine -vermeidung angestrebt wird.

Die vierte Phase überführt die ausgewählten Maßnahmen dann in den Dauerbetrieb und hat generell eine kontinuierliche Qualitätsverbesserung der IT-Sicherheit aber auch eine Kostenoptimierung als Ziel. Unterstützung erfährt sie dabei vom Monitoring Prozess. Bei Abweichungen von den vorgegebenen Zielen oder Veränderungen der Umwelt stößt dieser ein erneutes Durchlaufen des Regelkreises an. Veränderungen bei den Risiken hat der Risikomanagement Prozess im Blick und gibt diese neuen Vorgaben dann ebenfalls an den Regelkreis weiter, wo sie zu geänderten Maßnahmen und Kosten führen.

Dieses strukturierte Vorgehen ist mit Zeit und Aufwand verbunden und bedarf größerem eigenen oder extern bezogenen Fachwissen. Es führt andererseits aber zu mehr Transparenz bzgl. der IT-Sicherheitsrisiken und zu Einsparungen aufgrund einer systematischen Betrachtung und Bewertung von Investitionsalternativen.

Aufforderung

In der Cisco 2020 CISO Benchmark-Umfrage[35] wurde nach dem Mehrwert eines derart organisierten Ansatzes gefragt. Die Befragten gaben an, dass die folgenden sechs Sicherheitsmaßnahmen bei ihnen zu geringeren Kosten aufgrund von Sicherheitsvorfällen geführt haben:

---

[35] Vgl. Cisco, Cybersecurity Report Series 2020, CISO Benchmark Study, Februar 2020.

- Sicherheitspraktiken werden regelmäßig, formell und auch auf langfristige Sicht (strategisch) überprüft und verbessert.

- Verbindungsaktivitäten im Netzwerk werden regelmäßig überprüft, um sicherzustellen, dass die Sicherheitsmaßnahmen funktionieren wie vorgesehen.

- Sicherheit ist gut in die Ziele und Geschäftsfähigkeiten der Organisation integriert.

- Sicherheitsvorfälle werden routinemäßig und systematisch untersucht.

- Sicherheitstechnologien sind gut integriert, um effektiv zusammenzuarbeiten.

- Fähigkeiten zur Erkennung und Blockierung von Bedrohungen werden immer aktuell gehalten.

Alle sechs Maßnahmen lassen sich im oben dargestellten erweiterter Regelkreis IT-Sicherheitskosten abbilden. Hervorzuheben sind dabei die Begriffe regelmäßig, systematisch, integriert und aktuell, die sowohl für die technischen und organisatorischen als auch die menschlichen Aktionen gelten.

Bereits im Jahr 1999 kam die BSI-UIMC-Studie über Kosten und Nutzen der IT-Sicherheit von Reinhard Voßbein († 2011)[36] zu dem Ergebnis, dass ein IT-Sicherheitscontrolling mit einem eigenen Sicherheitsbudget, einer Kostenerfassung und -zurechnung und einem üblichen Kontrollsystem sehr empfehlenswert sei.

---

[36] Vgl. SecuMedia-Verlags-GmbH, http://2014.kes.info/archiv/heft/abonnent/0004/80.htm abgerufen 27.08.2020.

Doch die Spends und Trends 2020 Befragung des Sans Institute [37] hat ca. 20 Jahre später zum Ergebnis, dass nur 35% der Befragten die Wirksamkeit ihres Sicherheitsprogramms gegenüber den Kosten für Investitionen messen. Dies bedeutet, dass fast 65 % entweder nicht messen oder nicht wissen, ob sie es tun. Auch wenn man in Betracht ziehen sollte, dass Metriken sicherlich nicht das einzige Mittel sind, um die Wirksamkeit der Sicherheitsmaßnahmen zu messen, verwundert diese Zahl heute sehr. Das Sans Institute konstatiert vielmehr, dass das Messen und Verfolgen der Effektivität von Sicherheitsausgaben als kritischer Prozess für jedes Unternehmen angesehen werden sollte, insbesondere da die Cybersicherheit in allen Bereichen unseres Lebens weiter an Bedeutung gewinnt. Dabei sollte:

- vorausschauend geplant,

- organisationsübergreifend koordiniert,

- unternehmensweit kommuniziert und

- systematisch gesteuert und überwacht werden.

Diese Aufgaben können nur in enger Zusammenarbeit und mit Unterstützung des Managements umgesetzt werden. Dieses sahen auch 51% der Befragten aus der Cyber-Sicherheits-Umfrage der Allianz für Cybersicherheit[38] so, denn sie stimmten der Aussage "Cyber-Sicherheit ist bei uns Chefsache" zu. Dieses Bewusstsein ist allerdings bisher noch nicht in allen Führungsabteilungen angekommen. Hier gibt es noch Nachholbedarf, sowohl was die Klärung der Rollen und Zuständigkeiten im Führungsteam als auch die

---

[37] Vgl. SANS™ Institute, Spends and Trends: IT Cybersecurity Spending Survey 2020.
[38] Vgl. Allianz für Cybersicherheit, Cyber-Sicherheits-Umfrage - Cyber-Risiken & Schutzmaßnahmen in Unternehmen, April 2019.

Fort- und Weiterbildung des Managements im Themenbereich IT-Sicherheit angeht.

Abschließend sollte noch einmal betont werden, dass IT-Sicherheit nie als Kostentreiber, sondern immer als existenzielle Notwendigkeit betrachtet werden muss. Es reicht aber nicht, dieser Forderung einmalig Genüge zu tun, sondern es muss ein fortdauernder Prozess etabliert werden, der sich zyklisch, planmäßig, immer auf dem neusten Stand und unternehmensübergreifend mit den Kosten der IT-Sicherheit befasst. Seine Aufgabe ist es Maßnahmen einzuführen, zu steuern und zu kontrollieren, die neben der Technik, die Organisation und nicht zuletzt die Menschen in gleichem Maße zu einer ganzheitlichen Sicherheit führen.

Verwendete Literatur

Allianz für Cybersicherheit, Cyber-Sicherheits-Umfrage - Cyber-Risiken & Schutzmaßnahmen in Unternehmen, April 2019.

Allianz Group, https://www.agcs.allianz.com/news-and-insights/reports/allianz-risk-barometer.html abgerufen am 22.08.2020.

BKA Cybercrime Bundeslagebild 2018, S. 6.

BSI, https://www.bsi-fuer-buerger.de/BSIFB/DE/Risiken/Schadpro-gramme/Ransomware/ransomware_node.html abgerufen am 22.08.2020.

Bundesamt für Sicherheit in der Informationstechnik (BSI), Die Lage der IT-Sicherheit in Deutschland 2019.

Bundesamt für Sicherheit in der Informationstechnik (BSI), IT-Grundschutz-Kompendium Edition 2020, Februar 2020.

Cisco, Cybersecurity Report Series 2020, CISO Benchmark Study, Februar 2020.

Cisco, Annual Cybersecurity Report 2017.

Cisco, Cybersecurity Series 2019, The Security Bottom Line, Oktober 2019.

Cisco, Security Capabilities Benchmark Study 2018.

Dübendorfer, Thomas: Impact Analysis, Early Detection and Mitigation of Large-Scale Internet Attacks. Dissertation, Swiss Federal Institute of Technology Zürich, Zürich: ETH, 2005, S. 19-22.

Gartner Forecasts Worldwide, Security and Risk Management Spending Growth to Slow but Remain Positive in 2020, Gartner (June 2020).

Hanschke, Inge: Informationssicherheit und Datenschutz – einfach und effektiv. 1. Auflage, Carl-Hanser-Verlag, München, 2019.

Hillebrand, A., Niederprüm, A., Schäfer, S., Thiele, S. & Henseler-Ungar, I., Aktuelle Lage der IT-Sicherheit in KMU, Bad Honnef, 2017.

Kaspersky, Security Bulletin 2019, https://securelist.com/kaspersky-security-bulletin-2019-statistics/95475/ abgerufen am 22.08.2020.

Kaspersky, Security Economics 2019, https://www.kaspersky.com/blog/security-economics-2019/28838/ abgerufen am 22.08.2020.

Königs, Hans-Peter: IT-Risikomanagement mit System: Praxisorientiertes Management von Informationssicherheit und IT-Risiken, Springer Vieweg; Auflage: 4. Aufl. 2013, S. 277,

KUERT Datenrettung Deutschland GmbH, https://www.kuert-datenrettung.de/blog/wieviel-sollte-man-in-it-sicherheit-investieren abgerufen am 20.08.2020.

Ponemon Institute, IBM Security, Cost of a Data Breach Report 2020.

Prokein, Oliver: IT-Risikomanagement, 1. Auflage, Betriebswirtschaftlicher Verlag Dr. Th. Gabler GWV Fachverlage GmbH, Wiesbaden, 2008.

PROOFPOINT, INC, Human Factor Report 2019.

PWC, https://www.pwc.de/de/newsletter/it-security-news/wie-sie-die-informationssicherheit-in-der-coronakrise-sicherstellen.html abgerufen am 20.08.2020.

Risk Based Security, https://www.riskbasedsecurity.com/2020/05/11/no-of-records-exposed-in-2020-q1-data-breaches-skyrockets-to-8-4-billion/ abgerufen am 22.08.2020.

SANS™ Institute, Spends and Trends: IT Cybersecurity Spending Survey 2020.

Schmidtmann, A.: Kosten der IT-Sicherheit. In: IT-Management: Best Practices für CIOs, De Gruyter Oldenbourg, Berlin, 2018, 299-318.

SecuMedia-Verlags-GmbH, http://2014.kes.info/archiv/heft/abonnent/0004/80.htm abgerufen am 27.08.2020.

Security-Insider, https://www.security-insider.de/massnahmen-und-prozesse-gegen-crypto-miner-a-745763/ abgerufen am 22.08.2020.

Shackleford, Dave, How to fix the top 5 cybersecurity vulnerabilities, Voodoo Security, Juni 2019.

Sopra Steria Consulting, F.A.Z.-Institut, Studie "Potenzialanalyse Unternehmen schützen, Risiken minimieren", Herbst 2018.

TeamDrive Systems GmbH, https://teamdrive.com/studie-firmen-werden-ausgaben-fuer-it-sicherheit-bis-2030-verdoppeln/ abgerufen am 27.08.2020.

Voydoch, Victor L., Kent, Stephen T.: Security Mechanisms in High-Level Network Protocols. ACM Computing Surveys 15/2 (1983) 135-171.

Datenschutz als Kostenfaktor?

Kosten eines DSGVO-konformen Systems

Autor: Maximilian Grigat

Einleitung

Datenschutz ist ein Thema, welches stets polarisiert. Auf der einen Seite stehen die Datenschützer, die versuchen so wenige Daten wie möglich Preis zu geben und jede Art der Datenverarbeitung und Datenerfassung verurteilen. Auf der anderen Seite stehen jene, die sich durch die Veröffentlichung oder Verarbeitung von Daten Vorteile erhoffen. Diese Vorteile können wirtschaftlicher Natur sein, häufig im Falle von Unternehmen, oder einfache Bequemlichkeitsvorteile, eher bei normalen Nutzern. Beide Seiten dieses Interessenkonfliktes sind häufig sehr schlecht auf Vertreter des anderen Standpunktes zu sprechen, da beide ihre Handlungsfähigkeit oder Freiheit durch den anderen eingeschränkt sehen.[1] Und trotz dieses ewigen Ringens zwischen Datenschützern und Datenverarbeitern ist das Thema Datenschutz zumindest in der öffentlichen Wahrnehmung nie ein großes Thema gewesen.

---

[1] Vgl. Brunowsky, Ralf-Dieter: Zum Teufel mit dem Datenschutz (2019).

39

Das änderte sich schlagartig im Mai 2018 mit der Einführung der europäischen Datenschutz-Grundverordnung. Plötzlich redete jeder über Datenschutz. Das Interesse an dem Thema hatte sich mehr als verzehnfacht.[2] Wie bei vielen vom Internet aufgebauschten Hypes oder Shitstorms, je nachdem auf welcher Seite des Datenschutzkonfliktes man steht[3], ließ das Interesse an dem Thema genauso schnell wieder nach, wie es aufgekommen war. Dennoch lässt sich beobachten, dass dieser kurze extreme Fokus auf Datenschutz und den damit einhergehenden Regulierungen - manche würden mit Sicherheit sagen Überregulierungen - in vielen Menschen ein gewisses Bewusstsein für Datenschutz wachgerüttelt hat. Das Interesse ging zwar schnell wieder zurück, aber hat sich nun dennoch auf einem höheren Niveau eingependelt als vor Mai 2018. Egal auf welcher Seite man steht, eines ist nun für alle gleich: Die Datenschutz-Grundverordnung gilt. Daher stellt sich für Personen und Unternehmen mit wirtschaftlichem Interesse nun vor allem eine Frage: Wie viel kostet denn nun eine rechtssichere Umsetzung aller Vorgaben und Regelungen der Datenschutz-Grundverordnung?

Wenn man versucht diese Frage zu beantworten muss man sich zunächst mit dem Thema Datenschutz grundsätzlich und der Gesetzgebung im Bereich Datenschutz auseinandersetzen. Anschließend muss man sich anschauen, was genau in der Gesetzgebung von Datenverarbeitern gefordert wird und danach kann man versuchen diese Anforderungen mit konkreten Kosten zu beziffern.

---

[2] Vgl. Google Trends: Thema Datenschutz (19.08.2019).
[3] Vgl. Stritich, Per: DSGVO – die größte Chance des Jahrzehnts für Unternehmen (15.08.2019).

Warum ist Datenschutz überhaupt wichtig?

Zunächst muss man die beiden Begriffe Datenschutz und Datensicherheit unterscheiden. Beide sind sehr eng miteinander verknüpft und werden daher häufig gleichbedeutend verwendet, haben aber unterschiedliche Bedeutungen. Unter Datenschutz versteht man den Schutz personenbezogener Daten, wobei es nicht nur um den Inhalt der Daten geht, sondern auch um die informationelle Selbstbestimmung der Person.[4] Die informationelle Selbstbestimmung ist ein in Deutschland geltendes Recht. Dieses ist zwar nicht im Grundgesetz verankert, allerdings hat das Bundesverfassungsgericht es in seinem Volkszählungsurteil 1 aus dem allgemeinen Persönlichkeitsrecht (Art. 2 Abs. 1 GG i. V. m. Art. 1 Abs. 1 GG) entwickelt und versteht es als eine besondere Ausprägung des allgemeinen Persönlichkeitsrechts. Demzufolge hat jede natürliche Person grundsätzlich das Recht selbst zu entscheiden was mit den eigenen Daten geschieht und unter welchen Umständen diese preisgegeben werden dürfen.[5]

Im Unterschied dazu ist Datensicherheit das Umsetzen von Maßnahmen zum Schutz von Daten, egal ob diese personenbezogen sind oder nicht. So müssen die Maßnahmen der Datensicherheit gewährleisten, dass alle Daten vor Manipulation, Verlust, unberechtigter Kenntnisnahme durch Dritte oder anderen Bedrohungen gesichert sind.[6]

---

[4] Vgl. Brands Consulting: Unterschiede zwischen Datenschutz und Datensicherheit – Wieso Datensicherheit nicht immer zum Datenschutz beiträgt? (26.08.2019).
[5] Vgl. Praetor Intermedia UG (haftungsbeschränkt). Recht auf informationelle Selbstbestimmung (15.07.2019).
[6] Vgl. Bentz, Volker: Was ist der Unterschied zwischen Datenschutz und Datensicherheit? (26.08.2019).

Sowohl Privatpersonen als auch Unternehmen haben ein Interesse an gutem Datenschutz. Für Einzelpersonen kann es dafür verschiedene Gründe geben. Hauptsächlich handelt es sich aber wohl um den Wunsch nach Privatsphäre, auch im Internet.

Für Unternehmen hat das Thema Datenschutz sowohl Wirkung und Wichtigkeit im Inneren als auch nach außen.

Im Inneren tragen Datenschutz und Datensicherheit maßgeblich zur Abwehr von Gefahren wie Datenverlust, Spionage, Schadensersatzansprüchen, Wettbewerbsansprüchen, Missbrauch durch Einzelne usw. bei. Im Jahr 2017 waren 46 % aller Unternehmen von Cyberkriminalität betroffen.[7] Wichtige Zertifizierungen, wie z.B. DIN ISO 9001 werden nicht vergeben, wenn im Unternehmen kein ausreichender Datenschutz vorhanden ist. Das Fehlen von Datenschutzmaßnahmen führt zum Verlust dieser Zertifikate.

Mindestens genauso wichtig für ein Unternehmen ist die Außenwirkung. Denn mit einer katastrophalen Außenwirkung ist es auch egal wie gut ein Unternehmen im Inneren aufgestellt ist. Und für diese Außenwirkung ist heutzutage auch der Datenschutz ein entscheidender Faktor. Denn Kunden und Partner schätzen guten Datenschutz und schenken Unternehmen mit guten Datenschutzzertifizierungen eher ihr Vertrauen. Nicht selten verlangen Geschäftsbeziehungen heute den Nachweis eines gesetzeskonformen Datenschutzes für eine Zusammenarbeit. Bei öffentlichen Ausschreibungen wird der Datenschutz mittlerweile mit 30% Gewicht bewertet. Sollten Daten für andere Unternehmen verarbeitet werden, ist der Datenschutz natürlich besonders wichtig, da bei einem Datenschutzproblem auch Schaden an

---

[7] Vgl. PwC, Uni Halle-Wittenberg: Wirtschaftskriminalität: Anteil der von Cybercrime betroffenen Unternehmen* in Deutschland im Jahr 2017 nach Art der Delikte (26.08.2019).

anderen Unternehmen verursacht wird. Datenschutz wird in der digitalisierten Geschäftswelt immer wichtiger und ist heute ein wichtiger Schutzfaktor sowie ein bedeutendes Qualitätsmerkmal. Durch überaus guten Datenschutz kann somit der Unternehmenswert gesteigert werden.[8]

Gesetzgebung im Bereich Datenschutz

Um guten Datenschutz auch für Verbraucher einfacher zu ermöglichen, wurde die Datenschutzgrundverordnung, kurz DSGVO, eingeführt. Die DSGVO ist eine Verordnung der Europäischen Union, durch die Regeln zur Verarbeitung personenbezogener Daten durch Unternehmen und öffentliche Stellen in der EU vereinheitlicht werden sollen. Eine Verordnung der Europäischen Union ist ein Rechtsakt mit allgemeiner Gültigkeit und unmittelbarer Geltung in den Mitgliedstaaten. Sie unterscheidet sich von Richtlinien hauptsächlich dadurch, dass Letztere erst von den Mitgliedstaaten in nationales Recht umgewandelt werden müssen.[9] Diese Verordnung ist am 25. Mai 2018 in Kraft getreten und betrifft alle Firmen, die Daten von Bürgern innerhalb der Europäischen Union erfassen. Damit ist die DSGVO natürlich auch in Deutschland wirksam. (DSGVO Art. 1-3)

Vor der DSGVO galt in Deutschland das Bundesdatenschutzgesetz, kurz BDSG. Zusätzlich haben auch alle Bundesländer noch eigene Landesdatenschutzgesetze erlassen.[10] Das BDSG hat auch mit der DSGVO weiterhin noch Bestand, wurde allerdings grundlegend überarbeitet. Daher unterscheidet man zwischen dem Bundesdatenschutzgesetz alte Fassung, kurz BDSG a. F., und der neuen Fassung des Bundesdatenschutzgesetzes, kurz

---

[8] Vgl. Triades Datenschutz: SCHUTZ NACH INNEN UND AUSSEN (15.07.2019).

[9] Vgl. Europäische Union: Verordnungen, Richtlinien und sonstige Rechtsakte (25.08.2019).

[10] Vgl. Virtuelles Datenschutzbüro: Gesetze und Verordnungen (25.08.2019).

BDSG n. F. Auch die Landesdatenschutzgesetze sind weiterhin wirksam. Dadurch, dass Deutschland bereits ein sehr umfangreiches Datenschutzgesetz hatte, werden viele Anforderungen der DSGVO deutschen Unternehmen, im Gegensatz zu vielen europäischen Mitbewerbern, bereits bekannt vorkommen. Doch auch für deutsche Unternehmen ändern sich einige Richtlinien und entwickeln sich mehr in Richtung Verbraucherschutz.

Alte und neue gesetzliche Vorgaben

Gesetzliche Vorgaben des BDSG

Zu den bereits aus dem BDSG bekannten Vorschriften gehört das Einrichten einer Zugriffskontrolle, die Vergabe von verschiedenen Berechtigungen, die Protokollierung von Zugriffen auf personenbezogene Daten, das Verschlüsseln der Daten (DSGVO Art. 32 (1) a)), Datensicherungen, Pseudonymisierungsfunktionen (DSGVO Art. 32 (1) a)), Anonymisierungsfunktionen sowie Archivierungs- und Löschfunktionen (BDSG a. F. §20, DSGVO Art. 17) und Datenminimierung (BDSG a. F. §3a, DSGVO Art. 5 (1) c)).

Zugriffskontrolle: Unter einer Zugriffskontrolle versteht man das Einschränken der Zugänglichkeit von Daten. Diese Kontrolle kann je nach Sensibilität der Daten auf unterschiedlichen Wegen hergestellt werden. Eine Passwortsicherung ist wohl die minimal mögliche Sicherung, die zumindest einen Grundschutz der Daten ermöglichen kann. Darüber hinaus ist eine stärkere Zugriffskontrolle durchaus möglich, sei es durch Sicherheitspersonal am Eingang oder biometrische Zugangsdaten. Auch ein Zugriff nur unter mindestens vier Augen ist denkbar.

Vergabe von verschiedenen Berechtigungen: Nicht jeder Mitarbeiter sollte auf alle Daten zugreifen können. Daher ist es in jedem Fall nötig, verschiedene Berechtigungen für verschiedene Mitarbeiter mit verschiedenen Aufgaben zu verteilen. Wenn ein Mitarbeiter nur mit einem kleinen Teil der personenbezogenen Daten arbeiten muss, sollten seine Berechtigungen ihm auch nur Zugriff auf diese Daten gewähren. Die einzigen Personen, die Zugriff auf alle Daten haben dürfen, sind Systemadministratoren oder eventuell noch die Geschäftsleitung, falls diese einen Überblick über alle Daten zur Ausübung ihrer Tätigkeit benötigen sollte.

Protokollierung von Zugriffen auf personenbezogene Daten: Immer, wenn irgendjemand mit personenbezogenen Daten arbeitet oder diese einsieht, muss dies protokolliert werden. So soll eine Nachvollziehbarkeit gewährleistet werden. Im Falle von Datenmanipulation oder ähnlichen Vorfällen kann dann über diese Protokolle überprüft werden, ob und wenn ja, durch wen Fehler oder mutwillige Sabotage begangen wurden.[11] Ein Beispiel für mutwillige Sabotage wäre das Verändern eines privaten personenbezogenen Datums, welches dazu führt, dass die Person auf die sich die Daten beziehen zusätzliche Kosten erleidet oder Dienstleistungen nicht mehr in Anspruch nehmen kann.

Verschlüsseln der Daten: Personenbezogene Daten dürfen niemals unverschlüsselt auf Festplatten oder gar Servern gespeichert werden. Auch im Falle eines Diebstahls von Hardware muss stets gesichert sein, dass auf die gespeicherten Daten nicht einfach zugegriffen werden kann. Dafür sollten modernste kryptographische Verfahren verwendet werden, die für maximale Sicherheit sorgen sollen.

---

[11] Vgl. Dr. Datenschutz: Anforderungen an Software: Besser vorher an Datenschutz und IT-Sicherheit denken! (2013).

Datensicherungen: Alle Daten sollten regelmäßig gesichert werden, um Datenverluste zu verhindern. Dies ist nicht nur für Verbraucher wichtig, sondern auch für Unternehmen ein nicht selten kritischer Faktor, um handlungsfähig zu bleiben. Würde beispielsweise die Datenbank mit den Kundendaten aus beliebigen Gründen ausfallen und es existiert keine Datensicherung, kann das durchaus zum Ruin eines Unternehmens führen.

Pseudonymisierungsfunktionen: Laut dem BDSG ist das Pseudonymisieren von Daten, das Ersetzen sämtlicher Identifikationsmerkmale durch ein Kennzeichen. (BDSG a. F. §3 (6a)) Bei einer Pseudonymisierung wird beispielsweise der Name in einem personenbezogenen Datensatz durch eine Zahl ersetzt, die keinen Rückschluss auf den Namen zulässt. Diese Zahl wird dann gemeinsam mit dem Namen an einem gesonderten Ort besonders gesichert gespeichert, um eine Identifizierung des Datensatzes bei Bedarf zu ermöglichen. Ein Blick auf den Datensatz ohne Zugriff auf die Identifikationstabelle ermöglicht weiterhin das Arbeiten mit dem Datensatz, ohne das der Bearbeitende genau weiß mit wessen Daten er oder sie arbeitet.

Anonymisierungsfunktionen: Noch ein Schritt drastischer als die Pseudonymisierung ist die Anonymisierung. Wenn ein personenbezogener Datensatz anonymisiert wird, soll es gar nicht mehr oder nur mit einem unverhältnismäßig großen Aufwand an Zeit, Kosten und Arbeitskraft einer bestimmten oder bestimmbaren natürlichen Person zugeordnet werden können. (BDSG a. F. §3(6)) Das bedeutet alle Daten, die eine Identifikation einer natürlichen Person zulassen, müssen aus dem Datensatz entfernt werden und durch Musterdaten beliebiger Art ersetzt werden. Es sollten auch bei allen anonymisierten Datensätzen dieselben Musterdaten verwendet werden, um eine Identifikation weiter zu erschweren. Es darf im Gegensatz zur Pseudonymisierung nicht möglich sein anhand der Musterdaten und beliebiger Referenzdaten den ursprünglichen Personenbezug wiederherzustellen.

Archivierungs- und Löschfunktionen: Nicht nur im BDSG gibt es datenschutzrechtlich relevante Vorgaben für Unternehmen. So müssen natürlich trotz allen Datenschutzbemühungen viele Unterlagen, genau wie ihre Entsprechungen auf Papier, die Aufbewahrungsfristen gemäß dem HGB einhalten. So müssen zum Beispiel Handelsbücher, Jahresabschlüsse und Belege für Buchungen mindestens zehn Jahre aufbewahrt werden, Handelsbriefe immerhin auch sechs Jahre. (HGB §257 (4)). Um diese Vorgaben einzuhalten müssen die Unternehmen und deren Software Möglichkeiten haben die Daten passend zu archievieren.

In einigen dieser Unterlagen, wie den Buchungsbelegen, werden auch personenbezogene Daten verarbeitet. Ohne die Aufbewahrungsfristen des HGB müssten Unternehmen diese Daten spätestens löschen, sobald sie nicht mehr zur Erfüllung der beauftragten Tätigkeit benötigt werden. Die genaueren Vorgaben, wie Handelsbücher oder ähnliche Unterlagen in elektronischer Form aufbewahrt werden müssen, hat das Bundefinanzministerium im November 2014 veröffentlicht. Diese „Grundsätze zur ordnungsmäßigen Führung und Aufbewahrung von Büchern, Aufzeichnungen und Unterlagen in elektronischer Form sowie zum Datenzugriff", kurz GoBD, gelten seit dem 01. Januar 2015.[12]

Sobald allerdings auch die in anderen Gesetzen oder Grundsätzen verankerten Aufbewahrungsfristen erlöschen, müssen die Unternehmen und deren Software in der Lage sein, die elektronisch geführten Unterlagen datenschutzkonform zu löschen. Da auch beim Löschvorgang darauf geachtet

---

[12] Vgl. Bundesfinanzministerium: Grundsätze zur ordnungsmäßigen Führung und Aufbewahrung von Büchern, Aufzeichnungen und Unterlagen in elektronischer Form sowie zum Datenzugriff.

werden muss bestehende Vorschriften einzuhalten, sollten Unternehmen auch hier noch darauf achten, dass ihre Software in der Lage ist datenschutzkonforme Löschungen von archivierten Datensätzen durchzuführen.

Datenminimierung: Das Prinzip der Datenminimierung besagt, dass immer nur die Daten gespeichert werden dürfen, die zur Leistungserbringung eines Unternehmens wirklich benötigt werden. Handelt es sich beispielsweise um einen Online-Shop, benötigt dieser keine Daten über den aktuellen Beziehungsstatus, kann aber ohne die Verarbeitung der Adressdaten des Kunden seine Leistung, also den Versand von Waren, nicht erbringen.

Gesetzliche Vorgaben seit der DSGVO

Neu mit der DSGVO sind für Unternehmen eindeutige Vorschriften, was datenschutzfreundliche Voreinstellungen (DSGVO Art. 25), Datenübertragbarkeit (DSGVO Art. 20), Aufbewahrungsfristen, Mitteilungspflicht (DSGVO Art. 19), Einwilligung zur Datenverarbeitung (DSGVO Art. 6 (1) a) & Art. 7), Sicherheit, Datenlöschung (DSGVO Art. 17) und zum Schutz außerhalb der EU (DSGVO Erwägungsgrund 25). Außerdem sind die Sanktionen im Rahmen der DSGVO deutlich höher angesetzt als noch beim BDSG. (Art. 83 (5)) Zusätzlich greifen die Regelungen, ab wann ein Unternehmen einen eigenen Datenschutzbeauftragten haben muss, deutlich eher. (DSGVO Art. 37)

Datenschutzfreundliche Voreinstellungen: Seit Einführung der DSGVO sind Unternehmen dazu verpflichtet, ihre Software standardmäßig mit den datenschutzfreundlichsten Voreinstellungen auszuliefern. (DSGVO Art. 25 (1)) Die datenschutzfreundlichsten Voreinstellungen sind eben die, die sicherstellen, dass durch Voreinstellung nur personenbezogene Daten, deren Verarbeitung für den jeweiligen bestimmten Verarbeitungszweck erforderlich ist, verarbeitet werden. (DSGVO Art. 25 (2)) Wenn sich Nutzer, aus welchen Gründen auch immer, dazu entscheiden möchten mehr Daten als nötig mit dem Anbieter der Software zu teilen, müssen diese das von sich aus selbstständig einstellen.

Dass eine solche Gesetzgebung nötig war, zeigen Skandale wie die erste Version von Windows 10, die Microsoft 2015 auf den Markt brachte. Hier waren in den Voreinstellungen sämtliche datenschutzrelevanten Schutzeinstellungen deaktiviert, sodass Microsoft Zugriff auf viele, auch persönliche Daten hatte. Wollte man die Schutzeinstellungen aktivieren, musste man durch viele unübersichtliche Menüs navigieren und hoffen, dass man nirgendwo noch eine Einstellung übersehen hatte. Und selbst wenn alle Schutzeinstellungen gefunden und aktiviert wurden, hat Microsoft sich einen sehr großen Spielraum gelassen, in dem es personenbezogene Daten verarbeiten durfte.[13]

Datenübertragbarkeit: Durch die DSGVO hat jede betroffene Person das Recht, die sie betreffenden personenbezogenen Daten in einem gängigen maschinenlesbaren Format zu erhalten und zusätzlich hat sie das Recht, diese Daten auch an andere Datenverarbeiter zu übermitteln. (DSGVO Art. 20 (1)) Die betroffene Person kann sogar erwirken, dass ihre personenbezogenen Daten von dem ursprünglichen Datenverarbeiter direkt an einen anderen Datenverarbeiter übermittelt werden. (DSGVO Art. 20 (2))

Diese Datenübertragbarkeit erleichtert es Versicherten beispielsweise das Versicherungsunternehmen zu wechseln, da sie statt alle versicherungsrelevanten Daten neu herauszusuchen, einfach von diesem Recht Gebrauch machen können. Auf diese Art werden auch datenbezogene Knebelverträge

---

[13] Vgl. Schmidt, Markus: So hindern Sie Windows 10 am Spionieren (01.08.2019).

ausgehebelt, da nun kein Problem mehr darin besteht, dass das neue Versicherungsunternehmen zu wenig Daten über ihre Klienten haben, um diese passend einzuschätzen.

Für viele Unternehmen ist die Anforderung, alle gespeicherten personenbezogenen Daten in gängiger maschinenlesbarer Art zu exportieren, eine besondere Herausforderung. Nicht selten sind die personenbezogenen Daten eines Kunden nicht nur in einem gut strukturierten Datensatz gespeichert, sondern an verschiedenen Stellen im gesamten System hinterlegt. Diese dann zu bündeln und maschinenlesbar auszugeben ist daher in vielen Unternehmen noch ein aufwendiger und nicht automatisierbarer Prozess.

Datenlöschung: Betroffene Personen haben grundsätzlich das Recht auf Datenlöschung, häufig auch als „Recht auf Vergessen" bezeichnet. Bei Inanspruchnahme dieses Rechts müssen Unternehmen alle personenbezogenen Daten, die die Person betreffen, unverzüglich löschen. (DSGVO Art. 17 (2)) Sogar veröffentlichte Daten müssen „unter Berücksichtigung verfügbarer Technologie" im Rahmen „angemessener Maßnahmen" wieder entfernt werden. (DSGVO Art. 17 (2))

Viele Unternehmen haben bei der Umsetzung dieses Rechtes ähnliche Probleme wie bei der Datenübertragbarkeit. Die Daten sind nicht an einem Ort gespeichert, schlecht organisiert oder im schlimmsten Fall überhaupt nicht löschbar. Wenn Systeme beispielsweise so konfiguriert sind, dass sie auch rückblickend Daten verarbeiten können müssen und plötzlich Datensätze in der Vergangenheit einfach fehlen, kann das schlimmstenfalls zum Systemversagen führen und muss daher vor und während der Löschung berücksichtigt werden.

Mitteilungspflicht: Unternehmen sind dazu verpflichtet ihren Nutzern mitzuteilen, wenn Daten verarbeitet und gespeichert werden. (DSGVO Art. 13

(1)) Auch müssen dem Nutzer Kontaktdaten des Verantwortlichen und ggf. des Datenschutzbeauftragten, sowie der Zweck der Datenverarbeitung und die Rechtsgrundlage für die Verarbeitung mitgeteilt werden. Die Dauer der Datenspeicherung muss für den Benutzer völlig transparent sein. (DSGVO Art. 13 (2) a)) Kommt es zu einer Verletzung des Datenschutzes sind die Unternehmen dazu verpflichtet das unverzüglich, wenn möglich innerhalb von 72 Stunden, ihren Nutzern und der zuständigen Aufsichtsbehörde mitzuteilen. (DSGVO Art. 33)

Einwilligung zur Datenverarbeitung: Die Verarbeitung von personenbezogenen Daten ist mit der DSGVO an eindeutige Bedingungen geknüpft. Ist keine der Bedingungen erfüllt ist eine Verarbeitung nicht rechtmäßig. (DSGVO Art. 6 (1)) Die am häufigsten erfüllte Bedingung ist wahrscheinlich die Zustimmung zur Verarbeitung durch die betroffene Person. (DSGVO Art. 6 (1a)) Aber auch für die Erfüllung eines Vertrages, bei der die betroffene Person Vertragspartei ist, ist die Verarbeitung rechtmäßig, da der Vertrag als Einwilligung verstanden wird. (DSGVO Art. 6 (1) b)) Diese Einwilligung kann jederzeit widerrufen werden. (DSGVO Art. 21)

Schutz außerhalb der EU: Die DSGVO findet auch außerhalb der EU Anwendung. Das heißt, der von der DSGVO erwartete Datenschutz muss auch von Dienstleistern außerhalb der EU gewährleistet werden, wenn diese mit personenbezogenen Daten aus der EU arbeiten wollen. Sanktionen werden auch hier bei Datenschutzverletzungen verhängt. (DSGVO Art. 3)

Sanktionen: Natürlich gab es auch vor der DSGVO bereits Geldstrafen für Verstöße gegen Datenschutzbestimmungen. Diese waren allerdings auf 50.000 € limitiert. Einzige Ausnahme war hier, wenn der wirtschaftliche Vorteil für den Straftäter höher war als die Maximalstrafe. In diesem Fall durfte die Geldbuße entsprechend nach oben angepasst werden. (BDSG a.

F. § 43 (3)) Durch die DSGVO wurden diese Geldbußen allerdings deutlich erhöht. Kommt es jetzt zu einer Verletzung des Datenschutzes, werden Sanktionen in Höhe von bis zu 20 Millionen Euro oder im Fall eines Unternehmens bis zu 4 % des gesamten weltweit erzielten Jahresumsatzes im vorangegangenen Geschäftsjahr, je nachdem, welcher Wert der höhere ist, verhängt. (DSGVO Art. 83 (5))

Datenschutzbeauftragten: Ein DSB muss benannt werden, wenn in der Regel mindestens 10 Personen ständig mit der automatisierten Verarbeitung personenbezogener Daten beschäftigt sind. (BDSG n. F. § 38 (1)) Dazu zählen allerdings tatsächlich alle Beschäftigten, also auch freie Mitarbeiter oder Praktikanten, die ihre Arbeitszeit hauptsächlich an Rechnern verbringen. Mitunter ist ein DSB auch schon bei Kleinstunternehmen erforderlich, nämlich dann, wenn dort mit besonders sensiblen Daten hantiert wird, also beispielsweise mit Patientendaten in Arztpraxen. Die Aufgaben eines DSB reichen von Unterrichtung und Beratung des Datenverarbeiters, über Überwachung der Einhaltung gesetzlicher Vorschriften bis zu einer Tätigkeit als Anlaufstelle für die Aufsichtsbehörde. (DSGVO Art. 39 (1))

Die DSGVO basiert auf einem risikobasierten Ansatz: Anforderungen an die Verantwortlichen steigen mit der Menge der verarbeiteten Daten ebenso an wie mit deren Sensibilität. Höchste IT-Sicherheit ist daher beispielsweise bei großen Mengen von Krankheitsdaten zu gewährleisten, etwa in einem Krankenhaus. Wer aber beispielsweise nur eine kleine Liste mit Kundenadressen verarbeitet, muss auch nur durchschnittliche Anforderungen an die Sicherheit seiner Systeme erfüllen – welche das genau sind, lässt sich nur am Einzelfall bemessen. (DSGVO Erwägungsgrund 51)

Sicherheit: Die Verschlüsselung von personenbezogenen Daten ist für Unternehmen Pflicht. (DSGVO Art. 32 (1) a)) Ferner muss der Datenschutz konstant evaluiert und die Wirksamkeit eigener technischer und organisatorischer Maßnahmen kontrolliert werden. (DSGVO Art. 32 (1) d))

Die DSGVO verpflichtet Verarbeiter von Daten dazu, technische Schutzmaßnahmen nach dem Stand der Technik zu ergreifen. (DSGVO Art. 32 (1)) Es geht hier um Maßnahmen, die im Markt eingeführt sind und sich dort bewährt haben. Wenig erprobte Technik im Betastatus ist also nicht gestattet. Ebenso ist der Einsatz veralteter Software nicht erlaubt. (DSGVO Art. 25 (1))

Kosten für die Umsetzung der gesetzlichen Vorgaben

All diese Anforderungen verursachen Kosten für die Unternehmen. Je nachdem, wie gut die Unternehmen bereits aufgestellt waren, kommen auf manche Unternehmen wenig bis gar keine, für andere Unternehmen aber nahezu nicht finanzierbare Anpassungen, im eigenen Umgang mit personenbezogenen Daten, zu. All diese internen Anpassungen lassen sich jedoch nicht in absolute Zahlen fassen, da jedes Unternehmen unterschiedlich aufgebaut, organisiert und technisch versiert ist. Einige wenige Anforderungen lassen sich allerdings zumindest mit Annäherungswerten, abhängig von der Unternehmensgröße, beziffern.

Zunächst wird von vielen Unternehmen eine Datenschutzberatung in Anspruch genommen, um bestimmten Schlüsselmitarbeitern ein ausreichendes Basiswissen für das weitere Vorgehen zu vermitteln. Eine Datenschutzberatung ist kein festgeschriebener oder definierter Begriff. Daher kann im Rahmen einer Datenschutzberatung nahezu jede Form der Beratung stattfinden. Die Stundensätze können von 50 € bis 450 € pro Stunde reichen, je nach Erfahrung des Beraters oder Aufgabengebiet im Unternehmen.

Viele Erfahrungswerte schätzen eine Datenschutzberatung bei etwa 150 € pro Stunde.[14]

Sollen die Kosten für einen Datenschutzbeauftragten bestimmt werden, wird zwischen internen und externen Datenschutzbeauftragten unterschieden. Interne Datenschutzbeauftragte müssen regelmäßig geschult werden. Außerdem muss der Arbeitsausfall miteinberechnet werden, da der Mitarbeiter in der Zeit, in der er die Aufgabe des Datenschutzbeauftragten ausführt, nicht seinen eigentlichen Aufgaben nachgehen kann. Die jährlichen Schulungskosten betragen ca. 2500 €. Je nach eigentlicher Tätigkeit des internen Datenschutzbeauftragten fällt auch der bewertete Arbeitsausfall pro Monat unterschiedlich aus. Geht man von ca. 500 € aus ergeben sich Gesamtjahreskosten für einen internen Datenschutzbeauftragten von 8500 €.[15]

Die Kosten eines externen Datenschutzbeauftragten sind individuell vertraglich geregelt. Die Arbeit des externen Datenschutzbeauftragten lässt sich grob in zwei Phasen unterteilen. Zunächst muss der Ist-Zustand analysiert werden und daraus eine Strategie entwickelt werden, wie das Unternehmen einen DSGVO konformen Zustand erreichen kann. Dann unterstützt der Externe das Unternehmen dabei, diesen Soll-Zustand zu erreichen. Diese erste Phase wird für gewöhnlich auf Stundenbasis abgerechnet. In der zweiten Phase übt der Datenschutzbeauftragte noch eine dauerhafte Kontrollfunktion aus und dient als Ansprechpartner. So soll garantiert werden, dass

---

[14] Vgl. DSGVO Vorlagen: Das kostet Sie eine DSGVO Beratung, ein Datenschutzaudit oder ein Datenschutzbeauftragter (20.08.2019).
[15] Vgl. DSGVO Vorlagen: Das kostet Sie eine DSGVO Beratung, ein Datenschutzaudit oder ein Datenschutzbeauftragter (20.08.2019).

das in Phase eins erreichte Datenschutzniveau gehalten wird. Die Abrechnung erfolgt in dieser Phase üblicherweise monatsbezogen auf Basis der erbrachten Einzelleistungen.[16]

Um sich bescheinigen zu lassen, dass die Maßnahmen des Datenschutzbeauftragten auch Wirkung gezeigt haben, führen Unternehmen ein Datenschutzaudit nach DSGVO-Richtlinien durch. Das Ergebnis der Überprüfung durch einen professionellen Auditor können die Unternehmen veröffentlichen und so das Vertrauen von Kunden und Geschäftspartnern in das eigene Unternehmen und die eigenen Produkte stärken. Der Audit ist damit eine Art Datenschutzzertifizierung. Obwohl ein Datenschutzaudit nicht verpflichtend ist, wird er von vielen Unternehmen und öffentlichen Stellen freiwillig durchgeführt. Zuständig für dessen Durchführung sind unabhängige Gutachter und Datenschutzbeauftragte. Für einen professionellen Audit mit ca. drei Tagen vor Ort und drei Tagen Nachbereitung ist ein Tagessatz von ca. 1.200 Euro, also insgesamt ca. 7.200 Euro, zu veranschlagen.[17]

Der größte Fehlerfaktor was IT-Sicherheitslücken angeht, ist nach wie vor der Benutzer. Ca. 68 % der Befragten geben an, dass menschliches Fehlverhalten die größte Bedrohung sei.[18] Um zu versuchen diesen Faktor zu minimieren, können regelmäßig Schulungen für die Mitarbeiter durchgeführt werden. So können unbeabsichtigte Verstöße gegen die DSGVO und der Fehlerfaktor Mensch allgemein verringert werden. TÜV-geprüfte Schulungen gibt es ab 642,60 € pro Tag und Mitarbeiter. Teilnehmer dieser Schulungen können je nach Schwerpunkt der Schulung unterschiedliche Dinge

---

[16] Vgl. Mein-Datenschutzbeauftragter.de: Herold Unternehmensberatung GmbH (25.08.2019)
[17] Vgl. TÜV Rheinland: Datenschutzauditor (TÜV) (20.08.2019).
[18] Vgl. VDE: IT-Sicherheit und Industrie 4.0: Wo sehen Sie aktuell die größten Bedrohungen? (18.08.2019).

lernen, die ihrem Unternehmen helfen DSGVO-konform zu arbeiten. Unter anderem ist es möglich an Schulungen zu Grundkenntnissen über die DSGVO, Auftragsverarbeitung nach DSGVO, Datenschutz in Sozialen Medien und vielen weiteren Themenschwerpunkten teilzunehmen. Jedes dieser Themengebiete ist natürlich eine eigene Schulung die einzeln gebucht werden muss.[19]

Doch auch kleinere Faktoren im Arbeitsalltag gibt es zu beachten, wenn eine komplette Datenschutzkonformität erreicht werden soll. Besitzen Mitarbeiter ein (dienstliches) Smartphone wird in den meisten Fällen auch ein Messenger benutzt. Allerdings benutzen 97 % aller Deutschen den Messenger „WhatsApp"[20] Dieser Messenger ist nicht DSGVO-konform, da er auf alle Kontakte zugreift, um sie mit der WhatsApp Datenbank abzugleichen, um mögliche Chat-Partner vorzuschlagen.

Wenn also nicht alle Kontakte im Adressbuch gefragt wurden, ob es in Ordnung sei, dass ihre Daten mit WhatsApp geteilt werden, handelt es sich um einen DSGVO-Verstoß. Da davon ausgegangen werden kann, dass das üblicherweise nicht der Fall ist, muss auf andere DSGVO-konforme Messenger ausgewichen werden. Zu diesen zählt beispielsweise Threema mit ca. 10 % Marktanteil.[21] Diese DSGVO konformen Messenger verdienen ihr Geld dann allerdings nicht mehr mit personenbezogenen Daten, sondern kosten beim Erwerb einen kleinen Betrag. Im Falle von Threema sind das einmalig

---

[19] Vgl. TÜV NORD: Datenschutz-Seminare im Überblick (02.07.2019).
[20] Vgl. G+J: Anteil der Befragten, die folgende Messenger Apps nutzen, in Deutschland im Jahr 2019 (02.08.2019).
[21] Vgl. G+J: Anteil der Befragten, die folgende Messenger Apps nutzen, in Deutschland im Jahr 2019 (02.08.2019).

2,99 €.[22] Je nachdem wie viele Mitarbeiter eines Unternehmens mit Messenger-Diensten arbeiten, kann der Erwerb einer entsprechenden Anzahl Lizenzen durchaus zu einem erwähnenswerten Kostenpunkt werden.

Nahezu jedes Unternehmen besitzt heutzutage eine Unternehmenshomepage. Auf diesen Webseiten werden auch Daten gesammelt. Entweder durch Cookies, durch Formulare oder sogar durch von Usern erstellte Accounts. Diese Daten sind nicht selten auch personenbezogene Daten, die innerhalb der EU verarbeitet werden und fallen somit unter die Regelungen der DSGVO. Daher benötigen die Webseiten rechtlich geprüfte Datenschutzerklärungen und müssen eventuell auch technisch angepasst werden, um die Anforderungen der DSGVO erfüllen zu können.

Checkliste für Unternehmen

Aus allen bisher zusammengetragenen Informationen lässt sich eine Liste herleiten, anhand derer man erkennen kann, was für Unternehmen zu tun ist. Viele Unternehmen können mit Sicherheit einige der Punkte dieser Liste sofort als erledigt markieren, aber für eine komplette DSGVO-Konformität musste, und muss noch heute, bei den meisten Unternehmen viel getan werden. Diese Liste soll einen guten Überblick darüber geben, was für eine DSGVO-Konformität getan werden muss, aber einen Anspruch auf absolute Vollständigkeit stellt sie nicht. Dafür ist die Datenschutz-Grundverordnung zu komplex und zu individuell auf einzelne Unternehmen anwendbar.

---

[22] Vgl. Google Play Store: Threema (02.07.2019).

Heraus-forderung	Verpflich-tend	Bedingung	Kosten	Gilt seit
Zugriffs-kontrolle	Ja	Daten sind nicht ohne Zu-gangsdaten erreichbar	Unterneh-mensabhängig	BDSG a. F.
Berechti-gungen	Ja	Es gibt verschiedene Be-rechtigungen für verschie-dene Daten und jeder hat nur Berechtigungen für die Daten, die er wirklich be-nötigt	Unterneh-mensabhängig	BDSG a. F.
Protokol-lierung	Ja	Einsehen, Änderungen und Löschungen von Daten werden nachvollziehbar protokolliert	Unterneh-mensabhängig	BDSG a. F.
Verschlüs-selung	Ja	Daten werden nicht in Klartext, sondern mit ei-nem modernen kryptografi-schen Verfahren verschlüs-selt gespeichert	Unterneh-mensabhängig	BDSG a. F.
Datensi-cherung	Ja	Daten werden regelmäßig gesichert, um bei Manipu-lation oder Löschung ver-lustfrei wiederhergestellt werden zu können.	Unterneh-mensabhängig	BDSG a. F.
Pseudony-misierung	Ja	Es ist möglich die Daten zu pseudonymisieren	Unterneh-mensabhängig	BDSG a. F.
Anonymi-sierung	Ja	Es ist möglich die Daten zu anonymisieren	Unterneh-mensabhängig	BDSG a. F.

Heraus- forderung	Verpflich- tend	Bedingung	Kosten	Gilt seit
Archievie- rung	Ja	Es ist möglich Daten über einen beliebig langen Zeit- raum abzuspeichern und zugänglich zu machen	Unterneh- mensabhängig	BDSG a. F.
Löschungs- funktion	Ja	Daten können aus dem System gelöscht werden	Unterneh- mensabhängig	BDSG a. F.
Datenmi- nimierung	Ja	Es werden nur die Daten von den Nutzern gesam- melt, die auch wirklich für die Verarbeitung benötigt werden	Unterneh- mensabhängig	BDSG a. F.
Daten- schutz- freundliche Voreinstel- lungen	Ja	Bei Installation oder Auslie- ferung der Software sind die Einstellungen aktiviert, die für den Nutzer den größten Datenschutz er- möglichen	Unterneh- mensabhängig	DSGVO
Daten- übertrag- barkeit	Ja	Es ist möglich alle perso- nenbezogenen Daten einer bestimmten Person zu bün- deln und in einem gängi- gen maschinenlesbaren Format zu exportieren	Unterneh- mensabhängig	DSGVO
Recht auf Vergessen	Ja	Es ist möglich alle perso- nenbezogenen Daten einer bestimmten Person aus dem gesamten System zu entfernen	Unterneh- mensabhängig	DSGVO

Heraus-forderung	Verpflich-tend	Bedingung	Kosten	Gilt seit
Mittei-lungs-pflicht	Ja	Alle Personen, deren Daten gesammelt oder verarbeitet werden, werden darüber informiert. Außerdem wird bei datenschutzrelevanten Vorfällen innerhalb von 72 Stunden die Aufsichtsbehörde informiert.	Unterneh-mensabhängig	DSGVO
Einwilli-gungsab-frage	Ja	Alle Personen, deren Daten verarbeitet werden sollen, müssen vorher ihre Einwilligung gegeben haben, direkt durch Zustimmung oder indirekt durch Vertragsschluss.	Unterneh-mensabhängig	DSGVO
Schutz außerhalb der EU	Ja	Es kann gewährleistet werden, dass personenbezogene Daten auch außerhalb der EU-Grenzen nach Regeln der DSGVO verarbeitet werden.	Unterneh-mensabhängig	DSGVO
Daten-schutzbe-auftragter	**Je nach Unter-nehmens-größe und Datensen-sibilität**	Ein DSB ist bestellt und wird durch das Unternehmen soweit unterstützt, dass er seine Aufgaben erfüllen kann.	Intern: ca. 8500 € Extern: Vertrags-abhängig	DSGVO

Heraus- forderung	Verpflich- tend	Bedingung	Kosten	Gilt seit
Daten- schutzau- dit	**Nein**	Das Unternehmen kann gegenüber Kunden und Geschäftspartnern nachwei- sen DSGVO-konform zu arbeiten	ca. 7.200 €	BDSG / DSGVO
Daten- schutzbera- tung	**Nein**	Bei Schlüsselmitarbeitern sind alle notwendigen Grundkenntnisse vorhan- den, um die Umstrukturie- rung zu einer DSGVO- Konformität zu gestalten und durchzuführen.	ca. 50 € bis 450 € / Stunde	BDSG / DSGVO
Messenger	Ja, wenn verwendet	Messenger auf Smartpho- nes mit Kundendaten greift nicht auf personenbezogene Daten zu.	ca. 2,99 € / Mitarbeiter (Im Falle von Threema. Al- ternativen vari- ieren im Preis)	DSGVO
Schulun- gen	Nein	Mitarbeiter sind ausrei- chend ausgebildet, um keine fahrlässigen Fehler zu begehen die in Daten- schutzverstößen enden können.	642,60 € / Tag / Mitarbeiter	BDSG / DSGVO

Heraus-forderung	Verpflich-tend	Bedingung	Kosten	Gilt seit
Webseiten	Ja	Die Webseite muss ein Impressum, sowie eine rechtlich überprüfte Datenschutzerklärung enthalten. Außerdem darf die technische Umsetzung der Webseite keine Daten ohne Einwilligung der Nutzer speichern oder verarbeiten.	ca. 500 € / Webseite (Grob geschätzter Mittelwert)	DSGVO

Tabelle 1: Checkliste für Unternehmen

DSGVO-Kosten im Gesamtbild

Wenn man die Kosten, die für deutsche Unternehmen durch die DSGVO entstehen, im Gesamtbild betrachten möchte, stößt man durch mangelnde Informationen über Stand und Organisation der Mehrheit der Unternehmen schnell an die Grenzen des Möglichen. Man kann aber versuchen über Umwege und mit Überschlagswerten zumindest Teilbereiche der neuen DSGVO Anforderungen auf ganz Deutschland hochzurechnen. Daher werden in diesem Beispiel nur die Kosten für die Umstellung von Unternehmenswebseiten betrachtet. Allerdings muss selbst in dieser vereinfachten Rechnung mit Annahmen und geschätzten Werten gerechnet werden und daher ist diese Rechnung nur als grobe Veranschaulichung zu verstehen und keineswegs eine fundierte Analyse der Gesamtkosten der DSGVO.

In Deutschland gibt es 3.266.806 Unternehmen.[23] Davon haben 87 % eine Webseite.[24] Das bedeutet es gibt ca. 2.842.121 Unternehmenswebseiten in Deutschland die von der DSGVO betroffen sind.

Eine rechtlich geprüfte Datenschutzerklärung vom Notar kann bis zu 2.000 € Kosten. Für viele Zwecke reicht auch die automatisch generierte Variante für 99 € von diversen Anbietern. Natürlich gibt es auch kostenlose Alternativen, allerdings muss man sich bei diesen stets Fragen wie seriös oder zuverlässig diese Varianten sind. Auch eine Garantie durch einen Rechtsanwalt ist dann natürlich nicht gegeben.[25] Die meisten Unternehmen werden irgendwo am unteren Rand dazwischen liegen, je nachdem wie viele Nutzerdaten auf der Webseite verarbeitet werden. Zusätzlich zur reinen Datenschutzerklärung müssen viele Webseiten auch technisch angepasst werden, um die neuen Standards wie Datenminimierung oder die Einwilligungsregelung zu berücksichtigen. Für diese Anpassungen wird häufig ein externer Dienstleister beauftragt. Aber auch interne Anpassungen müssen natürlich verrechnet werden und verursachen so Kosten. Je nachdem wie datenschutzoptimiert die Seiten vorher bereits waren, kann von Werten zwischen 200 € und 800 € ausgegangen werden. Ausreißer in beide Richtungen sind bei diesen Schätzungen mit Sicherheit kein Einzelfall. Geht man dann von durchschnittlichen Kosten von 500 € pro Webseite aus,[26] belaufen sich die Kosten auf 1.421.060.500 €. Das heißt zusammengefasst: 1,42 Mrd. € nur

---

[23] Vgl. Statistisches Bundesamt: Anzahl der Unternehmen* in Deutschland von 2005 bis 2017 (02.08.2019).

[24] Vgl. Eurostat: Anteil der Unternehmen in Deutschland mit einer Website in den Jahren 2010 bis 2018 (02.08.219).

[25] Vgl. eRecht24: Datenschutz Generator - Kostenlose Muster-Datenschutzerklärung (nach DSGVO) (25.08.2019).

[26] Vgl. De Pol, Dirk: DSGVO-Kosten für Websites: 2,5 Milliarden € (06.08.2019)

für die Anpassungen an Webseiten für die DSGVO für deutsche Unternehmen.

Aktueller Stand

Über ein Jahr nach der Einführung der DSGVO sollte man meinen, dass inzwischen alle Unklarheiten beseitigt wären. Die große befürchtete Abmahnwelle ist auch ausgeblieben. Nur 4 % der Unternehmen geben an Abmahnungen erhalten zu haben, die sich auf die DSGVO stützen.[27] Eigentlich haben nur kleine Unternehmen und Vereine zu kämpfen.[28] Wurden vorher noch absurd hohe Strafen auch schon für Kleinere und Mittlere befürchtet, so sind diese, abgesehen von wenigen Einzelfällen, doch ausgeblieben.

Und dennoch gibt es nach wie vor Schwierigkeiten. Viele Unternehmen, auch mittlere oder große, arbeiten immer noch nicht komplett DSGVO-konform. Noch kurz vor der Einführung der DSGVO am 28.05.2018 gaben nicht ein mal drei Viertel der Unternehmen an die neuen Transparenzpflichten zu beachten.[29] Und auch jetzt, ein Jahr später, geben noch 30 % der Unternehmen an, nicht DSGVO-konform zu sein. Zusätzliche 13 % sind sich nicht sicher.[30] Wegen diesem mangelnden Bewusstsein und Gespür für Datensicherheit gehen viele Unternehmen sogar auf Nummer sicher und schränken ihre digitalen Aktivitäten ein. Im Mai 2019, also genau

---

[27] Vgl. BVDW: Haben Sie bereits Abmahnungen erhalten, die sich auf die DSGVO stützen? (19.08.2019).

[28] Vgl. Focus Online: Ein Jahr DSGVO: Die Abmahnwelle bleibt aus - WhatsApp und Google machen Ärger (2019).

[29] Vgl. Absolit. Beachten Sie die neuen Transparenzpflichten der DSGVO? (19.08.2019).

[30] Vgl. Cash.online: 30 % der europäischen Unternehmen sind noch immer nicht DSGVO-konform (29.07.2019).

nach einem Jahr DSGVO, gaben das immer noch 32 % der befragten Unternehmen an.[31] Am schlimmsten hat es jedoch das Newsletter-Geschäft getroffen. Mit der DSGVO hat nahezu jeder Anbieter von Newslettern oder sonstigen Rundschreiben und Mailverteilern versucht, sich die Bestätigung von allen seinen Empfänger einholen, dass die Daten zum Versand der Newsletter o. ä. verwendet werden dürfen. Dafür wurden unzählige Rundmails verschickt in denen stand, man solle bestätigen, dass die Daten zum Newsletter Versand verarbeitet werden dürfen. War das bei einigen notwendig, sind viele Anbieter auch einfach in Panik verfallen als sie diese E-Mails von anderen Anbietern erhalten haben. Daher wurden wohl mehr E-Mails verschickt als nötig gewesen wären. Letztendlich schadet es natürlich nicht eine Einwilligung der Kunden zu haben diese Newsletter zu verschicken, aber nicht jedes Unternehmen hätte diese Erlaubnis einholen müssen.[32] Empfänger die diese Erlaubnis nicht erteilt haben, egal ob sie die Erlaubnis nicht erteilen wollten oder die E-Mail einfach nicht gesehen haben, wurden aus den Verteilern entfernt. Das führte dazu, dass im B2B-Bereich 65 % bis 70 % und im B2C-Bereich sogar 85 % bis 90 % der Newsletter Abonnenten verloren gingen.[33] Zwar wurden hierbei mit Sicherheit auch eine Menge Karteileichen der Unternehmen oder für die Empfänger ungewollte Newsletter abgestellt, aber trotzdem lässt sich der wirtschaftliche Schaden für Unternehmen, deren Hauptvertriebsweg aus dem Versand dieser Mails besteht, kaum in Zahlen beschreiben.

---

[31] Vgl. BVDW: Hat das Inkrafttreten der DSGVO zum 25. Mai 2018 Sie veranlasst, Ihre digitalen Aktivitäten einzuschränken? (05.08.2019).

[32] Vgl. Assion, Simon: DSGVO: Waren die ganzen Einwilligungs-E-Mails überhaupt notwendig? (25.08.2019).

[33] Vgl. Brandt, J.: DSGVO: Zähne für den Datenschutz S. 4 (2018).

Ein weiteres spürbares Problem für viele Unternehmen ist, dass auch ein Jahr nach Einführung der DSGVO noch ein Fachkräftemangel im Bereich Datenschutz herrscht. Der Markt für externe Datenschutzbeauftragte oder Fachanwälte für Datenrecht war und ist teilweise immer noch wie leergefegt.[34]

Aufgrund der Summe dieser kleineren und größeren Probleme bleibt die Furcht vor Datenschutzüberprüfungen und eventuell daraus resultierenden sehr hohen Strafen bei vielen Unternehmen auch nach einem Jahr mit DSGVO noch bestehen.

Vergleich mit anderen Studien

Die Randstad-ifo-Personalleiterbefragung hat versucht zu ermitteln, wie viel Unternehmen für die DSGVO ausgegeben haben. Die angegebenen Werte schwanken zwischen unter 1.000 € und über 100.000 €. Erklärt wird diese große Differenz mit unterschiedlichen Unternehmensgrößen und unterschiedlichen Mengen an Kundendaten. Fast 80 % aller Unternehmen sind im Bereich zwischen 1.000 € und 50.000 € angesiedelt.[35] Diese Ergebnisse decken sich mit den Ergebnissen dieser Arbeit. In Kapitel 5 wurde erörtert, warum davon ausgegangen werden kann, dass die Kosten für unterschiedliche Unternehmen eine sehr weite Spanne haben. Das belegt diese Studie nun mit Zahlen. Auch die Größenordnung der Zahlen der Studie lässt sich mit den Zahlen in der in Kapitel 6 aufgestellten Checkliste für Unternehmen in Einklang bringen. Nur 7 % der Unternehmen haben an-

---

[34] Vgl. it-daily: FACHKRÄFTEMANGEL BEFEUERT NACHFRAGE NACH CYBER SECURITY-SERVICES (20.08.2019).
[35] Vgl. Randstad Deutschland GmbH & Co. KG: Aktuelle Studie untersucht Auswirkungen des neuen Datenschutzgesetzes (26.08.2019).

gegeben unter 1.000 € geblieben zu sein. Das stimmt insoweit mit der Tabelle überein, als dass es Unternehmen sehr schwerfallen dürfte, vieles bereits vorher als erledigt markieren zu können. Die Unternehmen, die angegeben haben über 100.000 € ausgegeben zu haben, dürften in die Kategorie fallen, die sehr komplexe interne Systeme haben und es so sehr schwer hatten, die schwierigeren Anforderungen mit ihren Systemen in Einklang zu bringen. Zusammenfassend lässt sich also sagen, dass die Ergebnisse dieser Arbeit und die der Randstad-ifo-Personalleiterbefragung sich sehr gut ergänzen und gegenseitig bekräftigen.

Die Versicherung UNIQA hält einen dreistelligen Millionenbetrag für alle europäischen Unternehmen zusammen für eine realistische Summe.[36] In dieser Arbeit wurden stets deutsche Unternehmen betrachtet, daher ist ein direkter Vergleich zwar schwierig, allerdings wirkt die Summe eher klein. Allein in Deutschland gibt es 3.266.806 Unternehmen.[37] Selbst, wenn man davon ausgeht, dass nur 10 % dieser Unternehmen überhaupt Geld für die DSGVO ausgeben und man die kleinste Größenordnung der Randstad-ifo-Personalleiterbefragung verwendet, nämlich 1.000 €, landet man bereits bei 300 Millionen Euro. Und das nur für Deutschland. Dabei muss man natürlich beachten, dass die Randstad-ifo-Personalleiterbefragung nicht ausgesagt hat, dass die Unternehmen nur 1.000 € ausgeben, sondern größtenteils deutlich mehr. Daher lässt sich zusammenfassend nur sagen, dass sich die Ergebnisse dieser Arbeit nicht mit der Schätzung von UNIQA decken.

---

[36] Vgl. futurezone.de: Neue Datenschutz-Regeln kosten Firmen dreistelligen Millionen-Betrag (26.08.2019).
[37] Vgl. Statistisches Bundesamt: Anzahl der Unternehmen* in Deutschland von 2005 bis 2017 (02.08.2019).

Fazit

Datenschutz bleibt ein schwieriges, aber sehr wichtiges Thema. Nicht nur für Privatpersonen, sondern auch, oder vielleicht sogar gerade, für Unternehmen. Und mit Einführung der DSGVO ist Datenschutz auch ein finanziell schwieriges, aber sehr wichtiges Thema geworden. Unternehmen in Deutschland sind in ihrer IT und somit auch in ihren Datenschutzbemühungen sehr unterschiedlich aufgestellt. Gesetzliche Vorgaben, die bei manchen Unternehmen ein leichtes Schulterzucken hervorrufen, treiben andere Unternehmen in größere Systemumstellungen, die zu Existenzängsten führen oder verleiten noch mal andere Unternehmen dazu bewusst nicht gesetzeskonform zu arbeiten. Je nach dem in welche Kategorie ein Unternehmen fällt, muss auch mit gänzlich anderen Kosten gerechnet werden. Listen mit Änderungen, die vorgenommen werden müssen, unterscheiden sich je nach Priorität des Listenerstellers. Eine Universalformel für DSGVO-Kosten lässt sich mit Sicherheit nicht aufstellen. Und auch ein Jahr nach der Einführung der DSGVO wird bei vielen Unternehmen die Umstrukturierung ihres Umgangs mit personenbezogenen Daten noch nicht abgeschlossen sein. Somit werden auch ein Jahr nach der Einführung der DSGVO noch Kosten entstehen, die sich auf die DSGVO zurückführen lassen.[38] Datenschutz ist wichtig. Aber Datenschutz kostet Geld. Teilweise auch viel Geld.

---

[38] Vgl. Schmitz, Peter: Viele Unternehmen noch immer nicht DSGVO-konform! (25.08.2019).

Verwendete Literatur

Absolit. *Beachten Sie die neuen Transparenzpflichten der DSGVO?* 2008, Statista GmbH, URL: https://de.statista.com/statistik/daten/studie/859590/umfrage/beachtung-der-transparenzpflichten-der-dsgvo-in-deutschland/, abgerufen am 19.08.2019

Assion, Simon: *DSGVO: Waren die ganzen Einwilligungs-E-Mails überhaupt notwendig?* 2018, URL: https://www.telemedicus.info/article/3288-DSGVO-Waren-die-ganzen-Einwilligungs-E-Mails-ueberhaupt-notwendig.html, abgerufen am 25.08.2019

Bentz, Volker: *Was ist der Unterschied zwischen Datenschutz und Datensicherheit?* 2017, URL: https://www.brandmauer.de/blog/it-security/was-ist-der-unterschied-zwischen-datenschutz-und-datensicherheit, abgerufen am 26.08.2019.

Der Bundesbeauftragte für den Datenschutz und die Informationsfreiheit: *Was ist Datenschutz?* 2019, URL: https://www.bfdi.bund.de/DE/Datenschutz/datenschutz-node.html, abgerufen am 26.08.2019

Brands Consulting: *Unterschiede zwischen Datenschutz und Datensicherheit – Wieso Datensicherheit nicht immer zum Datenschutz beiträgt?* 2017, URL: https://brands-consulting.eu/unterschiede-zwischen-datenschutz-und-datensicherheit-wieso-datensicherheit-nicht-immer-zum-datenschutz-beitraegt, abgerufen am 26.08.2019

Brandt, J.: *DSGVO: Zähne für den Datenschutz,* 2018, In themenbote Technik

Brunowsky, Ralf-Dieter: *Zum Teufel mit dem Datenschutz,* 2018, Welt. Axel Springer SE, URL: https://www.welt.de/wirtschaft/bilanz/article176492667/DSGVO-Zum-Teufel-mit-dem-Datenschutz.html, abgerufen am 15.08.2019

BVDW: *Haben Sie bereits Abmahnungen erhalten, die sich auf die DSGVO stützen?* 2019, Statista GmbH, URL: https://de.statista.com/statistik/daten/studie/878055/umfrage/erhalt-von-dsgvo-gestuetzten-abmahnungen-in-deutschland/, abgerufen am 19.08.2019

BVDW: *Hat das Inkrafttreten der DSGVO zum 25. Mai 2018 Sie veranlasst, Ihre digitalen Aktivitäten einzuschränken?* 2019, Statista GmbH, URL: https://de.statista.com/statistik/daten/studie/878045/umfrage/einschraenkung-der-digitalen-aktivitaeten-aufgrund-der-dsgvo/, abgerufen am 05.08.2019

Cash.online: *30 % der europäischen Unternehmen sind noch immer nicht DSGVO-konform*, 2019, Zugriff: 29.07.2019. URL: https://www.cash-online.de/berater/2019/30-der-europaeischen-unternehmen-sind-noch-immer-nicht-dsgvo-konform/476317#, abgerufen am 29.07.2019

Dr. Datenschutz: *Anforderungen an Software: Besser vorher an Datenschutz und IT-Sicherheit denken!* 2013, URL: https://www.datenschutzbeauftragter-info.de/anforderungen-an-software-besser-vorher-an-datenschutz-und-it-sicherheit-denken/

DSGVO Vorlagen: *Das kostet Sie eine DSGVO Beratung, ein Datenschutzaudit oder ein Datenschutzbeauftragter*, 2019, URL: https://dsgvo-vorlagen.de/kostet-dsgvo-beratung-datenschutzaudit-datenschutzbeauftragter, abgerufen am 20.08.2019

eRecht24: *Datenschutz Generator - Kostenlose Muster-Datenschutzerklärung (nach DSGVO)*, 2019, URL: https://www.e-recht24.de/muster-datenschutzerklaerung.html, abgerufen am 25.08.2019

Eurostat: *Anteil der Unternehmen in Deutschland mit einer Website in den Jahren 2010 bis 2018*, 2018, Statista GmbH, URL: https://de.statista.com/statistik/daten/studie/917056/umfrage/unternehmen-mit-webseiten-in-deutschland/, abgerufen am 02.08.2019

Europäische Union: *Verordnungen, Richtlinien und sonstige Rechtsakte*, 2019, URL: https://europa.eu/european-union/eu-law/legal-acts_de, abgerufen am 25.08.2019

Focus Online: *Ein Jahr DSGVO: Die Abmahnwelle bleibt aus - WhatsApp und Google machen Ärger*, 2019, URL: https://www.focus.de/digital/internet/zeitenwende-im-datenschutz-ein-jahr-dsgvo_id_10723227.html, abgerufen am 06.07.2019

futurezone.de: *Neue Datenschutz-Regeln kosten Firmen dreistelligen Millionen-Betrag*, 2019, URL: https://www.futurezone.de/netzpolitik/article214368389/Neue-Datenschutz-Regeln-kosten-Firmen-dreistelligen-Millionen-Betrag.html, abgerufen am 26.08.2019

G+J: *Anteil der Befragten, die folgende Messenger Apps nutzen, in Deutschland im Jahr 2019*, 2019, Statista GmbH, URL: https://de.statista.com/statistik/daten/studie/1032143/umfrage/nutzung-von-messengern-in-deutschland/, abgerufen am 02.08.2019

Google Trends: *Thema Datenschutz*, 2019, URL: https://trends.google.de/trends/explore?date=all&geo=DE&q=%2Fm%2F01jgj_, abgerufen am 19.08.2019

Bundesfinanzministerium: *Grundsätze zur ordnungsmäßigen Führung und Aufbewahrung von Büchern, Aufzeichnungen und Unterlagen in elektronischer Form sowie zum Datenzugriff*, 2014

Google Play Store: *Threema*, URL: https://play.google.com/store/apps/details?id=ch.threema.app&hl=de, abgerufen am 02.07.2019

it-daily: *FACHKRÄFTEMANGEL BEFEUERT NACHFRAGE NACH CYBER SECURITY-SERVICES*, 2019, URL: https://www.it-daily.net/analysen/22043-fachkraeftemangel-befeuert-nachfrage-nach-cyber-security-services, abgerufen am 20.08.2019

Mein-Datenschutzbeauftragter.de: *Herold Unternehmensberatung GmbH*, 2019, URL: https://www.mein-datenschutzbeauftragter.de/kosten-eines-daten-schutzbeauftragten/, abgerufen am 25.08.2019

Praetor Intermedia UG (haftungsbeschränkt). *Recht auf informationelle Selbstbestimmung*, URL: https://www.grundrechteschutz.de/gg/recht-auf-informationelle-selbstbestimmung-272, abgerufen am 15.07.2019

De Pol, Dirk: *DSGVO-Kosten für Websites: 2,5 Milliarden €*, 2018, URL: https://www.freitag.de/autoren/DePol/dsgvo-kosten-fuer-websites-2-5-milliarden-euro, abgerufen am 06.08.2019

PwC, Uni Halle-Wittenberg: *Wirtschaftskriminalität: Anteil der von Cybercrime betroffenen Unternehmen* in Deutschland im Jahr 2017 nach Art der Delikte*, 2018, Statista GmbH, URL: https://de.statista.com/statistik/daten/studie/70421/umfrage/von-cybercrime-betroffene-unternehmen-in-deutschland/, abgerufen am 26.08.2019

Randstad Deutschland GmbH & Co. KG: *Aktuelle Studie untersucht Auswirkungen des neuen Datenschutzgesetzes*, 2019, URL: https://www.randstad.de/ueber-randstad/news/20180906/aktuelle-studie-untersucht-auswirkungen-des-neuen-datenschutzgesetzes, abgerufen am 26.08.2019

Statistisches Bundesamt: *Anzahl der Unternehmen* in Deutschland von 2005 bis 2017*, 2019, Statista GmbH, URL: https://de.statista.com/statistik/daten/studie/246358/umfrage/anzahl-der-unternehmen-in-deutschland/, abgerufen am 02.08.2019

Schmidt, Markus: *So hindern Sie Windows 10 am Spionieren*, 2015, URL: https://www.welt.de/wirtschaft/webwelt/article145093134/So-hindern-Sie-Windows-10-am-Spionieren.html, abgerufen am 01.08.2019

Schmitz, Peter: *Viele Unternehmen noch immer nicht DSGVO-konform!* 2019, URL: https://www.security-insider.de/viele-unternehmen-noch-immer-nicht-dsgvo-konform-a-850933/, abgerufen am 25.08.2019

Stritich, Per: *DSGVO – die größte Chance des Jahrzehnts für Unternehmen*, 2017, CloudComputing Insider, URL: https://www.cloudcomputing-insider.de/dsgvo-die-groesste-chance-des-jahrzehnts-fuer-unternehmen-a-651854/, abgerufen am 15.08.2019

Triades Datenschutz: *SCHUTZ NACH INNEN UND AUSSEN*, 2019, URL: https://www.triades-datenschutz.de/datenschutz-fuer-unternehmen/, abgerufen am 15.07.2019

TÜV NORD: *Datenschutz-Seminare im Überblick*, 2019, URL: https://www.tuev-nord.de/de/weiterbildung/themen/datenschutz/, abgerufen am 02.07.2019

TÜV Rheinland: *Datenschutzauditor (TÜV)*, 2019, URL: https://akademie.tuv.com/shop/product/datenschutzauditor-tuv-6051, abgerufen am 20.08.2019

Virtuelles Datenschutzbüro: *Gesetze und Verordnungen*, 2016, URL: https://www.datenschutz.de/category/grundlagen-datenschutz/gesetze-und-verordnungen/, abgerufen am 25.08.2019

VDE: *IT-Sicherheit und Industrie 4.0: Wo sehen Sie aktuell die größten Bedrohungen?* 2019, Statista GmbH, URL: https://de.statista.com/statistik/daten/studie/1013718/umfrage/umfrage-zu-den-bedrohungen-in-der-it-sicherheit-und-industrie-40-in-deutschland/, abgerufen am 18.08.2019

Return on Security Investment

Analyse und Bewertung der Formel für die Berechnung von Kosten der IT Sicherheit eines Unternehmens

Autorin: Stefanie Jurecz

Einleitung

Immer mehr Unternehmen nutzen IT-gestützte Anwendungen für ihre täglichen Aufgaben, sei es für die Verarbeitung von Kundendaten oder für die Planung von Ressourcen. Auch digitale Geschäftsmodelle sind angewiesen auf einen reibungslosen Betrieb der benötigten Informationstechnologien. Ein externer oder interner Angriff auf das IT-System kann schwerwiegende Probleme für ein Unternehmen beinhalten. Ein Systemausfall, der Verlust und der Missbrauch von Unternehmens- und Kundendaten führen nicht nur zu hohen Kosten, sondern auch zu einem Imageschaden. Beispielsweise ein Ausfall eines Mailservers infolge eines Virenangriffs verursacht Arbeitszeitausfälle und Folgekosten durch nicht erfasste Aufträge. Für die permanente Sicherstellung einer funktionsfähigen Infrastruktur und eine ausreichende Einhaltung der Datensicherheit können verschiedenste technische und personelle Maßnahmen getroffen werden, die vor einem möglichen Schadensfall schützen sollen.

Die weltweiten Ausgaben für die IT-Sicherheit betrugen 2017 noch 101,54 Milliarden US-Dollar und im Jahre 2019 schon 124,12 Milliarden US-

Dollar.[1] Trotz der steigenden Ausgaben in die IT-Sicherheit zeigt sich, dass sich die wenigsten Unternehmen die Kosten der IT-Sicherheitsinvestitionen als eine eindeutige, separate und identifizierbare Kostenstelle budgetieren.[2]

Die Unternehmen beziehen die Kosten für Sicherheitsmaßnahmen, die zur Sicherstellung eines reibungslosen Betriebs der IT notwendig sind, nicht direkt in das IT-Budget mit ein, sondern nutzen meist grobe Berechnungsverfahren für eine Annäherung der Kosten der IT-Sicherheit.

Viele Ansätze dieser Berechnungsmethoden basieren auf Erfahrungswerten von bisherigen Projekten oder Vergleichsprojekten. Für klein bis mittelständische Unternehmen ist gerade diese Berechnung eine große Hürde, da sie meist auf keine, bis wenige Vergangenheitswerte zurückgreifen können. Zudem basieren diese Methoden auf Annahmen. Dies führt zu ungenauen Schätzungen der Daten und Kosten.

Das Reporting und Controlling, sowie die Steuerung von IT-Sicherheitsinvestitionen werden durch die ungenaue Berechnung des IT-Budgets erschwert. An dieser Stelle setzt das Return on Security Investment-Verfahren (RoSI) an. Basierend auf den Konzepten des klassischen Return on Investments (RoI) und der Total Cost of Ownership (TCO) soll der Return on Security Investment als Entscheidungshilfe für Investitionen und die Budgetplanung dienen.[3]

Das Ziel ist nun die Bewertung des Return on Security Investments (RoSI) im Hinblick auf die Berechnung der Kosten der IT-Sicherheit. Die Formel wird analysiert, in dem die Bestandteile definiert werden und anhand von Praxisbeispielen die Anwendung der Formel erklärt wird. Daraus lassen sich

---

[1] Vgl. Tenzer, F.: Ausgaben für IT-Sicherheit weltweit im Jahr 2017 und Prognose für 2018 und 2019 (in Milliarden US-Dollar) (30.08.2019).
[2] Vgl. Pechardscheck, S., Plath, R.: Wann sich Investitionen in IT-Sicherheit rechnen (30.08.2016).
[3] Vgl. ebenda.

Vor- und Nachteile ableiten. Zuletzt soll geprüft werden, ob mögliche Verbesserungen und Erweiterungen für die Benutzung des Return on Security Investments existieren.

Return on Security Investment

Der Return on Security Investment wurde von der University of Idaho entwickelt und orientiert sich am Modell des Return on Investments (RoI). Der Return on Investment wird unter anderem dazu genutzt, um Investmentalternativen miteinander zu vergleichen. Die Kennzahl setzt die Kosten einer Investition in Beziehung zur Höhe des erwarteten Gewinns und gibt dadurch Aufschluss über das Verhältnis der Investition und dem Gewinn.[4]

Formel 1:

$$RoI = \frac{Expected\ Returns - Cost\ of\ Investment}{Cost\ of\ Investment}$$

Dieser klassische Ansatz der RoI-Berechnung eignet sich nicht unbedingt für die Messung von sicherheitsrelevanten Investitionen. Im Allgemeinen führen Investitionen in die Sicherheit zu keinem Gewinn oder finanziellen Vorteilen, da es sich dabei um Schadensvermeidung handelt. Eine Investition in die IT-Sicherheit verringert das Risiko eines Sicherheitsvorfalles. Der Return on Security Investment soll eine Annäherung sein, die den Verlust berechnet, der durch eine Sicherheitsmaßnahme vermieden wurde.[5]

---

[4] Vgl. Schmidt, S., Banzer, F.: Return on Security Investment (RoSI). (2007) S. 4.
[5] Vgl. European Network and Information Security Agency (2012) S. 2.

Wird beim Return on Investment (RoI) - Modell der erwartete Gewinn, durch die Risikowahrscheinlichkeit (Risk Exposure) ersetzt und diese mit der Risikominimierungswahrscheinlichkeit (Risk Mitigated) multipliziert, erhält man die relative Berechnungsformel des Return on Security Investment (RoSI) – Modells.[6]

Formel 2:

$$RoSI = (\frac{Risk\ Exposure\ *\ \%Risk\ Mitigated\ -\ Solution\ Cost}{Solution\ Cost})$$

Die Grundidee des Return on Security Investment – Modells geht davon aus, dass eine Investition die Eintrittswahrscheinlichkeit eines möglichen Schadensereignisses mindert. Es entsteht ein errechenbarer Return, der als Minimierung zukünftiger Schäden aufgrund mangelnder Sicherheitsmaßnahmen zu verstehen ist, nicht als absolute Erfolgsgröße.[7]

Das Ergebnis der relativen RoSI-Formel wird durch eine Prozentbezeichnung dargestellt, wie beim Return on Investment.[8]

Ein relativer Return on Security Investment größer 0 zeigt, dass eine Investition ökonomisch vorteilhaft ist. Ein Return on Security Investment kleiner 0 zeigt, dass die Sicherheitsinvestition unvorteilhaft ist und nicht wahrgenommen werden sollte.

Formel 3:

$$RoSI = R - ((R - E) + T) = E - T$$

---

[6] Vgl. Schmidt, S., Banzer, F.: Return on Security Investment (RoSI). (2007) S. 4.

[7] Vgl. Klipper, S.: Information Security Risk Management. Risikomanagement mit ISO/IEC 27011, 27005 und 31010 (2015) S. 166.

[8] Vgl. Schmidt, S., Banzer, F.: Return on Security Investment (RoSI). (2007) S. 15.

Das Ergebnis beider Formeln des Return on Security Investments ist identisch, die erste Formel verwendet eine Prozentbezeichnung, während die zweite Formel das Ergebnis als monetären Wert darstellt.[9] Die absolute Berechnungsformel RoSI berücksichtigt den Nutzen, der durch Sicherheitsmaßnahmen erzielt wird, die Kosten für die Implementierung und den Betrieb der benötigten Tools und die durch den Schaden entstandenen Kosten.[10]

Bestandteile

Absoluter Return on Security Investment

1	RoSI = R − ALE	R	Jährliche **Kosten der Schadensbeseitigung** durch Angriffe auf IT-Systeme.
		ALE	Annual Loss Expectancy (Jährliche **Verlusterwartung** durch verbliebene Schäden).
2	ALE = (R-E) + T	E	Ersparnis (**Nutzen**) durch Reduzierung der Schadensbeseitigungskosten (R) durch IT-Sicherheitsmaßnahmen.
		T	(Tool-)**Kosten für Sicherheitsmaßnahmen.**
3	RoSI = E - T		

Abbildung 1: Absoluter Return on Security Investment

Der absolute Return on Security Investment zeigt die monetären Netto-Einsparungen einer Sicherheitsinvestition. Der Return on Security Investment wird berechnet, indem die Kosten einer Schadensbeseitigung (R) minus den Annual Loss Expectancy (ALE) gerechnet wird. Der Annual Loss

---

[9] Vgl. Schmidt, S., Banzer, F.: Return on Security Investment (RoSI). (2007) S. 15.
[10] Vgl. Gadatsch, A., Mayer, E.: Grundkurs IT-Controlling, Grundlagen – Strategischer Stellenwert - Kosten- und Leistungsrechnung in der Praxis (2014) S. 135.

Expectancy (ALE) ist die jährliche Verlusterwartung durch verbliebene Schäden und berechnet sich, indem die Kosten der Schadensbeseitigung (R) minus die Einsparungen die durch die Sicherheitsinvestition entstehen (E) plus die Toolkosten, welche Einführungs- und Betriebskosten der Sicherheitsmaßnahme beinhalten, gerechnet werden.[11]

Durch das Einsetzen und Umformen der ersten beiden Formeln erhält man die Formel 3, dadurch wird deutlich, dass durch die Berechnung des Return on Security Investments der Zustand vor der Investition mit dem Zustand nach der Investition verglichen wird. Solange die Kosten (T) kleiner sind als die Einsparungen (E) ist der Return on Security Investment positiv.[12]

Die Berechnung des Return on Security Investments gliedert sich in drei Hauptschritte.

- **Schritt 1 Identifikation** Hier werden grundlegende Fragen gestellt. Welche sicherheitsrelevanten Vorfälle können eintreten? Welche Schutzmaßnahmen können eingeleitet werden?

- **Schritt 2 Datenerhebung** In diesem Schritt werden alle Daten, die für die Berechnung notwendig sind, ermittelt und kumuliert. Wie hoch ist der mögliche Schaden? Welchen Wirkungsgrad haben die Gegenmaßnahmen? Und weitere Fragen können hier beantwortet werden.

---

[11] Vgl. Gadatsch, A., Mayer, E.: Grundkurs IT-Controlling, Grundlagen – Strategischer Stellenwert - Kosten- und Leistungsrechnung in der Praxis (2014) S. 135.
[12] Vgl. Klipper, S.: Information Security Risk Management. Risikomanagement mit ISO/IEC 27011, 27005 und 31010 (2015) S. 167.

- **Schritt 3 Berechnung** In diesem Schritt werden die in Schritt 2 erfassten Werte in die Berechnungsformel eingesetzt und daraufhin der Return on Security Investment ausgerechnet.[13]

Annual Loss Expectancy/Expenditure (ALE)

Der Annual Loss Expectancy beschreibt den jährlich erwarteten Verlust, das heißt es handelt sich dabei um die verbleibenden Kosten, die nach einer Investition in einen Sicherheitsmechanismus bestehen bleiben. Der Annual Loss Expectancy setzt sich aus dem potenziellen Schaden, der Reduzierung des Schadens durch eine Sicherheitsmaßnahme und den Kosten der Sicherheitsmaßnahme zusammen.[14]

Kosten der Schadensbeseitigung – Recovery Cost (R)

Diese Kosten beschreiben alle notwendigen Aufwendungen, um bei einem eingetretenen Schadensfall den ursprünglichen Zustand wiederherzustellen. Sie werden in die Gesamtkosten der geschäftlichen Tätigkeiten mit einbezogen. Die Recovery Cost hängen von dem tatsächlichen Eintritt von Schäden ab, müssen aber aus Erfahrungswerten für die Zukunft abgeschätzt werden.[15]

Es ist schwierig die genauen Kosten eines Sicherheitsvorfalls zu erhalten. Dies liegt daran, dass nur wenige Unternehmen ihre Schadensfälle genau dokumentieren. Viele Sicherheitslücken, die keine unmittelbare Auswirkung auf das Tagesgeschäft haben, bleiben sogar häufig unbemerkt. Auch bei einem Schadensfall werden die Kosten nicht genau dokumentiert, da die

---

[13] Vgl. Schmidpeter, H.: Modellbasiertes Return on Security Investment (RoSI) im IS-Management der Münchener Rückversicherung (2005), S. 31f.

[14] Vgl. Schmidpeter, H.: Modellbasiertes Return on Security Investment (RoSI) im IS-Management der Münchener Rückversicherung (2005) S. 29f.

[15] Vgl. Pohlmann. W.: Wirtschaftlichkeitsbetrachtung von IT-Sicherheitsmechanismen. (2005) S. 12.

Unternehmen eher auf eine schnelle Behebung des Problems konzentriert sind. Zudem teilen Unternehmen die Kosten eines Sicherheitsvorfalls nicht mit der Öffentlichkeit, da sie einen Imageschaden fürchten. Eine Möglichkeit die Kosten eines möglichen Schadens einzuschätzen, ist es, unterschiedliche Umfragen von Unternehmen zu vergleichen. In diesen Umfragen schätzen die teilnehmenden Unternehmen die Kosten eines Sicherheitsvorfalls in verschiedenen Kategorien, im Verlauf eines Jahres ein. Zu beachten ist, dass unterschiedliche Branchen einen Schadensvorfall anders bewerten, ein Unternehmen könnte den Verlust eines Laptops nur in den Wiederbeschaffungskosten bewerten und für ein anderes Unternehmen ist der Wert deutlich höher, da eventuell der Produktivitätsverlust, die Kosten des IT-Supports und die Kosten des Datenverlustes mit einberechnet werden.[16]

Die Berechnung der Kosten eines Sicherheitsvorfalls könnte unter anderem folgende Punkte beinhalten:

- Produktivitätsverlust

- Verlust von Daten, möglicher Missbrauch der Daten

- Schaden durch Soft-, Hardwareverlust

- Reparatur

- Wiederbeschaffungskosten

- Gerichts- und Anwaltskosten

- Schulungskosten

- Strafzahlungen für Datenschutzverstöße

---

[16] Vgl. Sonnenreich, W.: Return on Security Investment (RoSI) (2005) S. 2.

- Kosten in Folge eines Imageschadens

Auch Kosten über einen möglichen Werteverlust des Unternehmens in Form eines Kurssturzes der Aktien könnten in diese Berechnung mit einfließen. Diese Verluste sind jedoch von Branche zu Branche unterschiedlich und können nicht durch Erfahrungswerte bestimmt werden.[17]

Ersparnisse (E)

Die Ersparnisse beschreiben die Kosten, die durch eine Einführung der IT-Sicherheitsmechanismen gespart werden können. Die Sicherheitsmechanismen werden mit sehr großer Wahrscheinlichkeit einen sonst erfolgreichen Angriff verhindern.

Toolkosten (T)

Die Kosten, die bei der Umsetzung der zu betrachtenden Sicherheitsmaßnahmen entstehen, sind meist einfacher zu bestimmen. Dennoch sollten nicht nur die Anschaffungskosten berücksichtigt werden, sondern auch die internen Implementierungskosten. Die IT-Sicherheitslösung könnte sich auch positiv oder negativ auf die Produktivität der Mitarbeiter auswirken. Viele Sicherheitslösungen verursachen einen Mehraufwand, den die Angestellten zur Ausführung ihrer Arbeit tragen müssen. Ein Mitarbeiter muss Zeit in Anspruch nehmen, um eine Sicherheitsmaßnahme zu befolgen, die ein anderes Sicherheitsproblem behebt. Beispielsweise Virenscans, Software-Updates oder der Rückgang der Leistungsfähigkeit des Netzwerkes durch die Einführung von Sicherheitsmaßnahmen, beeinflusst die Produktivität des Mitarbeiters negativ. Auch ein positiver Einfluss auf die Produk-

---

[17] Vgl. Schmidpeter, H.: Modellbasiertes Return on Security Investment (RoSI) im IS-Management der Münchener Rückversicherung (2005) S. 8f.

tivität des Mitarbeiters ist durch den Einsatz von IT-Sicherheitsmaßnahmen möglich, indem durch die Einführung andere Probleme, die bisher die Produktivität hemmten, gleichzeitig behoben werden.[18]

Relativer Return on Security Investment

Die relative Return on Security Investment Berechnungsmethode (siehe Formel 2 oben) kombiniert neben dem erwarteten Schaden und den Kosten der Sicherheitsmaßnahmen auch die Sicherheitshöhe[19], die eine IT-Sicherheitsmaßnahme beinhaltet. Diese Sicherheitshöhe kann von Maßnahme zu Maßnahme variieren.

Risk Mitigated - Risikominimierungsmöglichkeit

Die Risikominimierungsmöglichkeit einer Sicherheitsmaßnahme zu berechnen, ist nicht genau möglich, da die Sicherheit nichts Messbares darstellt, sondern nur Verluste verhindert, welche nicht bekannt werden, wenn sie vorher verhindert wurden. Für die Festlegung der Risikominimierung wird ein fixer Prozentsatz verwendet, welcher auf der Grundlage basiert, dass eine Sicherheitslösung eingeführt wird, um eine bestimmte Gefahr zu minimieren und dass die Sicherheitsmaßnahme bei richtiger Anwendung 100% der Gefahr beheben würde. Eine vollkommene Sicherheit ist jedoch nicht möglich, so wird für die Berechnung des Return on Security Investments eine Risikominimierungsmöglichkeit von 85% verwendet. Eine Vereinfachung der Bestimmung der Risikominimierung kann einige Probleme mit sich bringen. Gefahren sollten nicht nur isoliert betrachtet werden, Sicherheitsmaßnahmen können nur effektiv etwas bewirken, wenn auch alle

---

[18] Vgl. Schmidt, S., Banzer, F.: Return on Security Investment (RoSI). (2007) S. 11.
[19] Die Sicherheitshöhe ist der Prozentsatz der Risiken, die mit der Sicherheitsinvestition angegangen würden.

anderen Maßnahmen im Umfeld effizient arbeiten, eine Alarmanlage bringt 0% Sicherheit, wenn die Tür offensteht. Zudem sollte beachtet werden, dass eine Sicherheitslösung mit der Zeit an Effektivität verlieren kann, Angreifer können Wege finden die Sicherheitsmaßnahmen zu umgehen.[20]

Risk Exposure – Schadenshöhe

Risk Exposure umfasst alle Kosten, die bei einem möglichen Schadensfall auftreten. Diese mögliche Schadenshöhe sind gleichzusetzten mit den Recovery Cost der absoluten Return on Security Investment Berechnungsmethode.

Solution Cost - Toolkosten

Die Solution Cost sind gleichzusetzen mit den Toolkosten der absoluten Berechnungsformel. Diese Kosten umfassen alle Ausgaben, die für die Sicherheitsmaßnahmen benötigt werden. Nicht nur die Anschaffungskosten einer Sicherheitslösung sollten betrachtet werden, sondern auch die Implementierungskosten der Maßnahme. Ebenso die Hürden, die durch einen Sicherheitsmechanismus eingeführt werden, sollten miteinberechnet werden, da diese zu einem Produktivitätsverlust der Mitarbeiter führen können.[21]

Anwendungsbeispiele

Die Anwendung der Berechnungsformel RoSI wird im Folgenden anhand von zwei Fällen dargestellt. Diese Beispiele wurden ausgewählt, da sie allgemein verständlich und dadurch leicht nachzuvollziehen sind.

---

[20] Vgl. Sonnenreich, W.: Return on Security Investment (RoSI) (2005) S. 4.
[21] Vgl. Sonnenreich, W.: Return on Security Investment (RoSI) (2005) S. 5.

Fall: Firewall

Ein Unternehmen möchte eine Firewall einrichten. Der Kauf und Betrieb der Firewall (T = 30.000 €) sorgt für einen Sicherheitsgrad von 95%. Das Gesamtrisiko eines möglichen Schadens bei dem Verzicht auf die Firewall beträgt 100.000 €. Durch den Einsatz der Firewall beträgt die Bruttoersparnis 95.000 €. Zur Berechnung der Netto-Ersparnis wird zuerst der Annual Loss Expectancy berechnet.

Für die Berechnung des Annual Loss Expectancy werden die Kosten eines möglichen Schadensfalls (R), die in Höhe von 100.000€ angegeben sind, minus die mögliche Ersparnis (E) 95.000€ plus die Kosten der Sicherheitsmaßnahmen (T) 30.000€ gerechnet. Dies ergibt einen Annual Loss Expectancy von 35.000€. Die Nettoersparnis ergibt sich aus dem möglichen Schaden (R) von 100.000€ minus dem Annual Loss Expectancy von 35.000€. Somit liegt der absolute Return on Security Investment bei 65.000€. Bei der Verwendung der zweiten umgeformten Formel wird nur noch das mögliche Ersparnis (E) von 95.000€ minus die Kosten der Sicherheitsmaßnahme (T) von 30.000€ gerechnet. Diese Formel ergibt ebenso eine Netto-Ersparnis von 65.000€. Bei der Durchführung der Sicherheitsmaßnahme könnte laut dem Return on Security Investment diese Summe eingespart werden.

Berechnung Return on Security Investment

RoSI $= R - ((R - E) + T)$

RoSI $= 100.000€ - ((100.000€ - 95.000€) + 30.000€)$

RoSI $= 65.000€$

Alternativrechnung Return on Security Investment

RoSI = $E - T$

RoSI = 95.000€ – 30.000€

RoSI = 65.000€

Der relative Return on Security Investment berechnet sich, indem die Schadenshöhe mal die mögliche Sicherheitshöhe minus die Kosten der Sicherheitsmaßnahme genommen wird und dieses Ergebnis durch die Kosten der Sicherheitsmaßnahme gerechnet wird. Der Risk Exposure sind die Kosten des Risikos bei Verzicht auf die Firewall 100.000€. Der Risk Mitigated ist der Prozentsatz der möglichen Sicherheitshöhe durch die Maßnahme, diese Sicherheitshöhe liegt bei 95%. Die Solution Cost sind die Kosten für die Einführung und den Betrieb der Sicherheitsmaßnahme und liegen bei 30.000€.

$$\%\mathbf{RoSI} = \left(\frac{\textit{Risk Exposure * \%Risk Mitigated - Solution Cost}}{\textit{Solution Cost}} \right)$$

$$\%\mathbf{RoSI} = \left(\frac{100.000€ * 95\% - 30.000€}{30.000€} \right)$$

$$\%\mathbf{RoSI} = 2{,}17\%$$

Der relative Return on Security Investment beträgt 2,17%. Das zeigt, dass die Investition auch mit dieser Berechnungsformel ökonomisch vorteilhaft ist.[22]

---

[22] Vgl. Gadatsch, A., Mayer, E.: Grundkurs IT-Controlling, Grundlagen – Strategischer Stellenwert - Kosten- und Leistungsrechnung in der Praxis (2014) S. 134.

Fall: Notebookverlust

Dieser Fall zeigt Anhand des Beispiels eines Notebookverlustes die Berechnung des Return on Security Investments und wie dieses sich über einen Zeitraum von 4 Jahren verändert. Jährlich verschwinden zahlreiche Notebooks aus einem Unternehmen. Die Gründe dafür werden kaum erforscht, da die Mitarbeiter häufig sofort ein neues Notebook erhalten. Zudem erhalten, gerade in großen Unternehmen, die Mitarbeiter alle 2-3 Jahre ein neues Notebook, dadurch geht die Verlustrate in der Masse der neuen Notebooks unter. Der Verlust von Notebooks in einem Jahr liegt laut diesem Beispiel im Schnitt bei 6%. In diesem Fall wird ein Unternehmen angenommen, in welchem 500 Mitarbeiter arbeiten, die ein Notebook verwenden.

Schadenshöhe (R)

Die Annahme ist, dass die meisten Notebooks eines Unternehmens von wichtigen Entwicklern, der Unternehmensleitung und von Vertriebsleuten verwendet werden, die das Notebook auf Reisen oder Zuhause verwenden. Die Wahrscheinlichkeit eines Verlustes ist dadurch höher und meist haben diese Mitarbeiter viele wichtige Unternehmensinformationen, wie Einkaufsdaten, Preiskalkulationen oder Finanzanalysen gespeichert. Der Schaden, der durch die mögliche missbräuchliche Verwendung der Daten entsteht, liegt in diesem Beispiel bei **10.000€** pro verlorenem Notebook. Die Wiederbeschaffung und Wiederherstellung eines Ersatzgerätes kostet 2.000€ - 3.000€. Die Gesamtschadenshöhe durch den Verlust der gespeicherten Daten liegt bei **300.000€** (6%*500 = 30 * 10.000€ = 300.000€).

Kostenersparnis (E)

Durch den Einsatz eines Festplattenverschlüsselungsprogramms kann ein angemessener Schutz geschaffen werden, der vor Datenverlust und Datenmissbrauch schützt. Die Daten sind nur in verschlüsselter Form auf dem Notebook gespeichert und lassen sich nur nach einer Passwortabfrage für die Verarbeitung entschlüsseln. Der Schaden durch die missbräuchliche Verwendung der Daten wird durch die Einführung der Festplattenverschlüsselung umgangen. Die Ersparnisse liegen somit bei 300.000€. Da nur der Schaden der missbräuchlichen Verwendung durch die Sicherheitsmaßnahme umgangen wird, werden die Wiederbeschaffungskosten hier nicht betrachtet.

Kosten für Sicherheitsmaßnahmen(T)

Der Preis der Sicherheitsmaßnahme liegt bei ca. 110€ pro Gerät. Die einmaligen Lizenzkosten der Festplattenverschlüsselung werden somit in Höhe von 55.000€ (500 * 110€ = 55.000€) angesetzt. Weitere Kosten für die Installation, den Rollout und die Verwaltung der Festplattenverschlüsselung werden im ersten Jahr mit 10.000€ und in den Folgejahren mit 5.000€ berechnet.

Die folgende Tabelle zeigt die Kosten der IT-Sicherheitsmaßnahme und die potenziellen Ersparnisse in vier Jahren.

Berechnung Return on Security Investment 1. Jahr

RoSI = $R - ((R - E) + T)$

RoSI = 300.000€ − ((300.000€ − 300.000€) + 65.000€)

RoSI = 235.000€

Alternativrechnung Return on Security Investment 1. Jahr

$RoSI = E - T$

$RoSI = 300.000€ - 65.000€$

$RoSI = 235.000€$

Zeitraum	1. Jahr	2. Jahr	3. Jahr	4. Jahr	Gesamter Zeitraum
Lizenzkosten	55.000€				55.000€
Kosten für Installation, Rollout, Verwaltung	10.000€	5.000€	5.000€	5.000€	25.000€
Kostenersparnis	300.000€	300.000€	300.000€	300.000€	1.200.000€
RoSI im 1. Jahr	235.000€				
RoSI kum. im 2. Jahr		530.000€			
RoSI kum. im 3. Jahr			825.000€		
RoSI kum. im 4. Jahr				1.120.000€	1.120.000€

Tabelle 1: RoSI Berechnung Notebookverlust[23]

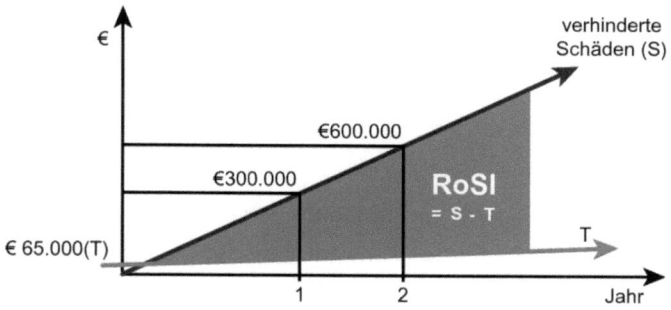

Abbildung 2: RoSI Notebookverlust

Die Berechnung zeigt, dass sich schon im ersten Jahr ein Return on Security Investment von 235.000€ erzielen lässt. Nach vier Jahren liegt der Return on Security Investment bei 1.120.000€. Die Investition in eine Festplattenverschlüsselung ist in diesem Fall eine vorteilhafte Maßnahme zur Vermeidung des Schadens, das Investment ist deutlich kleiner als der damit verhinderte Schaden.[24]

Bewertung

Nachteile

Das Berechnungsmodell liefert erste Anhaltspunkte, weist aber dennoch Schwächen auf. Zum einen werden unterschiedliche Risiken gleichbehandelt, es gibt beispielsweise keine Unterscheidung zwischen Risiken mit hoher Eintrittswahrscheinlichkeit und geringem Schadensausmaß und Risiken

---

[23] Vgl. Pohlmann. W.: Wirtschaftlichkeitsbetrachtung von IT-Sicherheitsmechanismen. (2005) S. 15.

[24] Vgl. Pohlmann. W.: Wirtschaftlichkeitsbetrachtung von IT-Sicherheitsmechanismen. (2005) S. 13-15.

mit geringer Eintrittswahrscheinlichkeit und hohem Schadensausmaß. Des Weiteren fehlen Angaben über die tatsächliche Häufigkeit der zu erwartenden Schadensfälle.[25]

Ein weiteres Problem der Berechnungsformel ist die Schwierigkeit festzustellen, wie hoch der zu verhindernde Schaden tatsächlich ist. Zahlreiche Faktoren müssen in die Berechnung mit einfließen, die für verschiedene Schadensvorfälle sehr unterschiedlich ausfallen. Die Schadenshöhe eines internen Vorfalls lässt sich nicht mit den gleichen Parametern berechnen, wie beispielsweise ein externer Hacker-Angriff. Auch der Parameter Zeit wird in der Definition des Return on Security Investments nicht beachtet, mit der Dauer des betrachteten Zeitraumes könnte auch die Eintrittswahrscheinlichkeit eines Schadens ansteigen.[26]

Zudem kann die Berechnung des Return on Security Investments scheitern, falls sich nicht alle Daten beschaffen lassen, zum Teil lassen sich nicht alle Faktoren quantifizieren.[27] Der berechnete Return basiert in diesen Fällen auf Schätzungen über die Eintrittswahrscheinlichkeit und die Schadenshöhe. Das Ergebnis als Entscheidungsträger ist nur bedingt anzuwenden, da ein hoher Grad an Ungewissheit besteht.[28] Diese Ungewissheit kann dazu führen, dass die Schätzungen der Schadenshöhe ein Ergebnis einer persön-

---

[25] Vgl. Schadt, D.: Über die Ökonomie der IT-Sicherheit (2006) S. 21.

[26] Vgl. Keller, R.: Ist RoSI berechenbar? (2002).

[27] Vgl. Gadatsch, A., Mayer, E.: Grundkurs IT-Controlling, Grundlagen – Strategischer Stellenwert - Kosten- und Leistungsrechnung in der Praxis (2014), S. 135.

[28] Vgl. Klipper, S.: Information Security Risk Management. Risikomanagement mit ISO/IEC 27011, 27005 und 31010 (2015) S. 167.

lichen voreingenommenen Wahrnehmung sind. Risiken können manipuliert werden, um ein eigenes Ziel zu verfolgen und Entscheidungen leichter zu rechtfertigen.[29]

Des Weiteren nutzt das Modell eine vereinfachte Annahme, welche die durchgeführte Kalkulation im Einzelfall nutzlos machen könnte. Im Return on Security Investment – Modell werden Einzelrisiken und die zugehörigen Schutzmaßnahmen jeweils isoliert betrachtet. Die Schutzmaßnahmen wirken in der Praxis meist auf mehrere Risiken und im Schadensfall treten häufig Folgen auf aus kumulierten Risiken.[30]

Vorteile

Der Return on Security Investment hilft eine Sicherheitsinvestition in ihrer monetären Sinnhaftigkeit zu bewerten. Durch die Anforderungen der Berechnungsformel müssen die Unternehmen sicherheitsrelevante Daten dokumentieren und interpretieren. Damit bekommen sie eine verlässliche Darstellung der Kosten und Nutzen einer Investition.[31]

Der Ansatz ist bei guter Datenlage einfach einsetzbar und ist als zusätzliches Argument verwendbar, um Investition in die IT-Sicherheit zu begründen.[32]

Der Einsatz der RoSI-Berechnung kann bei manchen Sicherheitsmaßnahmen der IT, wie bei dem Beispiel einer Festplattenverschlüsselung, in der Regel einfach durchgeführt werden. Darunter fällt beispielsweise auch der

---

[29] Vgl. European Network and Information Security Agency (2012) S. 7.

[30] Vgl. Fox, D.: Betriebswirtschaftliche Bewertung von Security Investments in der Praxis (2011) S. 53.

[31] Vgl. Keller, R.: Ist RoSI berechenbar? (2002).

[32] Vgl. Gadatsch, A., Mayer, E.: Grundkurs IT-Controlling, Grundlagen – Strategischer Stellenwert - Kosten- und Leistungsrechnung in der Praxis (2014) S. 135.

Einsatz eines Virenscanners, hier stehen den Unternehmen Vergangenheits-werte über Schadensfälle meist einheitlich zur Verfügung. Auch eine Ein-führung von einer Single Sign On (SSO) Authentifikation könnte einfach durch den Einspareffekt der Helpdesk Kosten nachgewiesen werden.[33] Das Ergebnis des Return on Security Investments kann direkt zur Verbesserung der Wirtschaftslage beitragen, wenn alle Prozesse und Daten detailliert be-ziffert werden können.[34]

Wenn durch den Einsatz der Berechnungsformel gezeigt werden kann, dass der Gewinn durch die Vermeidung des Schadens größer ist als die Kosten, die durch das nicht Einsetzen der Sicherheitsmaßnahmen entstehen, dann lässt sich das Management leichter überzeugen in die IT-Sicherheit zu in-vestieren.[35]

Da die Berechnung eine direkte Weiterentwicklung der Return on Invest-ment (RoI) Kennzahl ist, gewinnt der Return on Security Investment einige Vorteile. Die Akzeptanz des RoSI profitiert von dem hohen Bekanntheits-grad des RoIs. Weiterhin profitiert die Anerkennung der Kennzahl von den klaren Strukturen des Ansatzes, diese erlauben es gegenüber fachfremden Personen die Argumentation einer Sicherheitsinvestition nachvollziehbar und glaubhaft zu gestalten. Ein weiterer positiver Nebeneffekt durch die Befassung mit RoSI ist es, dass durch die intensive Beschäftigung mit der Bewertung und Analyse von Risiken das Risikobewusstsein im Unterneh-men gesteigert wird.[36]

---

[33] Vgl. Pohlmann. W.: Wirtschaftlichkeitsbetrachtung von IT-Sicherheitsmechanismen. (2005) S. 16.
[34] Vgl. Keller, R.: Ist RoSI berechenbar? (2002).
[35] Vgl. Rumpel, R.: Planung und Betrieb von Informationssicherheits-Managementsystemen. Erfah-rungen aus der Praxis (2011).
[36] Vgl. Schmidtpeter, H.: Modellbasiertes Return on Security Investment (RoSI) im IS-Management der Münchener Rückversicherung (2005) S. 34.

Mögliche Verbesserungen

Allgemeine Faktoren

Zur Verbesserung der realistischen Berechnung der Wirtschaftlichkeit von IT-Sicherheitsinvestitionen und zur einfacheren Nutzung des Return on Security Investments sollten Angriffe und deren Folgeschäden detailliert und umfassend dokumentiert werden. Durch diese Dokumentation kann ein Unternehmen eine bessere und genauere Aussage über Sicherheitsmaßnahmen und deren Vorteilhaftigkeit treffen. Beispielsweise könnten die bereits eingetroffenen Schäden durch ein Incident Assessment dokumentiert werden. Bei der Dokumentation können Kosten des Vorfalls für die bessere Analyse in direkte (Kosten des Schadens) und indirekte Kosten (Kosten der Wiederherstellung) aufgeteilt werden.[37]

Da sich der Return on Security Investment meist nicht hundertprozentig genau berechnen lässt, durch die ungewisse Schadenshöhe eines möglichen Vorfalls, könnte zusätzlich eine „Worst Case" und „Best Case"-Berechnung durchgeführt werden. Diese Kennzahlen zeigen den bestmöglichen Ausgang eines Schadensfalls oder den schlechtesten Ausgang und könnte dem Management helfen, eine IT-Investition aus verschiedenen Blickwinkeln zu betrachten, um dadurch die Maßnahmen besser bewerten zu können.

Die Gesamtkosten der IT-Sicherheit lassen sich durch den Return on Security Investment nicht direkt berechnen, da dieser nur die Kosten berechnet, die durch die Investition in einen Sicherheitsmechanismus gespart werden können. Die Kumulierung der Kosten einer Sicherheitsmaßnahme könnte einen Anhaltspunkt geben für die Kosten der IT-Sicherheit, jedoch

---

[37] Vgl. Loomans, D.: Information Risk Scorecard mach Unsicherheitskosten transparent. HMD – Praxis der Wirtschafsinformatik 236 (2004) S. 43.

ist dies kein Vorhersagewert, sondern zeigt erst im Nachhinein wie hoch die Kosten waren. Die Erweiterung durch andere Methoden kann zudem einen besseren Eindruck von den gesamten Kosten der IT-Sicherheit geben.

Erweiterungen

Um die Aussagekraft vom Return in Security Investment zu steigern, sollte die Methode mit anderen Verfahren in Kombination angewendet werden. Durch diese Kombination können die Unternehmen zusätzliche Planungssicherheit gewinnen und eine sinnvolle Hilfestellung bekommen.[38]

Risikoanalyse

Ein Nachteil des Return on Security Investments ist die Gleichbehandlung der Schadensfälle in ihren unterschiedlichen Eintrittswahrscheinlichkeiten. Ein hoher Schadensfall mit geringer Eintrittswahrscheinlichkeit bekommt durch den Return on Security Investment einen größeren Return zugewiesen als ein Schadensfall mit einer größeren Eintrittswahrscheinlichkeit und einer geringeren Schadenshöhe. Die Maßnahme mit dem höheren Return scheint, ohne die Betrachtung der Eintrittswahrscheinlichkeit, eine bessere Investition zu sein. Auf dieser Grundlage ist eine Analyse der Risiken mit Hilfe einer Risikomatrix besser geeignet für die Budgetplanung. Zudem kann durch eine ausführliche Risikoanalyse der möglichen Schadensfälle ein umfassender Eindruck eines Sicherheitsvorfalls gewonnen werden und auf der Basis dieser Daten lässt sich der Return on Security Investment auch besser ermitteln. Bei längerer Anwendung können bessere Entscheidungen getroffen werden.[39]

---

[38] Vgl. Keller, R.: Ist RoSI berechenbar? (2002).
[39] Vgl. Schadt, D.: Über die Ökonomie der IT-Sicherheit (2006) S. 22.

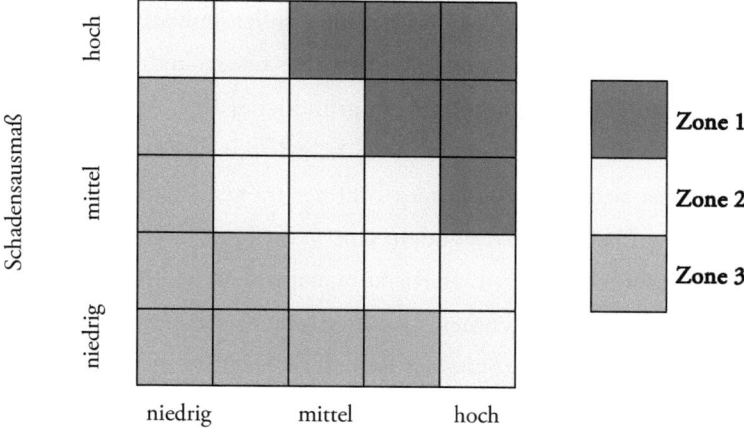

Abbildung 3: Risikomatrix

Die Risikomatrix stellt das Risiko als eine Kombination von Eintrittswahrscheinlichkeit und den Schadensausmaß des Risikos da. Je höher die Eintrittswahrscheinlichkeit und je höher der Schaden eines Risikos, desto schwerwiegender ist das Risiko einzuschätzen. Das Risiko wird in drei verschiedenen Zonen eingeteilt, die sich aus unterschiedlichen Kombinationen des Schadensausmaßes und der Eintrittswahrscheinlichkeit ergeben. Die Eintrittswahrscheinlichkeit kann als niedrig und somit eher unwahrscheinlich, als mittel und somit existent und realistisch und als hoch eingeschätzt werden. Das Schadensausmaß kann von niedrig, über mittel bis hin zu hoch eingestuft werden.[40] Risiken der Zone 3 werden als unproblematisch eingeschätzt, die Risiken der Zone 2 sollten beobachtet werden und Maßnahmen

---

[40] Vgl. Schmidt, S., Banzer, F.: Return on Security Investment (RoSI) (2007) S. 19.

erarbeitet werden. Für Risiken in der Zone 1 sollen unbedingt sofortige Gegenmaßnahmen erarbeitet werden.[41] Für eine aussagekräftige Risikomatrix könnte in der Vorbereitungsphase ein gründliches Risk Assessment durchgeführt werden, um das Modell mit belegbaren Werten zu fundieren. Dadurch lässt sich ein umfassendes Bild der möglichen Gefährdungen erstellen. Diese Daten schaffen zudem eine aktuelle Aussage der Risikosituation des Unternehmens.[42] Das Risikomanagement ist eine unabdingbare Aufgabe in einem Unternehmen. Die einzelnen Kostenpunkte eines Risikos könnten durch die Berechnung des Return on Security Investments ergänzt werden, da dieser eine mögliche Erweiterung zur Bewertung von Risiken darstellen kann.

Total Cost / Benefit of Ownership

Eine weitere Möglichkeit, neben dem Return on Security Investment eine IT-Investition zu bewerten, ist es den Total Cost of Ownership (TCO) und den Total Benefit of Ownership (TBO) zu betrachten. Der Total Cost of Ownership hilft dabei alle Kosten einer Investition zu berechnen und verschafft einen Eindruck über alle mit der Investition verbundenen Kosten. In diesem Modell werden alle Kosten erfasst, die im Lebenszyklus einer Investition entstehen können. Zu diesen Kosten zählen unter anderem die Anschaffungskosten der Hard- und Software, sowie die Kosten für die Installation und Wartung dieser Komponenten, Kosten für die Anschaffung und Wartung von Netzwerken und Servern oder auch Kosten für Schulungen und Trainings werden in den TCO mit einberechnet. Für die Bewertung und Analyse des TCOs werden alle Kosten erfasst, die im Rahmen der

---

[41] Vgl. Gadatsch/Mayer: Grundkurs IT-Controlling, Grundlagen – Strategischer Stellenwert - Kosten- und Leistungsrechnung in der Praxis (2014), S. 233.
[42] Vgl. Schmidtpeter, H.: Modellbasiertes Return on Security Investment (RoSI) im IS-Management der Münchener Rückversicherung (2005) S. 10.

Beschaffung, der Bereitstellung, dem Betrieb und der Entsorgung der IT-Komponenten anfallen. Bei einer Analyse des Total Cost of Ownership werden die Kosten in direkte, im Rechnungswesen sichtbar und indirekte Kosten, im Rechnungswesen nicht sichtbar, gegliedert. Indirekte Kosten könnten sich zeigen in Produktivitäts- und Arbeitszeitverlusten durch technische Probleme oder durch private Internetnutzung.[43]

Der Total Cots of Ownership stellt eine gute Grundlage für den Return on Security Investment da. Die vollständige Erfassung der IT-Kosten einer Investition kann für aufbauende Konzepte genutzt werden. Zudem ist das TCO-Modell stark an den Anforderungen eines IT ausgerichteten Rechnungswesen orientiert. Die alleinige Betrachtung des Total Cost of Ownership für eine IT-Investition ist nicht vorteilhaft, da das Modell den Nutzen einer Investition nicht berücksichtigt. Auch ist dieses Verfahren im Vergleich mit dynamischen Modellen eine rein statische Berechnung, welche die Zeitpunkte einer Zahlung nicht berücksichtigt.[44] Eng mit dem Total Cost of Ownership ist der Total Benefit of Ownership verwandt. Das Modell des TBO zeigt alle anfallenden Erträge einer Investition auf und ist somit das Gegenstück des TCO. Berechnungen des TCO werden durch den TBO von einem anderen Standpunkt beleuchtet und ergänzen das Gesamtbild. Die Minimierung der Sicherheitsrisiken und das mit der Investition verbundene Risiko wird mit diesen Kennzahlen nicht berücksichtigt.[45]

---

[43] Vgl. Gadatsch/Mayer: Grundkurs IT-Controlling, Grundlagen – Strategischer Stellenwert - Kosten- und Leistungsrechnung in der Praxis (2014) S. 90f.
[44] Vgl. Gadatsch/Mayer: Grundkurs IT-Controlling, Grundlagen – Strategischer Stellenwert - Kosten- und Leistungsrechnung in der Praxis (2014) S. 94.
[45] Vgl. Klipper, S.: Information Security Risk Management. Risikomanagement mit ISO/IEC 27011, 27005 und 31010 (2015) S. 165.

IT-Security-Projekttypen

Die Einteilung der Sicherheitsprojekte in Projekttypen stellt eine weitere Möglichkeit zur Erweiterung des RoSI da. Das IT-Portfoliomanagement umfasst die Bewertung und Auswahl von IT-Projekten und deren Steuerung. Neue Projekte werden mit der aktuellen IT-Strategie und dem IT-Portfolio abgeglichen. Dabei bewirken Änderungen der IT-Strategie eine Änderung des laufenden Portfolios und IT-Projekte, die nicht mit dem Portfolio kompatibel sind, bewirken eine Veränderung der IT-Strategie. Ein begrenztes IT-Budget erfordert eine Auswahl von Projekten aus dem Portfolio, welches Wartungs- und Neuentwicklungsprojekte enthält. Die Auswahlkriterien orientieren sich meist am Return on Investment und dem Beitrag zur Unterstützung der Unternehmensstrategie. Projekte der IT-Sicherheit, deren Investition in diesem Sinn keinen Gewinn und direkten Nutzen erwirtschaftet, finden meist keine Betrachtung in diesem Portfolio. In der Regel werden IT-Security-Projekte über das Risikomanagement bewertet. Entweder das Unternehmen trägt das Risiko oder leitet Gegenmaßnahmen ein. Diese Projekte erhöhen durch die Investitionen und die Betriebskosten den Total Cost of Ownership aber erwirtschaften keinen positiven Return. Für einen besseren Eindruck der Projekte in der IT-Sicherheit lassen diese sich drei grundlegende Projekttypen einordnen. Durch die Einordung in die Projekttypen lassen sich mögliche Ziele und Maßnahmen der Sicherheitsmaßnahmen ableiten.[46]

---

[46] Vgl. Gadatsch, A., Uebelacker, H.: HMD - Praxis der Wirtschaftsinformatik (2006) S. 49.

Versichererprojekt (insurer)	Ermöglicherprojekt (enabler)	Optimiererprojekt (optimizer)
Ziel: Eintrittswahrscheinlichkeit und Risiko von ungewünschten Ereignissen minimieren. Kein primäres Ziel ist die Realisierung von Einsparpotentialen	Ziel: Unterstützung der Sicherheitsanforderungen neuer Prozesse. Einsparungen werden von der Anwendung im neuen Prozess erbracht. Ohne das Projekt ist die neue Anwendung nicht möglich.	Ziel: Generierung von Einsparungen durch das IT-Sicherheitsprojekt. Das IT-Sicherheitsprojekt „finanziert" sich selbst.
ROI (i.d.R.) nicht darstellbar	ROI (i.d.R.) indirekt darstellbar	ROI (i.d.R.) darstellbar
Zahlreiche Fälle: Firewall, Virenschutz, Zugangsschutz	Typischer Fall: PIN-TAN-Verfahren beim Internetbanking	Beispiele sind selten, z.B. digitale Bürgerkarte

Tabelle 2: IT-Security-Projekttypen

Schlussbetrachtung

Der Return on Security Investment wurde im Hinblick auf die Berechnung der Kosten der IT-Sicherheit betrachtet. Die einzelnen Bestandteile der Formel lassen sich bei guter Dokumentation der Sicherheitsvorfälle eines Unternehmens sehr leicht erschließen und berechnen. Dennoch ist gerade eine fehlende oder zu geringe Dokumentation häufig das Problem, um ein genaues Ergebnis zu erzielen. Vor allem die Kosten eines möglichen Schadensfalls vorauszusagen stellt sich als schwierig heraus, da es unter anderem kaum veröffentlichte Referenzzahlen von anderen Unternehmen gibt.

Bei ausreichender Dokumentation zeigt der Return on Security Investment dennoch nicht die gesamten Kosten, die für die IT-Sicherheit eines Unternehmens anfallen, sondern bietet nur eine gute Betrachtung der Sinnhaftigkeit von einzelnen IT-Sicherheitsmaßnahmen. Der Return on Security Investment zeigt eine Richtung und kann ein Unternehmen vor Fehlinvestitionen bewahren.

Eine Kombination und der Einsatz von verschiedenen Methoden können dem Unternehmen ein besseres Bild der Gesamtkosten machen. Eine Erweiterung des Risikomanagements mit verschiedenen Kennzahlen wie dem Return on Security Investment, dem Total Cost und Total Benefit of Ownership kann dem Management helfen notwendige Investitionen in die IT-Sicherheit zu begründen und durchzuführen.

Verwendete Literatur

European Network and Information Security Agency. *Introduction to Return on Security Investment. Helping CERTs assessing the cost of (lack of) security.* 2012.

Fox, Dirk. *Betriebswirtschaftliche Bewertung von Security Investments in der Praxis.* Datenschutz und Datensicherheit 1/2011. Wiesbaden: Springer Verlag, 2011.

Gadatsch, Andreas; Mayer, Elmar. *Grundkurs IT-Controlling, Grundlagen – Strategischer Stellenwert - Kosten- und Leistungsrechnung in der Praxis.* Wiesbaden: Vieweg+Teubner Verlag, 2004.

Gadatsch, Andreas; Mayer, Elmar. *Masterkurs IT-Controlling, Grundlagen und Praxis für IT-Controller und CIOs.* Wiesbaden: Springer Verlag, 2014.

Gadatsch, Andreas; Uebelacker, Hubert: Wirtschaftlichkeitsbetrachtungen für IT-Security-Projekte. In: HMD - Praxis der Wirtschaftsinformatik, Bd. 248, S. 44–50.

Keller, Roland. *Ist RoSI berechenbar?* Abgerufen am 20.08.2019. https://www.cio.de/a/ist-rosi-berechenbar,805837.

Klipper, Sebastian. *Information Security Risk Management. Risikomanagement mit ISO/IEC 27011, 27005 und 31010.* Wiesbaden: Springer – Vieweg, 2015.

Loomans, Dirk. *Information Risk Scorecard mach Unsicherheitskosten transparent.* HMD – Praxis der Wirtschafsinformatik 236. Heidelberg: Dpunkt Verlag, 2004.

Pechardscheck, Stefan; Plath, Remigiusz. *Wann sich Investitionen in IT-Sicherheit rechnen.* Abgerufen am 30.08.2019. https://www.cio.de/a/wann-sich-investitionen-in-it-sicherheit-rechnen,3260855.

Pohlmann, Norbert. *Wirtschaftlichkeitsbetrachtung von IT-Sicherheitsmechanismen.* Gelsenkirchen: Westfälische Hochschule Gelsenkirchen, 2005.

Rumpel, Rainer. *Planung und Betrieb von Informationssicherheits-Managementsystemen. Erfahrungen aus der Praxis.* Datenschutz und Datensicherheit 1/2011. Wiesbaden: Springer Verlag, 2011.

Schadt, Dirk. *Über die Ökonomie der IT-Sicherheit.* HMD – Praxis der Wirtschaftsinformatik 248. Heidelberg: Dpunkt Verlag, 2006.

Schmidt, Stefanie; Banzer, Florian. *Return on Security Investment (RoSI).* Seminararbeit. Ingolstadt: Fachhochschule Ingolstadt, 2007.

Schmidtpeter, Hannes. *Modellbasiertes Return on Security Investment (RoSI) im IS-Management der Münchener Rückversicherung.* München: Technische Universität München, 2005.

Sonnenreich, Wes. *Return on Security Investment (RoSI).* A Practical Quantitative Model. New York: SageSecure, 2005.

Tenzer, F. *Ausgaben für IT-Sicherheit weltweit im Jahr 2017 und Prognose für 2018 und 2019 (in Milliarden US-Dollar).* Abgerufen am 30.08.2019. https://de.statista.com/statistik/daten/studie/1038510/umfrage/ausgabe-fuer-it-sicherheit-weltweit/.

Kosten der ERP-Sicherheit

Autor: Sascha Kirschner

Einleitung

ERP-Systeme haben sich als Standard zur Unterstützung und Steuerung von Geschäftsprozessen in großen Unternehmen etabliert und halten auch zunehmend Einzug in KMU. In deutschen Unternehmen mit mehr als 250 Beschäftigten nutzen 82 % der befragten Unternehmen eine derartige Software. Speziell im verarbeitenden Gewerbe werden ERP-Systeme in 95 % der deutschen Unternehmen eingesetzt.[1]

ERP-Systeme haben zum Ziel, die im Unternehmen befindlichen Ressourcen zentral abzubilden und zu steuern. Zu diesen Ressourcen zählen beispielsweise Kapital, Mitarbeiter und Betriebsmittel. Zur Steuerung der Ressourcen werden die für das Unternehmen relevanten Geschäftsprozesse im ERP-System abgebildet. Dies erzeugt sowohl eine umfassende Transparenz des unternehmerischen Handelns als auch eine strukturierte Abwicklung der Geschäftsprozesse. Dadurch wiederum wird eine kontinuierliche Analyse und Optimierung der stattfindenden Abläufe ermöglicht.

Durch die umfassende Integration jeglicher Unternehmensressourcen und Geschäftsprozesse steigt der Nutzen eines ERP-Systems. Zeitgleich jedoch steigt damit auch die Abhängigkeit jeglicher Mitarbeiter, die mit der Anwendung direkt bzw. indirekt in Kontakt stehen. Einer ERP Cybersecurity-

---

[1] Vgl. Statistisches Bundesamt - Nutzung von Informations- und Kommunikationstechnologien in Unternehmen (2019).

Umfrage des Jahres 2017 zufolge, handelt es sich bei ERP-Systemen um die kritischste Anwendung des Unternehmensumfeldes.[2] Damit diese Abhängigkeit jedoch nicht unternehmensgefährdend wird, müssen Bedrohungen adressiert und die Schutzziele Vertraulichkeit, Verfügbarkeit sowie Integrität der im ERP-System befindlichen Daten sichergestellt werden. Diese Schutzziele sollen gewährleisten, dass Informationen nur Befugten zugänglich, korrekt und verfügbar sind, wenn sie benötigt werden.[3]

Zur Sicherstellung der genannten Schutzziele sollten Sicherheitsmaßnahmen im ERP-Umfeld ergriffen werden, die möglichst effektiv und effizient die besagte Sicherheit gewährleisten. Da diese in der Regel mit hohen Kosten verbunden sind und keinen direkten positiven Einfluss auf den Geschäftserfolg haben, muss der konkrete Nutzen deutlich werden und dem Entscheider in geeigneter Form dargelegt werden.[4]

Somit setzt sich die vorliegende Arbeit mit der Frage auseinander, wie Sicherheitsmaßnahmen im ERP-Umfeld bewertet werden können, um deren Notwendigkeit zu rechtfertigen. Beginnend wird im Kapitel „Bedrohungen im ERP-Umfeld" die aktuelle Bedrohungslage aufgezeigt und weiterhin die jeweiligen Bedrohungen erläutert, welche in der vorliegenden Arbeit in interne und externe Bedrohungen untergliedert werden. Darauffolgend zeigt das Kapitel „Sicherheitsmaßnahmen im ERP-Umfeld" mögliche Sicherheitsmaßnahmen zur Steigerung des Sicherheitsniveaus auf, bevor im Kapitel „Kosten der ERP-Sicherheit" explizit auf die Kosten der ERP-Sicherheit eingegangen wird. Hier werden die Kostenpositionen im Gesamtkontext der ERP-Sicherheit erläutert und weiterhin die relevanten Kostenfaktoren

---

[2] Vgl. erspcan.io – ERP Cybersecurity 2017 Survey (14.08.2019).

[3] Vgl. BRANDMAUER IT Security – Schutzziele der Informationssicherheit (2019).

[4] Vgl. Pankov, N.: Kaspersky – calculator financial report (2019).

der im Kapitel „Sicherheitsmaßnahmen im ERP-Umfeld" genannten Sicherheitsmaßnahmen aufgezeigt. Außerdem wird ein möglicher Ansatz ausgearbeitet, welcher eine effiziente Maßnahmensteuerung zur Folge haben soll. Abgeschlossen wird die vorliegende Arbeit mit einem Fazit, welches die wesentlichen Erkenntnisse bewertet.

Bedrohungen im ERP-Umfeld

In Unternehmen entstehen durch Wirtschaftsspionage, Sabotage oder Datendiebstahl jährlich Schäden in Milliardenhöhe. Allein in den Jahren 2016 und 2017 sind in der deutschen Industrie Gesamtschäden von insgesamt 43,4 Milliarden Euro entstanden. Diese Schäden lassen sich auf Imageverluste, negative Medienberichterstattungen, Patentrechtsverletzungen, Ausfälle bzw. Schädigungen von Informationssystemen, Kosten für Ermittlungs- und Ersatzmaßnahmen, Umsatzeinbußen durch Verlust von Wettbewerbsvorteilen, Umsatzeinbußen durch nachgemachte Produkte, Kosten für Rechtsstreitigkeiten, datenschutzrechtliche Maßnahmen, Erpressungen mit gestohlenen oder verschlüsselte Daten und weitere Ursachen zurückführen.[5]

Speziell bei ERP-Systemen handelt es sich um kritische Anwendungen des Unternehmensumfelds.[6][7] Innerhalb dieser Anwendungen werden oft die wichtigsten Geschäftsprozesse der Unternehmen abgebildet und abgewickelt. Die damit einhergehenden Daten werden zentral in der Anwendung

---

[5] Vgl. Bartsch, M.; Gentemann, L.; Prof. Kob, T.; C., Krösmann; Mille, M.; Petri, A.; Ritter, T.; Rost, P.; Schmidt, S.; Schulz, M.; Dr. Trapp, D.; Wittmaack, L.; Wunderlich, T.: Spionage, Sabotage und Datendiebstahl - Wirtschaftsschutz in der Industrie (2018).
[6] Vgl. erspcan.io: ERP Cybersecurity 2017 Survey (2019).
[7] Vgl. Onapsis Inc.: ERP Applications Under Fire: How cyberattackers target the crown jewels (2018).

gehalten und für gewöhnlich in Datenbanken gespeichert. Abhängig von der Integrationstiefe des ERP-Systems im Unternehmen, entsteht für die Geschäftsprozesse und zentral gehaltenen Daten eine gewisse Schwankungsbreite hinsichtlich der Eintrittswahrscheinlichkeit einer Bedrohung als auch der potenziellen Schadenshöhe. Denn mit steigender Integrationstiefe als auch der Anzahl Mitarbeiter, die zur Bewältigung ihrer Arbeit auf das ERP-System zugreifen, steigt potenziell auch die Transaktionshäufigkeit und damit wiederum die Abhängigkeit vom System sowie die Menge der erzeugten Daten.

Die ERP-Integration kann einzelne Teilbereiche des Unternehmens umfassen, oder aber alle relevanten Unternehmensabteilungen einbeziehen. Zu den Basismodulen der ERP-Systeme zählen meist Finanzbuchhaltung, Warenwirtschaft, Einkauf und Vertrieb.[8] Aber auch Module wie Produktionsplanung und -steuerung, Qualitätsmanagement, Projektmanagement, Personalwirtschaft und viele weitere sind häufig Bestandteil moderner ERP-Systeme. Damit wird deutlich, dass Unternehmen zur Steuerung ihrer Geschäftsprozesse, mit steigender Integrationstiefe zunehmend abhängig von der Verfügbarkeit des ERP-Systems sind und durch die Haltung von teilweise sensiblen Daten zu Personal, Kunden, Lieferanten, Finanzen, Stücklisten, Arbeitsplänen und weiteren einem hohen Risiko bzw. einer potenziellen Schadenshöhe ausgesetzt sind. Die Sensibilität der Daten ist dabei auch von der Unternehmensbranche abhängig. Als besonders kritisch gelten beispielsweise das Gesundheitswesen und der Finanzsektor.[9]

Unternehmen die SAP-Systeme im Einsatz haben und deren Belegschaft mehr als 1.000 Mitarbeiter umfasst, erleiden Studien zufolge Schäden von

---

[8] Vgl. Leimstoll, U.; Schubert, P.: Wirtschaftsinformatik 2005 - Eine Studie zum Aktuellen Stand in Schweizer KMU (2005) S. 1784.
[9] Vgl. Ponemon Institute: 2018 Cost of Data Breach Study (2018).

durchschnittlich fünf Millionen US-Dollar je Sicherheitsvorfall durch Betrug, Spionage oder Sabotage. IT-Sicherheitsexperten gehen zusätzlich davon aus, dass die Anzahl der Angriffe auf ERP-Systeme in den nächsten Jahren weiter steigen wird.[10] Allein von 2014 bis 2017 hat die Anzahl der bei der Polizei erstatteten Anzeigen im Bereich Cybercrime einen Anstieg von rund 87 % erfahren.[11] Demzufolge gewinnt das Thema ERP-Sicherheit in Hinblick auf die Schutzziele Vertraulichkeit, Integrität und Verfügbarkeit zunehmend an Bedeutung.

Im Folgenden wird von Gefährdungen gesprochen, wenn eine Bedrohung auf eine Schwachstelle trifft. Als Risiko bzw. Risikowert wird das Produkt aus der Eintrittswahrscheinlichkeit und Schadenshöhe verstanden. Somit handelt es sich beim Risikowert oder dem Risiko um eine Bewertung eines Schadensszenarios.

Damit Sicherheitsmaßnahmen ermittelt werden können, ist es zuvor jedoch wichtig die potenziellen Bedrohungen zu untersuchen. Damit werden sich die folgenden Abschnitte dieses Kapitels befassen.

Externe Bedrohungen

Als externe Bedrohungen werden im Folgenden Bedrohungen aufgefasst, welche durch Außentäter (bspw. Hacker, konkurrierende Unternehmen, organisierte Kriminalität, Kunden, Lieferanten, ausländische Nachrichtendienste) verursacht werden können.[12]

---

[10] Vgl. erspcan.io: ERP Cybersecurity 2017 Survey (14.08.2019).
[11] Vgl. Bundeskriminalamt: Lagebericht Cybercrime (2017).
[12] Vgl. Bartsch, M.; Gentemann, L.; Prof. Kob, T.; C., Krösmann; Mille, M.; Petri, A.; Ritter, T.; Rost, P.; Schmidt, S.; Schulz, M.; Dr. Trapp, D.; Wittmaack, L.; Wunderlich, T.: Spionage, Sabotage und Datendiebstahl - Wirtschaftsschutz in der Industrie (2018).

Bei ERP-Systemen handelt es sich oft um sehr umfangreiche Softwareentwicklungen, deren Funktionsumfang durch Menschenhand geschaffen wird. Demzufolge werden auch mit steigender Komplexität, Fehler in der Programmierung wahrscheinlicher. Daraus wiederum können Sicherheitslücken entstehen. Hinzu kommt, dass der Funktionsumfang von ERP-Anwendungen langfristig weiterentwickelt wird. Auch dadurch können im Nachhinein bislang sichere Programmteile plötzlich Sicherheitslücken aufweisen. Außentäter können sich diese Sicherheitslücken nach Bekanntwerden zunutze machen und im Rahmen der Möglichkeiten dieser Sicherheitslücke das ERP-System manipulieren oder ausspionieren.

Auch Schnittstellen, die dem Datenaustausch dienen, können Außentätern den Zugriff ermöglichen. Diese Schnittstellen sind erforderlich, um externe Anwendungen mit dem ERP-System zu verknüpfen. Sie werden genutzt, um unternehmensinterne Spezialprogramme (CRM-, MES-, LVS-, BI-Systeme, etc.) oder auch Anwendungen, die über das unternehmensinterne Netzwerk hinweg mit der Außenwelt kommunizieren müssen, anzubinden. Besonders kritisch sind dabei jene Anwendungen, die an das Internet angebunden sind.[13] [14] Mögliche Beispiele stellen Webshops oder Lieferantenportale dar. Sie sind sowohl für Kunden, Lieferanten als auch potenziell andere Personen zugänglich. Dadurch stellen sie eine mögliche Angriffsfläche für das Einschleusen von schadhaftem Code oder verfälschten Daten dar. Aber auch unklare Spezifikationen mit Geschäftspartnern für den Datenaustausch bieten Möglichkeiten zum Betrug. Beispielsweise wenn EDI-Schnittstellen nicht umfänglich spezifiziert und jene Daten ungeprüft ein-

---

[13] Vgl. Onapsis Inc.: ERP Applications Under Fire: How cyberattackers target the crown jewels (2018).
[14] Vgl. Bruns, C.: IT & Production Online (01.06.2019).

gelesen werden. Dies kann beispielsweise zur Übernahme von falschen Konditionen, Versandbedingungen, Lieferterminen, etc. führen. Auch dadurch können Schäden im Unternehmen entstehen.

Weiterhin unterliegen jegliche Datenexporte aus dem ERP-System heraus einem Risiko. Dieses Risiko unterliegt ab dem Zeitpunkt der Speicherung dem Schutzstandard des jeweiligen Mediums (Bspw. lokale Geräte, Fileserver). Unsichere Firmennetze durch veraltete Hard- und Software erhöhen zudem das Risiko des Datendiebstahls.

Allerdings müssen es nicht nur technische Schwachstellen sein, die es Außentätern ermöglichen, Daten zu manipulieren oder zu stehlen. Auch die eigenen Mitarbeiter und Partner können Informationen durch Einfluss externer Personen preisgeben oder verändern. Die Rede ist von Social Hacking bzw. Social Engineering. So können externe Personen durch geschickte Gesprächsführung, das Durchforsten des Mülls oder beim Blick über die Schulter der Mitarbeiter, gezielt Informationen gewinnen. Diese wiederum können den Außentäter direkt an sein Ziel führen oder seinen technischen Aufwand deutlich verringern.[15]

Aber auch die für den Betrieb eines ERP-Systems erforderlichen Infrastrukturen können eine Bedrohung darstellen, wenn sie nicht angemessen geschützt werden. Dazu zählen beispielsweise die Server, auf denen die Applikation und Datenbank betrieben werden sowie weitere darauf befindliche Software. Erlangen Außentäter Zugriff auf die Server, haben sie einen weitreichenden Einfluss zur Manipulation der Vertraulichkeit, Integrität als auch Verfügbarkeit des ERP-Systems.

---

[15] Vgl. Willer, M.: Social Engineering (2019).

Interne Bedrohungen

Bei den internen Bedrohungen handelt es sich im Folgenden um solche Gefahren, die im eigenen Unternehmen durch die eigene Belegschaft entstehen. Diesen Bedrohungen ist besondere Aufmerksamkeit zu schenken, denn die eigenen Mitarbeiter stellen sich in einem Großteil der Sicherheitsvorfälle als Schadensverursacher heraus. Demnach sind in 61% ehemalige und in 7% der Schadensfälle aktuelle Mitarbeiter für Datendiebstahl, Industriespionage oder Sabotage verantwortlich, welche jedoch auch durch externe Faktoren beeinflusst worden sein können.[16] Dabei ist jedoch zu berücksichtigen, dass die Gelegenheit zum Täter zu werden, überwiegend bereits während der aktiven Mitarbeit geschaffen wird.

Die Schäden können zum einen bewusst herbeigeführt werden. Die Motive dafür können Enttäuschung, Rache, mutwillige Zerstörungslust, Bereicherung sowie die Verschaffung persönlicher Vorteile sein.[17] Allerdings muss die Schadensherbeiführung nicht immer durch bösartige Absichten ausgeprägt sein. So ist davon auszugehen, dass eine unzureichende Sensibilisierung, kombiniert mit unvorsichtigem Verhalten, das größere Problem darstellt.[18]

Zum bewussten Herbeiführen zählt mitunter der Missbrauch von Berechtigungen. In ERP-Systemen werden für gewöhnlich Berechtigungen für

---

[16] Vgl. Bartsch, M.; Gentemann, L.; Prof. Kob, T.; C., Krösmann; Mille, M.; Petri, A.; Ritter, T.; Rost, P.; Schmidt, S.; Schulz, M.; Dr. Trapp, D.; Wittmaack, L.; Wunderlich, T.: Spionage, Sabotage und Datendiebstahl - Wirtschaftsschutz in der Industrie (2018).
[17] Vgl. Bundesamt für Sicherheit in der Informationstechnik: IT Grundschutz Katalog (01.06.2019).
[18] Vgl. Bartsch, M.; Gentemann, L.; Prof. Kob, T.; C., Krösmann; Mille, M.; Petri, A.; Ritter, T.; Rost, P.; Schmidt, S.; Schulz, M.; Dr. Trapp, D.; Wittmaack, L.; Wunderlich, T.: Spionage, Sabotage und Datendiebstahl - Wirtschaftsschutz in der Industrie (2018).

Transaktionen bzw. Masken vergeben, welche die Mitarbeiter, Mitarbeitergruppen oder Rolleninhaber ausführen dürfen. Mittels dieser Berechtigungen ist es den Mitarbeitern möglich, Prozesse oder einzelne Prozessschritte durch das Lesen, Schreiben oder Löschen von Daten auszuführen. Aufgrund der Komplexität handelt es sich bei den Berechtigungen jedoch oft um einen vernachlässigten Bereich.[19] Durch den Missbrauch dieser Berechtigungen können Unternehmen erheblichen Schaden erleiden. Täter können hier beispielsweise die jeweilig berechtigten Mitarbeiter sein. Aber auch unberechtigte Mitarbeiter können durch den Diebstahl von Login Daten (Notizzettel am Arbeitsplatz, Urlaubsvertretung, geringe Passwortkomplexität) oder während der Abwesenheit der berechtigten Kollegen zu Tätern werden.

Als konkretes Beispiel für das Ausnutzen von Berechtigungen, kann der Datenexport angeführt werden. Mittels eines Datenexportes kann ein Mitarbeiter massenhaft Daten eines entsprechenden Selektionsbereiches exportieren. Der Export kann oft direkt auf den lokalen Client erfolgen. Dadurch kann sich der Täter innerhalb kürzester Zeit jener Daten bereichern, welche seinem Berechtigungsprofil zugänglich sind. Aber auch das Manipulieren oder Löschen von Daten mit diesen Berechtigungen stellt ein Risiko dar. Die Auswirkungen können verheerend sein und von Wissensverlust, Fehlkonstruktionen, Lieferengpässen über Fehlplanungen bis hin zu einem Produktionsstillstand führen. Ein besonderes Ausmaß der Bedrohung wird allerdings erreicht, wenn der Täter technisches Knowhow mitbringt und Zugriff auf eine sogenannte SQL-Workbench erhält, welche oft innerhalb der ERP-Systeme existiert. Mithilfe einer SQL-Workbench ist es möglich, Datenbankanweisungen auszuführen. Mittels dieser Datenbankanweisungen

---

[19] Vgl. Prisma-Informatik.de: Die innere Sicherheit im ERP-System (04.06.2019).

kann der Täter jegliche Daten des ERP-Schemas durch SQL-Anweisungen umfassend auslesen, manipulieren oder löschen.

Allerdings können die Nutzer des ERP-Systems auch unbewusst im Rahmen ihrer Berechtigungen Schaden verursachen. Dazu zählen mitunter Fehleingaben bei Mengen- oder Preisangaben im Einkauf oder Verkauf. Denkbar sind diese Fehler allerdings auch bei Wareneingängen oder Rückmeldung von Fertigungsaufträgen. Die Folgen daraus sind zu hohe oder niedrige Warenbestände, welche wiederum die Disposition beeinflussen und Fehlplanungen verursachen können.

Ebenfalls unbewusst können ERP-Administratoren erheblichen Schaden verursachen, wenn sie Fehler bei Berechtigungen, Parametereinstellungen und sonstigen Anpassungen in Produktivumgebungen machen. Parametereinstellungen dienen grundsätzlich dazu den spezifischen Anforderungen der Geschäftstätigkeit gerecht zu werden und haben einen erheblichen Einfluss auf die Geschäftsprozesse des Unternehmens. Oft haben Parameteränderungen jedoch einen weitreichenderen Einfluss als den Administratoren zum Zeitpunkt der Umstellung bewusst ist. Demzufolge können sich diese Anpassungen unbewusst und ungeplant auf das gesamte Unternehmen auswirken.

Bewertung

Da es sich bei ERP-Systemen um geschäftskritische Anwendungen handelt, deren Ausfall oder Manipulation mit erheblichen Kosten verbunden oder sogar existenzbedrohend sein kann, sollten jegliche Bedrohungen regelmäßig unternehmensspezifisch analysiert, inventarisiert und bewertet werden, damit diesen proaktiv mit Sicherheitsmaßnahmen zur Senkung der Eintrittswahrscheinlichkeit bzw. Begrenzung des Schadensausmaßes begegnet werden kann. Zur Visualisierung und Vermittlung der aktuellen Bedrohungslage bietet sich dabei eine Einsortierung der potenziellen Bedrohungen in ein aus dem Projektmanagement bekanntes Risikoportfolio an.[20]

Da sich die Bedrohungslage für die einzelnen Bedrohungen durch die Entwicklung des Unternehmens hinsichtlich der Anzahl Mitarbeiter, deren Motivation, des Schnittstelleneinsatzes und vielen weiteren Faktoren aber auch äußeren Einflüssen wie beispielsweise einem veränderten Konkurrenzdruck unterliegt, sollte die aktuelle Lage regelmäßig überwacht und bewertet werden. Dabei haben auch die ergriffenen Sicherheitsmaßnahmen einen maßgeblichen Effekt auf die Bedrohungen und müssen daher zwingend berücksichtigt werden.

Dadurch, dass Bedrohungen mit einer Eintrittswahrscheinlichkeit und einem Schadensausmaß versehen werden können, lässt sich durch Multiplikation beider Werte ein theoretischer Risikowert ermitteln, welcher zur Priorisierung von Gegenmaßnahmen dienen kann. Wichtig dabei ist jedoch zu berücksichtigen, dass ein Schaden, wenn er eintritt, immer in seinem vollen Umfang eintritt. Folglich können auch durch eine niedrige Eintrittswahrscheinlichkeit bedingte geringe Risikowerte, zu einem hohen Schaden führen, wenn sie eintreten.

Sicherheitsmaßnahmen im ERP-Umfeld

Damit der Schutzbedarf des ERP-Systems gedeckt wird, sind entsprechende Sicherheitsmaßnahmen erforderlich, um die Vertraulichkeit, Integrität und Verfügbarkeit sicherstellen zu können. Dazu existieren in ERP-Systemen Mechanismen, die den Schutz gewährleisten sollen. Aber auch außerhalb

---

[20] Vgl. Angermeier, Dr. Georg: projektmagazin.de (2019).

des ERP-Systems können Maßnahmen ergriffen werden, um die Unternehmenswerte zu schützen. Mit diesen Mechanismen und Maßnahmen wird sich dieses Kapitel befassen.

Berechtigungskonzept

Berechtigungen in ERP-Systemen dienen zur Sicherstellung, dass nur berechtigte Benutzer auf einzelne Masken bzw. Transaktionen zugreifen können. Dadurch soll erreicht werden, dass Fehler bzw. beabsichtigte Schädigungen vermieden werden und gleichzeitig die Datenqualität steigt.[21] Dabei sind Berechtigungen jeweilig unternehmensspezifisch und sehr individuell zu vergeben, da sie von den im Unternehmen gelebten Geschäftsprozessen abhängen. Damit Berechtigungen nicht wahllos bei Bedarf und auf Zuruf vergeben werden, ist ein Berechtigungskonzept erforderlich, das zur Sicherung der Vertraulichkeit und Integrität der im ERP-System befindlichen Daten beiträgt. Dabei gelten für Berechtigungskonzepte die folgenden Grundsätze, welche möglichst eingehalten werden sollten.

Einer dieser Grundsätze ist, dass Anwendern nur diejenigen Sichten und Funktionen zur Verfügung stehen, welche sie zur Erfüllung ihrer Tätigkeit benötigen. Bezeichnet wird dieser Grundsatz als Prinzip des geringsten Berechtigungsumfangs bzw. als „principle of least privilege" oder „Need-to-know-Prinzip".[22] [23] Durch die Einhaltung dieses Grundsatzes können Mitarbeiter keine Daten aus ihnen nicht zugeteilten Bereichen lesen, bearbeiten oder löschen. Damit dieses Prinzip funktionieren kann, ist das ERP-System so zu konfigurieren, dass jegliche Masken und Transaktionen grundsätzlich

---

[21] Vgl. Prisma-Informatik.de: Die innere Sicherheit im ERP-System (04.06.2019).
[22] Vgl. Filla, S.; Liffers, J.; Storm, W.; Ulber, K.: Prüfleitfaden SAP ERP 6.0 (2015).
[23] Vgl. datenschutzbeauftragter-info.de (10.06.2019).

gesperrt sind und Berechtigungen explizit und möglichst restriktiv zugeteilt werden müssen.[24] Diese Einstellung lässt sich für gewöhnlich über die Systemparameter des ERP-Systems steuern.

Ein weiterer Grundsatz besteht darin, dass neben der restriktiven Rechtevergabe eine Funktionstrennung im Geschäftsprozess eingehalten wird. Diese Funktionstrennung hat zum Ziel, dass einzelne Mitarbeiter nicht die Möglichkeit haben, ihre Funktion und die damit verbundenen Berechtigungen zu ihrem eigenen Vorteil missbrauchen zu können. Aber auch unbewusste Fehler können durch einen weiteren, in den Prozess eingebundenen Kollegen vermieden werden. Dieser Grundsatz wird als „Segregation of Duties" (SoD) bezeichnet. Als ein mögliches Beispiel für eine sinnhafte Funktionstrennung kann der Einkaufsprozess angeführt werden. Hier erscheint es sinnvoll, dass die Rechnungsprüfung durch einen anderen Kollegen vorgenommen wird als durch denjenigen, welcher die Bestellung aufgegeben hat.[25]

Da es sich bei der Administration von Berechtigungen um ein sehr aufwendiges und komplexes Thema handelt, sollten Berechtigungen zentral und strukturiert vergeben werden. Dadurch können Redundanzen und ein Verwässern des Berechtigungskonzeptes vermieden werden. Unterstützt werden kann die Struktur beispielsweise durch den RBAC-Ansatz (Role-Based Access Control). Demnach werden Berechtigungen nicht den einzelnen Benutzern zugewiesen, sondern eigens definierten abstrahierten Rollen. Eine Rolle bildet dabei einen Aufgabenbereich innerhalb der Organisationsstruktur ab. Diese wiederum kann anschließend einzelnen Benutzern zuge-

---

[24] Vgl. Schaller, Thomas: Digitalisierung - Segen oder Fluch? (2018).
[25] Vgl. Filla, S.; Liffers, J.; Storm, W.; Ulber, K.: Prüfleitfaden SAP ERP 6.0 (2015).

wiesen werden. Somit erben Benutzer die Rechte ihrer zugewiesenen Rollenfunktion im Unternehmen. Dadurch, dass die Anzahl der Rollen im Unternehmen i.d.R. geringer ist als die Anzahl der Mitarbeiter, verringert sich der Wartungsaufwand und hilft der Administration das Berechtigungsgefüge konsistent – und damit sicher – zu halten.[26][27]

Innerhalb des RBAC-Ansatzes ist es wichtig darauf zu achten, dass für Rollenklarheit und -transparenz gesorgt wird. Dadurch lassen sich die Rollen eindeutig Geschäftsprozessen zuordnen und durch eindeutige Rollennamen und Rollenbeschreibungstexte eine saubere Benutzerzuordnung garantieren. Damit wird die Benutzerverwaltung auch für sachkundige Dritte in angemessener Zeit nachvollziehbar, ohne dafür die technischen Berechtigungen der Rolle prüfen zu müssen.

Sensitive Funktionen, also Funktionen, die einen weitreichenden Effekt auf das Unternehmen haben, wie beispielsweise administrative Transaktionen oder das Öffnen und Schließen von Buchungsperioden, sollte nur wenigen Personen mit angemessener Erfahrung ermöglicht werden.[28] Das Bundesamt für Sicherheit in der Informationstechnik (BSI) rät dazu, diese Funktionen möglichst restriktiv handzuhaben und die dafür erforderlichen Berechtigungen regelmäßig zu überprüfen.[29]

Über die berechtigten Masken bzw. Transaktionen hinaus ist es in der Regel auch möglich, weitere feingranulare Sicherheitsmechanismen zu konfigurieren. Gemeint sind beispielsweise Feldvalidierungen, Definitionen von

---

[26] Vgl. Schaller, Thomas: Digitalisierung - Segen oder Fluch? (2018).
[27] Vgl. Kessel, J.: Benutzerverwaltung und Sicherheitskonzepte im Geschäftsprozessmanagement (2013).
[28] Vgl. Filla, S.; Liffers, J.; Storm, W.; Ulber, K.: Prüfleitfaden SAP ERP 6.0 (2015).
[29] Vgl. Latajka, T.: unternehmen.handelsblatt.com (19.07.2019).

Pflichtfeldern, Sperren oder das Ausblenden von einzelnen Feldern für Benutzereingaben. Aber auch das Hervorheben von einzelnen Feldern oder die optische Aufbereitung der Masken können – zum Teil im Rahmen eines Berechtigungsmanagements und der visuellen Mitarbeitersensibilisierung – dazu beitragen, Geschäftsprozesse im ERP-System sicherer zu gestalten.

Benutzerverwaltung

Neben dem Berechtigungskonzept spielt auch die Benutzerverwaltung innerhalb des ERP-Systems eine entscheidende Rolle im Sicherheitsmanagement. Innerhalb der Benutzerverwaltung werden diejenigen Subjekte (Benutzer, Programme, Prozesse) verwaltet, die im Rahmen ihrer Zugriffsberechtigungen Zugriff auf definierte Berechtigungsobjekte haben. Berechtigungsobjekte können wie im vorherigen Abschnitt erläutert einzelne Transaktionen, Funktionen oder sogar einzelne Maskenfelder sein.

Im Rahmen der Benutzerverwaltung kommen Passwortregelungen zu tragen, welche die einzelnen Subjekte zur Anmeldung in der Anwendung benötigen. Dabei sollte die Passwortkomplexität so gewählt werden, dass ein Erraten des Passwortes oder ein Brute-Force-Angriff auf einen bekannt gewordenen Hashwert nicht möglich sind. Neben der Voraussetzung, dass das ERP-System die Passwort-Hashwerte mit einem sicheren Algorithmus ermittelt und einen Salt-Wert zum Schutz verwendet, sollten seitens der Administration Richtlinien zur Passwortsicherheit vorgesehen werden. Dabei stellt ein Salt einen Passwortzusatz dar, welcher benutzerbezogen durch die Zugabe weiterer Bits zum gewählten Passwort des Benutzers, die Komplexität zusätzlich erhöht. Der Salt-Wert verhindert somit, dass gleiche Passwörter immer denselben Hashwert erhalten und in der Folge mit sog. Rainbow Tables ermittelt werden können, da sie zu einem Hashwert das jeweilige Passwort in Klarschrift anbieten. Die Definition von Richtlinien können wiederum oft durch Parametereinstellungen im ERP-System vorgenommen werden. So können durch die Definition der Passwortlänge, Regeln zur Verwendung von Sonderzeichen sowie Verwendung von Groß- und Kleinschreibung erzwungen werden. Initialkennwörter sollten weiterhin direkt nach dem ersten Login durch Anwender zu ändern sein.

Die Passwortsicherheit kann aber auch durch die Weitergabe des Passwortes durch das Betriebssystem gewährleistet werden. Dabei handelt es sich um das sogenannte Single-Sign-On (SSO). SSO ist ein Service, der sich zentral gegen die eingerichteten Anwendungen registriert. Im Umkehrschluss fordern die Anwendungen den Benutzernamen und das Passwort vom Betriebssystem. Eine Voraussetzung für die Sicherheit beim Einsatz von SSO ist jedoch, dass der SSO-Service einer hohen Passwortkomplexität unterliegt, welche beim Einsatz von SSO nun nicht mehr im ERP-System, sondern für das Betriebssystem definiert werden muss. Damit dieser Service funktionieren kann ist es wichtig, dass dem User des Betriebssystems ein eindeutiger Anwender des ERP-Systems zugewiesen werden kann.

Auch weitere Parameter können in Bezug auf die Systembenutzer einen positiven Effekt auf die Sicherheit des ERP-Systems haben. Dazu zählen Parameter, welche einen automatischen Logout nach kürzerer Untätigkeit im ERP-System veranlassen. Aber auch diejenigen, welche den Umgang mit fehlgeschlagenen Login Versuchen regeln. Das Angebot an Parametern zur Benutzerverwaltung der jeweiligen Anwendung unterscheidet sich und muss deshalb anwendungsspezifisch analysiert werden.

Zusätzlich spielen organisatorische Regelungen zum Umgang mit dem Personal mit Zugriff auf das ERP-System eine wesentliche Rolle. So sollten für das Wechseln von Abteilungen, Neueinstellungen und auch Austritte, Szenarien existieren und eingehalten werden, die dabei helfen Benutzerprofile mit den korrekten Rechten auszustatten, oder ihnen diese bzw. das Login-recht zu entziehen. Dies gilt speziell auch für Praktikanten, Trainees und Auszubildende, welche oft die Abteilungen wechseln.[30]

Schnittstellen

Wie für einzelne Benutzer, gilt auch für Fremdsysteme, dass diese nur die-jenigen Rechte innerhalb des ERP-Systems erhalten sollten, die sie zwin-gend für ein reibungsloses Funktionieren benötigen. Dabei ist auch zwi-schen Standard-Schnittstellen und individuellen Schnittstellen zu unter-scheiden. Denn speziell individuelle Schnittstellen müssen vor der Imple-mentierung hinreichend überprüft und auch nach der Implementierung auf ein reibungsloses Funktionieren getestet werden.[31]

Da Schnittstellen und deren Einfluss auf die Geschäftsprozesse bzw. den Datenbestand nicht immer transparent und durchgängig nachzuvollziehen sind, sollten diese generell inventarisiert und in ihrem Funktionsumfang beschrieben werden. Dadurch lassen sich Schnittstellen bei Erstellung in ih-ren Abhängigkeiten zueinander leichter nachvollziehen und sorgen dadurch für eine bessere Datenqualität und geregelte Geschäftsprozesse.

Dabei sind nicht nur jene Schnittstellen zu berücksichtigen, die direkt mit der Anwendung kommunizieren, sondern auch diejenigen, die beispiels-weise über Trigger auf der Datenbank realisiert sind. Speziell diese nutzen keine Systemfunktionalitäten und werden maximal durch die auf den Da-tenbanktabellen realisierten Constraints abgesichert. Constraints stellen da-bei Bedingungsprüfungen auf Datenbankebene dar, welche die Integrität der Datenbank sichern sollen. So lassen sich für einzelne Datenbankfelder

---

[30] Vgl. Schaller, Thomas: Digitalisierung - Segen oder Fluch? (2018).
[31] Vgl. staperior.de (04.06.2019).

Regeln definieren, welche bei Anpassung einzelner Datensätze überprüft werden sollen.

Patch-Management

Damit auftretende Sicherheitslücken der ERP-Anwendung behoben werden können, ist es notwendig regelmäßig und möglichst kurzfristig nach Erscheinen eines Patches, selbigen einzuspielen. Dabei kann die Definition von internen Kennzahlen wie beispielsweise einer „Minimum Time to Patch" helfen, dieses Ziel zu erfüllen.[32] Als Gründe für mangelndes Patch-Management für ERP-Systeme gelten Untersuchungen zufolge mitunter komplexe Architekturen, angepasste Funktionen, die hohe Anzahl integrierter Schnittstellen, mangelndes Verständnis für Ausfallzeiten sowie fehlendes Wissen über Sicherheit und das Vorgehen beim Patchprozess.[33] Der Patchprozess an sich betrifft somit zum einen die ERP-Anwendung selbst, als auch Schnittstellenanwendungen und jegliche relevanten Komponenten, die für den Betrieb des ERP-Systems erforderlich sind.

Das Patchen der ERP-Anwendung selbst sollte dabei unbedingt vorab in einer ERP-Testumgebung durchgeführt und ausreichend getestet werden. Hintergrund ist, dass das Einspielen eines Patches unter Umständen mehr Probleme hervorrufen kann, als zu beseitigen. Dadurch wird das Risiko neuer Probleme deutlich gemindert.[34] Die anschließende Installation in der Produktivumgebung sollte möglichst bei ruhendem Betrieb durchgeführt werden, um so möglicherweise auftretende Probleme lösen zu können, ohne den laufenden Betrieb zu behindern.

---

[32] Vgl. Wendehost, T.: computerweekly.com (20.07.2019).
[33] Vgl. Onapsis Inc.: ERP Applications Under Fire - How cyberattackers target the crown jewels (2018).
[34] Vgl. Kara, V.: computerweekly.com (20.072019).

Damit bei aufkommenden Komplikationen jederzeit die Möglichkeit besteht, zum vorherigen Zustand zurückzukehren, sollte zusätzlich zum Routinebackup eine gesonderte Sicherung der Systemumgebung erstellt werden. Die Erstellung sollte dabei unweigerlich vor der Installation erfolgen, um einen möglichst aktuellen Datenbestand für den Notfall vorzuhalten.[35]

Weitere Maßnahmen

Neben den zuvor genannten präventiven Maßnahmen zur Absicherung durch ein Berechtigungskonzept, die Benutzerverwaltung, das Patchmanagement als auch den zu berücksichtigenden Punkten zur Schnittstellensicherheit, existieren viele weitere Möglichkeiten zur weiteren Absicherung bzw. Benutzersensibilisierung im ERP-Umfeld.

Dazu zählt beispielsweise ein kontinuierliches Transaktionsmonitoring bzw. das SIEM-Verfahren (Security Information and Event Management). Durch das Transaktionsmonitoring und darauf aufbauend der Untersuchung einzelner Sicherheitsvorfälle, werden benutzerbezogen Logfiles auf ungewöhnliche bzw. sicherheitskritische Aspekte untersucht und aggregiert dargestellt. Dadurch wird erreicht, dass Mitarbeiter möglichst zeitnah auf Auffälligkeiten angesprochen werden können und so auch die Entstehung von Schäden verhindert werden kann. Durch die offene Ansprache werden Mitarbeiter weiterhin sensibilisiert und ihnen wird bewusstgemacht, dass das Ausnutzen von Berechtigungen protokolliert wird und demzufolge der Schadensverursacher schnell identifiziert ist. Dadurch können Mitarbeiter abgeschreckt werden, selbst wenn Unternehmensregeln nicht vollständig

---

[35] Vgl. Kara, V.: computerweekly.com (20.07.2019).

durch Berechtigungen geregelt sind. Weiterhin kann das Auswerten der genutzten Transaktionen dabei helfen, ein neues Berechtigungskonzept zu entwickeln.[36] [37]

Aber auch die Sicherheit des Betriebssystems als auch der Datenbank haben einen maßgeblichen Einfluss auf die Vertraulichkeit, Integrität und Verfügbarkeit des ERP-Systems.[38] Demzufolge sind die Zugänge zum Applikations- und Datenbankserver möglichst restriktiv zu handhaben und auch bei der Patchroutine zu berücksichtigen. Weiterhin sind diese Systeme, wie auch andere Daten des Unternehmens in ein Backup aufzunehmen, welches im Notfall eingespielt werden kann. Um in einem solchen Fall den Datenverlust zu minimieren, sollten die Backupintervalle möglichst kurzgehalten werden. Darüber hinaus sollten auch die Ressourcen der Server regelmäßig überprüft werden, um einen sicheren Betrieb zu gewährleisten. Ein Monitoring für die Systemlast und die Speicherbelegung ermöglicht ein proaktives Eingreifen, bevor es zu einem Systemstillstand kommt.

Damit Konfigurationsänderungen nicht im laufenden Betrieb getestet werden müssen und dort für Probleme sorgen, sollte ein Testsystem eingerichtet werden, welches den Datenbestand als auch die Konfiguration der Produktiv-Umgebung aufweist. Dadurch können Änderungen an Systemparametern und sonstigen konfigurierbaren Einstellmöglichkeiten fernab des Produktivbetriebs ausgiebig getestet werden, bevor sie dorthin übernommen werden. Darüber hinaus steht das System auch für das Testen von Er-

---

[36] Vgl. Bruns, C.: it-production.com (01.06.2019).
[37] Vgl. Van Holsbeck, M., Johnson, J.: helpnetsecurity.com (20.07.2019).
[38] Vgl. Werth, T.: it-onlinemagazin.de (21.07.2019).

weiterungsprogrammierungen, Schnittstellenanpassungen, Mitarbeiter-schulungen, Fehleranalysen und weiterhin das Testen von Patches und Re-leasewechseln zur Verfügung.[39]

Da die eigenen Mitarbeiter wie zuvor beschrieben durch – für sie unbe-wusste Fehler – ein großes Risiko für die Sicherheit des ERP-Systems und die darin befindlichen Daten darstellen, sollten diese regelmäßig in ihrem Prozessumfeld geschult werden. Aber auch zu Anlässen, wie Neueinstellun-gen, Organisations-, Prozessänderungen und Releasewechseln, sollten Schulungen durchgeführt werden. Für die Schulungen kann, sofern diese als Workshop angelegt sind, das Testsystem genutzt werden, da hier nicht zwingend der ursprüngliche Zustand wiederhergestellt werden muss. Durch eine ausreichende Investition in Schulungen können unnötige Anwender-fehler gemieden und somit eine höhere Sicherheit im Prozess erzielt werden. Damit die Schulungen effektiv sind, sollte der Fokus auf die Qualität der Inhalte gelegt werden und nicht auf die Technologie wie beispielsweise bei dem Einsatz von Tablets, Video Casts und Podcasts.[40]

Letztlich können Penetrationstests zur Steigerung der Sicherheit durchge-führt werden. Diese zielen darauf ab, bestehende Sicherheitslücken im Un-ternehmensnetzwerk zu identifizieren. Dazu versuchen sich sog. White-Hat Hacker, also versierte IT-Sicherheitsfachkräfte, durch Angriffe auf das Fir-mennetzwerk, Social-Engineering oder die Umgehung physischer Sicher-heitsmaßnahmen Zutritt zu Firmendaten zu verschaffen oder sich Manipu-lationsmöglichkeiten einzuräumen. Die Beauftragung eines Penetrations-tests soll also letztlich zur Schließung bestehender Sicherheitslücken führen.

---

[39] Vgl. Räther, B.: www.inway.de (28.07.2019).
[40] Vgl. Verheyen, W.: computerweekly.com (21.07.2019).

Sinnvoll ist dies allerdings nur, wenn im Unternehmen ein Sicherheitskonzept existiert. Vor allem bei komplexen IT-Landschaften ohne Sicherheitskonzept, spricht sich das BSI vor der Durchführung von Penetrationstests vorerst für die Erarbeitung eines Sicherheitskonzeptes aus.[41]

Zusammenfassung und Bewertung

Es existieren zahlreiche Sicherheitsmaßnahmen, welche die Schutzziele Vertraulichkeit, Integrität und Verfügbarkeit des ERP-Systems sicherstellen sollen. Deren Einsatz muss unternehmensbezogen und in Abhängigkeit der Bedrohungen auf das ERP-Umfeld bewertet werden. Wichtig ist dabei, sich über die unternehmensspezifischen Bedrohungen im Klaren zu sein. Denn nur, wenn dies der Fall ist, können daraus zielgerichtet Maßnahmen abgeleitet werden. Kommt es zu einem Sicherheitsvorfall im Unternehmen, erfüllt eine nachgelagerte Implementierung einer Maßnahme lediglich, dass der Vorfall nicht erneut eintritt bzw. die Eintrittswahrscheinlichkeit oder Schadenshöhe dadurch gemindert wird, da eine Maßnahme nur proaktiv ergriffen werden kann.

Bei Implementierung der Sicherheitsmaßnahmen sollte zwingend auch die Organisation der Maßnahme berücksichtigt werden. Diese hängt oft von den Gegebenheiten des Unternehmens ab und ist entscheidend für dessen Effektivität und Effizienz. Beispielsweise bei der Festlegung, wie das Berechtigungskonzept organisiert werden muss, um in der Folge den niedrigsten Gesamtaufwand zu tragen. Hier müssen zum einen der Aufwand der Im-

---

[41] Vgl. Bundesamt für Sicherheit in der Informationstechnik: Durchführungskonzept für Penetrationstests (01.06.2019).

plementierung, aber auch der Folgeaufwand berücksichtigt werden. Der höhere Implementierungsaufwand kann sich je nach Gegebenheiten auf lange Sicht rentieren.

Als sinnvoll ist diejenige Maßnahme zu bewerten, welche den Risikowert in einem höheren Umfang begrenzt als die Durchführung der jeweiligen Maßnahme kostet. Demzufolge also einen positiven Beitrag zum Unternehmenserfolg beisteuert bzw. die geringeren Kosten verursacht. Damit eine Sicherheitsmaßnahme angemessen bewertet werden kann, ist zu überprüfen, welche Kosten eine Durchführung verursacht, als auch in welchem Umfang das Schadenspotenzial bedingt durch die Durchführung gemindert wird. Mit diesen Aspekten wird sich jedoch das folgende Kapitel befassen.

Kosten der ERP-Sicherheit

Wie auch Investitionsplanungen für Neuanschaffungen von Maschinen, Softwareanwendungen, Mitarbeitereinstellungen und vielen weiteren Investitionsfragen, geht es auch beim Thema ERP-Sicherheit darum, abzuwägen, ob Investitionen in die ERP-Sicherheit aus Kosten- und Nutzenaspekten sinnvoll sind. Anders als bei anderen Investitionen jedoch, erwirtschaften Sicherheitsmaßnahmen keine Gewinne, sondern dienen vorrangig der Vermeidung von Sicherheitsvorfällen und somit zur Verminderung der Gesamtkosten. Denn Sicherheitsmaßnahmen tragen nicht zur direkten Unterstützung der üblichen Geschäftstätigkeit eines Unternehmens bei, sondern dienen lediglich dem Zweck, die Eintrittswahrscheinlichkeit oder zumindest die Schadenshöhe bei Eintritt eines Schadens zu reduzieren. In erster

Linie bedeutet ERP-Sicherheit somit für Unternehmen i.d.R. höhere Kosten und eine geringere Performance in den Geschäftsprozessen.[42]

Damit unternehmensspezifisch eine Aussage zu den Sicherheitskosten des ERP-Umfeldes getroffen werden kann, damit diese budgetiert und letztlich auch kalkulatorisch in der Kostenträgerrechnung Verwendung finden, ist es erforderlich herauszufinden, wie sich diese Kosten überhaupt beziffern lassen. Denn Kosten der ERP-Sicherheit fallen nicht nur für die getroffene Sicherheitsmaßnahme an, sondern äußern sich auch in Form eintretender Schäden sowie möglicher Produktivitätsverluste bei der Leistungserstellung. Gerade letztere können sich mit steigender Integrationstiefe unbemerkt niederschlagen.

Ziel eines Unternehmens ist natürlich die Erreichung der geringstmöglichen Gesamtkosten und damit der Betrieb der wirtschaftlichsten Gesamtlösung. Da die einzelnen Kostenpositionen in Form von eintretenden Schäden, Sicherheitsmaßnahmen und sinkender Prozesseffizienz in einer Abhängigkeit zueinanderstehen, deren Berechnung nicht immer transparent ist, sind Entscheidungen zu Sicherheitsmaßnahmen nicht immer trivial. Der wohl bekannteste Ansatz zur Bewertung, ob eine Sicherheitsmaßnahme wirtschaftlich sinnvoll ist, oder nicht, stellt wohl die Berechnung des Return on Security Investment (RoSI) dar.

Bei der Berechnung des RoSI wird überprüft, ob die Kosten des Produktes aus Eintrittswahrscheinlichkeit und Schadenshöhe einer potenziellen Bedrohung durch die Ergreifung einer Sicherheitsmaßnahme in einem stärke-

---

[42] Vgl. She, Wei; Thuraisingham, Bhavani: Information Systems Security (2007).

ren Umfang gesenkt werden kann, als die Maßnahme selbst an Kosten verursacht. Ist dies der Fall, wird von einem positiven RoSI gesprochen und somit ist die Investition wirtschaftlich sinnvoll.[43]

Diese Methode jedoch stößt relativ schnell an ihre Grenzen, wenn es um die Ermittlung seiner Faktoren, der Eintrittswahrscheinlichkeit und Schadenshöhe geht. Ohne eine konkrete Bewertung zur Eintrittswahrscheinlichkeit und Schadenshöhe, ist die realistische Bewertung des RoSI nicht möglich. Gerade im ERP-Umfeld ist es aufgrund der Vielzahl an Mitarbeitern, von denen unterschiedlichstes Gefahrenpotenzial ausgeht, deren unterschiedlichen Rollen und Berechtigungen, den heterogenen Daten und der vielen ineinandergreifenden Gefahren und Maßnahmen schwierig, annehmbare und verlässliche Werte zur Berechnung zu ermitteln. Aber auch die nachträgliche Überprüfung, ob eine aufgrund der RoSI-Ermittlung ergriffene Maßnahme ihren Zweck erfüllt hat, ist schwierig, da nicht nachvollziehbar ist, ob der erwartete Schaden ohne die Maßnahme tatsächlich eingetreten wäre.

Um dennoch ein Vorgehen aufzuzeigen, welches im ERP-Umfeld verwendbar ist und den grundsätzlich sinnvollen Gedanken der RoSI-Methode verfolgt, soll im Folgenden ein Ansatz aufgezeigt werden. Dieser versucht unter Berücksichtigung des Pareto Prinzips, der Risikoanalyse und einer im Voraus vorgenommenen Budgetierung eine sinnvolle Priorisierung der Maßnahmen aufzuzeigen.

Ansatz zur Maßnahmenermittlung

Damit Sicherheitsmaßnahmen im ERP-Umfeld den größtmöglichen Nutzen entfalten können, ist eine unternehmensspezifische Bewertung der im

---

[43] Vgl. Schmidt, S., Banzer, F.: Return on Security Investment (ROSI) (2007).

Kapitel „Bedrohungen im ERP-Umfeld" genannten Gefahren vorzunehmen. Zur Bewertung bietet sich dazu die aus dem Projektmanagement bekannte Risikoanalyse an. Anders als bei der RoSI-Methode ist diese Bewertung nicht mit einer prozentualen Eintrittswahrscheinlichkeit und dem rechnerisch ermittelten Schadensausmaß vorzunehmen, sondern lediglich eine abstrakte Darstellung, wie in Abbildung 1 zu erkennen. Diese ermöglicht eine pragmatische Einsortierung der Bedrohungen in gegenseitiger Abhängigkeit. Damit ist gemeint, dass auch ohne genaue Ermittlung bewertet werden kann, ob eine Gefahr das höhere Schadensausmaß oder die höhere Eintrittswahrscheinlichkeit birgt als eine andere.

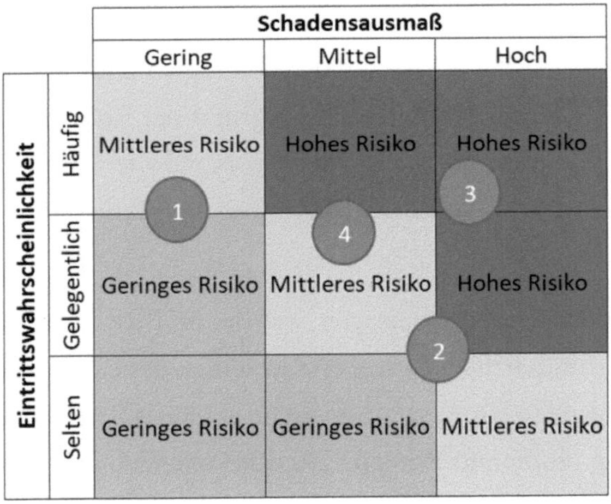

Abbildung 1: Risikoanalyse mit Bedrohungen

Anschließend können für die zuvor bewerteten Bedrohungen, mögliche und im Kapitel „Sicherheitsmaßnahmen im ERP-Umfeld" genannte Maßnahmen identifiziert werden. Diese haben zum Ziel das Schadensausmaß und die Eintrittswahrscheinlichkeit einer Bedrohung zu mindern. Diese Minderung kann mittels der Verschiebung einzelner Bedrohungen in der Risikoanalyse visualisiert werden. Wie in Abbildung 2 zu erkennen, kann

durch das Ergreifen einer Sicherheitsmaßnahme die Eintrittswahrscheinlichkeit als auch die Schadenshöhe für die Bedrohung 3 reduziert werden.

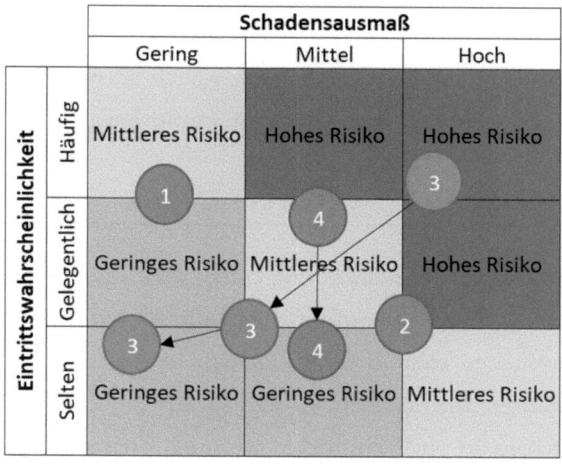

Abbildung 2: Risikoanalyse mit Maßnahmen

Dabei sollte die Bewertung regelmäßig und für die aktuelle Unternehmens-
situation vorgenommen werden, da sich die Bedrohungslage kontinuierlich
aufgrund des unternehmerischen Handelns, aber auch ohne interne Einflüsse verändert. Besondere Beachtung sollten dabei diejenigen Bedrohungen erfahren, die eine hohe Eintrittswahrscheinlichkeit als auch ein hohes
Schadensausmaß aufweisen. Aber auch diejenigen Bedrohungen, denen
zwar eine geringe Eintrittswahrscheinlichkeit, jedoch ein hohes Schadensausmaß zugesprochen wird, sollten auf gar keinen Fall missachtet werden.
Denn tritt ein Schaden ein, tritt er in seinem vollen Schadensausmaß ein
und kann somit verheerende Folgen für das Unternehmen haben.

Da nun die Maßnahmen mit dem größten Einfluss auf die Gefahrenlage
erkennbar sind, sollten die Kosten für die Umsetzung der Maßnahmen bewertet werden. Entgegen der monetären Bewertung des Schadensausmaßes

und der prozentualen Eintrittswahrscheinlichkeit, ist die Ermittlung der Kosten für die Sicherheitsmaßnahme zuverlässiger zu ermitteln, da sich daraus konkrete technische, organisatorische als auch personelle Aufwände mit einer geringen Schwankungsbreite ableiten lassen.

Mit diesen Aufwänden, den Schäden, aber auch Kosten für den Verlust an Prozesseffizienz, wird sich der nächste Abschnitt befassen.

Kostenpositionen

Als Kostenpositionen werden im Folgenden diejenigen Kosten verstanden, die bei der Maßnahmenbewertung eine Rolle spielen und somit in die Betrachtung einfließen sollten. Grundsätzlich handelt es sich dabei um die Kosten für eintretende Schäden, Kosten für die Präventivmaßnahmen, um den Schadenseintritt zu beeinflussen, als auch diejenigen Kosten, die mit dem Verlust an Prozesseffizienz einhergehen, sofern jene Sicherheitsmaßnahmen einen Einfluss darauf haben.

Die Kostenposition der Schäden trägt jene Kosten, die direkt bei Eintritt eines Schadens anfallen, als auch diejenigen Maßnahmen, die zur Beseitigung des eingetretenen Schadens erforderlich sind, um den Ursprungszustand wiederherzustellen. Da die Bedrohungen, wie im Kapitel „Bedrohungen im ERP-Umfeld" aufgeführt, vielfältig sind, sind auch die Schadensszenarien umfangreich. Aber auch die Bewertung der Kosten, die aus einem solchen Sicherheitsvorfall resultieren, sind je nach Vorfall teilweise sehr schwierig zu bewerten. Beispielsweise lassen sich direkte Schäden an Hardware, Produktionsstillstände und Recoverymaßnahmen hinsichtlich ihres Umfangs noch vergleichsweise leicht abschätzen. Damit verbundene Einflüsse, wie eine sinkende Mitarbeitermotivation oder ein Imageverlust sind in ihrer Bewertung nur sehr abstrakt und demzufolge auch nur schwierig vorzunehmen. Aber auch das Abschätzen, welchen Wert ein Datensatz bei einem Datendiebstahl hat, ist sehr abstrakt. Speziell in ERP-Systemen werden Daten jeglicher Art gehalten. Pauschalaussagen welchen Wert ein Datensatz und demzufolge eine Bewertung, welche Kosten mit einem Datendiebstahl verbunden sind, sind nicht wirklich verlässlich. Aus diesem Grund genügt sich der zuvor aufgezeigte Ansatz mit einer abstrakten Darstellung des Schadensausmaßes als auch der Eintrittswahrscheinlichkeit.

Die Kosten der Präventivmaßnahmen lassen sich grundsätzlich in Anschaffung und Einführung sowie den laufenden Betrieb unterteilen. Unter die Anschaffungs- und Einführungskosten fallen beispielsweise Kosten für externe Berater, die eigenen Mitarbeiter, die an der Umsetzung einer Sicherheitsmaßnahme mitwirken, Kosten für Hardware und Software, Aufwände für Schulungsmaßnahmen für Mitarbeiter, die nach Umsetzung der Maßnahme einen Mehraufwand haben, als auch Kosten für die anfallende Dokumentation und die Aufnahme in die Sicherheitsrichtlinie. Zum laufenden Betrieb gehören Aufwände wie Wartung, Aktualisierung, Weiterentwicklung, Qualitätssicherung aber auch Kosten für Lizenzen. Diese Kosten lassen sich aufgrund eines konkret abgesteckten Umsetzungsziels sehr genau bestimmen, da sich die technischen, organisatorischen und personellen Aufwände im Voraus aus dem Umsetzungsziel ableiten lassen. Demzufolge sollten die Kosten für relevante Sicherheitsmaßnahmen generell ermittelt werden.

Letztlich sollten auch etwaige Kosten für die Änderung von Geschäftsprozessen bei der Umsetzung einer Maßnahme berücksichtigt werden, da zusätzliche Anforderungen an die ERP-Sicherheit mit zusätzlichen Prozessschritten verbunden sein können. Diese verlangsamen wiederum den Ablauf und nehmen betroffene Mitarbeiter in einem höheren Umfang in Anspruch als ohne die Implementierung der Sicherheitsmaßnahme. Ein einfaches Beispiel für eine solche Maßnahme wäre die Einführung der Segregation of Duties im Rahmen eines Berechtigungskonzeptes. Bedingt durch die Gewährleistung der Funktionstrennung muss zwingend ein weiterer Mitarbeiter in den Geschäftsprozess einbezogen werden, welcher ggf. geschult und künftig eine Kontrollfunktion erfüllen muss. Wie auch die Kosten für Anschaffung, Einführung und den laufenden Betrieb, lassen sich auch die Kosten für die Änderung von Geschäftsprozessen zuverlässig bestimmen.

Kostenfaktoren für Sicherheitsmaßnahmen

Da die aus den einzelnen Sicherheitsmaßnahmen resultierenden Kosten nicht verallgemeinert werden können und die Kostenabschätzung demzufolge unternehmensindividuell vorgenommen werden muss, befasst sich dieser Absatz mit einer Definition der zu berücksichtigen Einflussfaktoren auf die Kosten der Sicherheitsmaßnahmen. Diese sollen einen Ansatz liefern, welche Größen bei der Kostenermittlung relevant sind.

Die folgende Tabelle listet die im Kapitel „Sicherheitsmaßnahmen im ERP-Umfeld" genannten Sicherheitsmaßnahmen auf und ordnet diesen Maßnahmen die kostenrelevanten Einflussfaktoren (Kostenfaktoren) zu. Weiterhin werden die jeweiligen und mit der Sicherheitsmaßnahme verbundenen Kostenpositionen gelistet.

Maßnahme	Kostenfaktoren	Kostenpositionen
Berechtigungs-konzept	Anzahl Mitarbeiter, Fluktuation, Anzahl Abteilungswechsel, Integrationstiefe des ERP, Berechtigungsorganisation (RBAC, Gruppen-, Einzelberechtigung)	Einrichtung, Wartung und regelmäßige Anpassung, Rechtezuweisungen

Maßnahme	Kostenfaktoren	Kostenpositionen
Schnittstellen-sicherheit	Anzahl Schnittstellen, Schnittstellenart (Standard, Individuell)	Testen, Inventarisierung
Transaktions-monitoring	Anzahl Bedingungen, Anzahl Mitarbeiter, Integrationstiefe des ERP	Einrichtung, Wartung und regelmäßige Anpassung, Lizenzen
Pentests	Umfang, Testart (Black-, Whitebox)	Durchführung
Patchmanagement	Anzahl Server, Anzahl Clients, Organisation (zentral, dezentral)	Einrichtung, Durchführung
Schulungen	Komplexität der Geschäftsprozesse, Berechtigungsumfang der Mitarbeiter, Anzahl Mitarbeiter	Durchführung
Backups	Transaktionsvolumen, Anzahl Systeme	Einrichtung, Hardware, Software, Wartung
System Monitoring	Anzahl Berechtigungen, Anzahl Systeme	Einrichtung, Lizenzen
Testsysteme	Nutzungsumfang, Hardwareressourcen, Anbieter (Lizenzen)	Einrichtung, Wartung, Hardware, Aktualisierung, Testfälle

Tabelle 1 Sicherheitsmaßnahmen mit Kostenfaktoren und -positionen

Am Beispiel des Berechtigungskonzeptes soll diese Aufstellung verdeutlicht werden. Denn speziell beim Berechtigungskonzept handelt es sich um einen umfangreichen Ansatz zur Beeinflussung der ERP-Sicherheit, welches in erster Linie von der Berechtigungsorganisation abhängt. So finden sich oft Unternehmen mit komplexen und historisch gewachsenen Berechtigungs-konzepten, welche ein effizientes Berechtigungsmanagement verhindern und demzufolge auch die innere Sicherheit gefährden. Ein Redesign des Konzeptes ist dann häufig mit einem hohen Aufwand und Risiken in Bezug auf die laufenden Geschäftsprozesse verbunden.[44]

Demzufolge müssen Unternehmen eruieren, welchen Ansatz zur Berechti-gungsorganisation sie wählen. Beispielsweise kam eine im Auftrag vom National Institute of Standards and Technology durchgeführte Studie zur ökonomischen Analyse der rollenbasierten Zugriffssysteme (RBAC) zu dem Ergebnis, dass mehr als 80 % der befragten Unternehmen mit mehr als 500 Mitarbeitern eine bessere Unterstützung ihrer Sicherheitspolitik durch die Verwendung des RBAC-Ansatzes erzielen konnten. Außerdem ermöglicht der RBAC-Ansatz eine effektivere und effizientere Verwaltung der Berech-tigungen.[45]

Jedoch hängt die Berechtigungsorganisation auch stark von der Anzahl der zu verwaltenden Benutzer als auch der Integrationstiefe und damit der Transaktionshäufigkeit ab. Der Aufwand der Einführung eines RBAC-An-satzes ist deutlich höher als jener der Gruppen- oder Einzelberechtigungs-vergabe. Jedoch rentiert sich dieser Ansatz mit steigender Benutzeranzahl zunehmend, da durch die Rollenzuweisung ein komplettes Berechtigungs-paket vergeben werden kann, welches je Zuweisung schneller und auch we-niger fehleranfällig ist. Hier liegt es an den Unternehmen die kritische

---

[44] Vgl. Latajka, T.: unternehmen.handelsblatt.com (19.07.2018).
[45] Vgl. Kessel, J.: Benutzerverwaltung und Sicherheitskonzepte im Geschäftsprozessmanagement (2013).

Menge zu bestimmen, die für die eine oder andere Berechtigungsorganisation sprechen.

Aber auch die Fluktuation und die Häufigkeit der Abteilungswechsel hat einen maßgeblichen Einfluss auf die Wahl der Berechtigungsorganisation. Denn durch jede Veränderung in der Organisation, die eine Berechtigungszuweisung zur Folge hat, entsteht ein einmaliger Aufwand, welcher je nach gewähltem Konzept höher oder geringer ausfällt.

Insgesamt stellt das Thema der Berechtigungen unabhängig von der gewählten Berechtigungsorganisation innerhalb des ERP-Systems ein extrem sensibles Thema dar, da zu lockere Berechtigungen Raum für Sicherheitsvorfälle lassen. Eine zu restriktive Konfiguration jedoch, kann die internen Geschäftsprozesse behindern und Einfluss auf die Motivation der Mitarbeiter haben.

Priorisierung der Maßnahmen

Der folgende Ansatz folgt dem Pareto Prinzip, welches besagt, dass 80 % des Ertrages mit 20 % des Aufwandes realisiert werden kann. Angewandt auf die Kosten der ERP-Sicherheit würde es demzufolge bedeuten, dass mit 20 % des Aufwandes, die relevantesten Sicherheitsmaßnahmen zur Sicherung des ERP-Systems umgesetzt sind. Selbstredend sollte es nicht das Ziel eines Unternehmens sein nur die relevantesten 80 % zu erzielen. Jedoch folgt dieser Ansatz einer effizienten Mittelverwendung, da mit einem verhältnismäßig geringen Aufwand ein hoher Nutzen erzielt wird. Dieser Ansatz kombiniert mit einem festen Budget für die ERP-Sicherheit ermöglicht eine sinnvolle Priorisierung der Sicherheitsmaßnahmen im ERP-Umfeld.

Damit die ermittelten Sicherheitsmaßnahmen somit den größtmöglichen Nutzen erzielen, sollten die einzelnen Maßnahmen wie zuvor beschrieben,

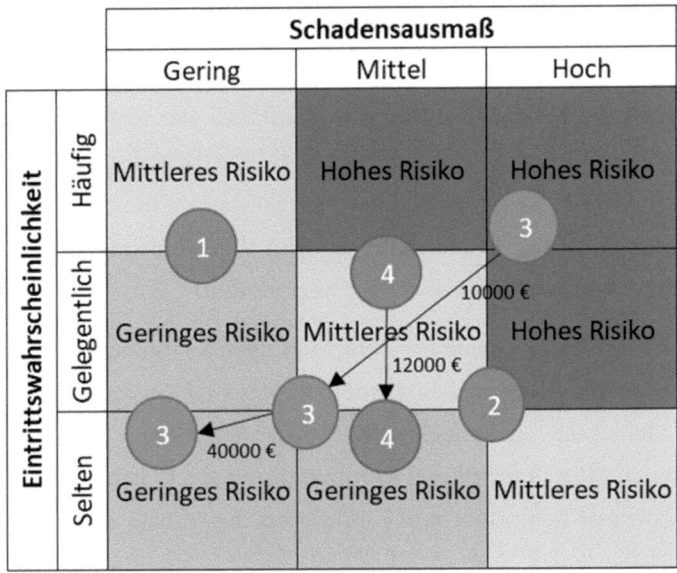

Abbildung 3: Risikoanalyse mit Maßnahmenbewertung

hinsichtlich ihrer Kosten bewertet werden. Diese Bewertung kann anschließend in der Risikoanalyse visualisiert werden.

Wie in Abbildung 3 exemplarisch dargestellt, ist zu erkennen, dass die Investition von 10.000 € einen starken positiven Effekt zur Senkung der Eintrittswahrscheinlichkeit als auch das Schadensausmaß hat. Da die anderen beiden Maßnahmen mit höheren Kosten und einem geringeren Effekt verbunden sind, sollte die zuvor genannte Maßnahme priorisiert werden. Durch dieses Vorgehen wird erreicht, dass das vorgesehene Budget möglichst effizient eingesetzt wird.

Zusätzlich zur Ermittlung der zu priorisierenden Sicherheitsmaßnahmen, kann die Visualisierung auch der Budgetbeschaffung dienen. Denn durch die Visualisierung der Risiken und des Einflusses einzelner Maßnahmen wird der Nutzen einer Investition deutlich und kann zur Freigabe weiterer Mittel durch einen Entscheidungsträger zur Steigerung der ERP-Sicherheit dienen.

Fazit

Wie in der vorliegenden Arbeit dargestellt, existieren vielfältige Bedrohungsszenarien im ERP-Umfeld, welche sich in interne sowie externe unterscheiden lassen. Dabei ist speziell den internen Bedrohungen besondere Aufmerksamkeit zu schenken, da sie einen Großteil der Sicherheitsvorfälle darstellen. Durch die Festlegung einer Eintrittswahrscheinlichkeit und Schadenshöhe zur jeweiligen Bedrohung, kann ein theoretischer Risikowert ermittelt werden, welcher zur Priorisierung der Sicherheitsmaßnahmen eine wichtige Rolle spielen kann. Wenn es jedoch unabhängig von der Eintrittswahrscheinlichkeit zu einem Sicherheitsvorfall kommt, tritt ein Schaden in seiner vollen Schadenshöhe auf. Aus diesem Grund sollte nicht nur der Risikowert bei der Priorisierung der Sicherheitsmaßnahmen eine Rolle spielen, da auch Bedrohungen mit einem überschaubarem Risikowert, bedingt durch eine geringe Eintrittswahrscheinlichkeit verheerende Folgen haben und schlimmstenfalls existenzbedrohend sein können.

Zur Reduzierung des Risikowertes in Form sinkender Eintrittswahrscheinlichkeit bzw. Schadenshöhe, können Sicherheitsmaßnahmen ergriffen werden. Anders als andere Investitionen erwirtschaften Investitionen in die ERP-Sicherheit keine Gewinne, sondern dienen vorrangig der Reduzierung des Risikowertes. Sie sind dann sinnvoll, wenn durch das Ergreifen der Sicherheitsmaßnahme der Risikowert einer Bedrohung in einem stärkeren Umfang sinkt, als die Maßnahme selbst an Kosten verursacht.

Jedoch liegt genau in der Ermittlung, ob die Kosten durch eine Investition sinken, die Schwierigkeit. Genauer liegt die Schwierigkeit schon in der Ermittlung des Risikowertes. Hintergrund ist, dass die Ermittlung der Eintrittswahrscheinlichkeit und Schadenshöhe im heterogenen ERP-Umfeld nur sehr schwierig und selten verlässlich möglich ist. Demzufolge ist der Versuch der Ermittlung nur selten und bedingt sinnvoll. Um jedoch den grundsätzlich richtigen Ansatz der Gegenüberstellung von Risikowert und Kosten der Maßnahme, den auch die RoSI-Methode berücksichtigt, zu verfolgen, können die Bedrohungen auch abstrakt in einer Risikoanalyse dargestellt werden. Dies ermöglicht eine geeignete Visualisierung und Kommunikation der aktuellen Bedrohungslage. Auch der Einfluss geeigneter Sicherheitsmaßnahmen kann, wenngleich nicht genau, in abstrakter Form dargestellt werden.

Da die Ermittlung der Kosten für die relevanten Sicherheitsmaßnahmen entgegen der Ermittlung des Risikowertes deutlich genauer und zuverlässig möglich ist, sollte dieser Bottom-up berechnet und in die Risikoanalyse aufgenommen werden. Dafür spielt auch die Organisation der Maßnahme eine entscheidende Rolle hinsichtlich der Folgekosten. Hier sollte das Optimum zwischen der Anschaffung und Einführung sowie jene Kosten für den laufenden Betrieb berücksichtigt werden. Wird nun unterstellt, dass das Pareto Prinzip auch für die Kosten der ERP-Sicherheit gilt, können der Visualisierung des Einflusses mit den zugehörigen Kosten für die jeweilige Sicherheitsmaßnahme die effizientesten Investitionen abgeleitet werden. Dadurch, dass nacheinander die Maßnahmen mit dem größten Nutzen in Abhängigkeit zu den Kosten der Maßnahme priorisiert wird, ist davon auszugehen, dass die Durchführung sinnvoll ist, sofern das Budget für die ERP-Sicherheit angemessen ist. Ist dies zu hoch angesetzt, werden zunehmend weniger effiziente Maßnahmen durchgeführt. Ist es zu niedrig angesetzt, werden Maßnahmen, die einen hohen Nutzen und verhältnismäßig geringe Kosten verursachen unter Umständen nicht durchgeführt.

Die vorliegende Arbeit hat aufgezeigt, welche Bedrohungen und Sicherheitsmaßnahmen im ERP-Umfeld existieren als auch ein Verfahren aufgezeigt, wie effiziente Investitionen in Sicherheitsmaßnahmen priorisiert werden können, ohne eine umständliche und zwangsläufig ungenaue Ermittlung des Risikowertes vornehmen zu müssen. Nachteil des aufgezeigten Ansatzes jedoch ist, dass für eine sinnvolle Priorisierung der Sicherheitsmaßnahmen ein angemessenes Budget gestellt werden muss, was hier jedoch nicht weiter thematisiert wird. Zur genauen Bewertung einer Maßnahme jedoch ist eine rechnerische Ermittlung wie bei der RoSI-Methode weiterhin unerlässlich. Dabei sollte dann jedoch die Unschärfe eines Ergebnisses berücksichtigt werden.

Verwendete und weiterführende Literatur

Angermeier, D. G., projektmagazin, Berleb Media GmbH, 15. November 2016. [Online]. Available: https://www.projektmagazin.de/. [Zugriff am 01 Juni 2019].

Bartsch, M., et. al., Spionage, Sabotage und Datendiebstahl - Wirtschaftsschutz in der Industie, Bitkom e.V., Berlin, 2018.

Bruns, C., IT & Production Online, TeDo Verlag GmbH, 15 Februar 2019. [Online]. Available: https://www.it-production.com/produktionsmanagement/erp-cyber-angriff-sicherheit/. [Zugriff am 01 Juni 2019].

Bundesamt für Sicherheit in der Informationstechnik, 2014. [Online]. Available: https://www.bsi.bund.de/DE/Themen/ITGrundschutz/ITGrundschutz-Kataloge/Inhalt/_content/g/g05/g05002.html;jsessionid=5F6DF128C66499D9952DD92A397B21E6.2_cid369?nn=66049 68. [Zugriff am 01 Juni 2019].

Bundesamt für Sicherheit in der Informationstechnik, Durchführungskonzept für Penetrationstests, 2003.

Bundeskriminalamt, Lagebericht Cybercrime 2017.

Datenschutzbeauftragter INFO, intersoft consulting services AG, 09 Februar 2017. [Online]. Available: https://www.datenschutzbeauftragter-info.de/berechtigungskonzept-im-unternehmen-richtig-umsetzen/. [Zugriff am 10 Juni 2019].

ERP Cybersecurity, 2017. [Online]. Available: https://erpscan.io/wp-content/uploads/2017/10/Cybersecurity-Trends-2017-ERPScan.pdf. [Zugriff am 14 August 2019].

Filla, S., Liffers J., Storm W., Ulber K., Identifikation und Authentisierung (ABAP-Stack), in Prüfleitfaden SAP ERP 6.0, 2015.

Kara, V., ComputerWeekly, TechTarget Germany GmbH, Mai 2016. [Online]. Available: https://www.computerweekly.com/de/meinung/Patch-Management-Tipps-fuer-die-richtige-Strategie. [Zugriff am 20 Juli 2019].

Kessel, J., Benutzerverwaltung und Sicherheitskonzepte im Geschäftsprozessmanagement, 2013.

Latajka, T.,Handelsblatt, Handelsblatt Media Group & Co. KG, 03 Juli 2018. [Online]. Available: https://unternehmen.handelsblatt.com/sap-berechtigungsmanagement.html. [Zugriff am 19 Juli 2019].

Leimstoll, U., Schubert, P., Eine Studie zum Aktuellen Stand in Schweizer KMU, in Wirtschaftsinformatik 2005, Heidelberg, Physica-Verlag, 2005, p. 1784.

Onapsis Inc., ERP Applications Under Fire - How cyberattackers target the crown jewels, 2018.

Pankov, N., Kaspersky, Kaspersky Labs GmbH, 09 November 2017. [Online]. Available: https://www.kaspersky.de/blog/calculator-financial-report/15216/. [Zugriff am 03 August 2019].

Ponemon Institute, Cost of Data Breach Study, 2018

Prisma Informatik, prisma informatik GmbH, 25 Mai 2016. [Online]. Available: https://www.prisma-informatik.de/erp-blog/2016/05/die-innere-sicherheit-im-erp-system/. [Zugriff am 04 Juni 2019].

Projektmagazin, Risikomatrix, https://www.projektmagazin.de/methoden/risikomatrix. [Zugriff am 04 Juni 2019].

Räther, B., Inway Systems, Inway Systems GmbH, 09 Februar 2018. [Online]. Available: https://www.inway.de/inway-systems-blog/posts/was-ist-ein-erp-testsystem-und-warum-sollten-sie-es-nutzen/. [Zugriff am 28 Juli 2019].

Schaller, T., IT-Sicherheit, Rollen- und Rechtemanagent 4.0, in Digitalisierung - Segen oder Fluch? Springer-Verlag GmbH, 2018.

Schmidt, S., Banzer, F., Return on Security Investment (ROSI), Fachhochschule Ingolstadt, 2007.

She, W., Thuraisingham B., Security for Enterprise Resource Planning Systems, in Information Systems Security, Informa UK Limited, 2007.

Staperior Consulting GmbH, [Online]. Available: https://staperior.de/sap-schnittstellen/. [Zugriff am 04 Juni 2019].

Statistisches Bundesamt, Nutzung von Informations- und Kommunikationstechnologien in Unternehmen - 2017.

Van Holsbeck, M., Johnson, J., Help Net Security, Astus d.o.o., 24 Mai 2004. [Online]. Available: https://www.helpnetsecurity.com/2004/05/24/security-in-an-erp-world/. [Zugriff am 20 Juli 2019].

Verheyen, W., ComputerWeekly, TechTarget Germany GmbH, Juli 2015. [Online]. Available: https://www.computerweekly.com/de/meinung/Fuenf-Tipps-fuer-die-erfolgreiche-ERP-Schulung-von-Mitarbeitern-und-Anwendern. [Zugriff am 21 Juli 2019].

Weis, E., BRANDMAUER IT Security, BRANDMAUER IT GmbH, 11 Juli 2018. [Online]. Available: https://www.brandmauer.de/blog/it-security/schutzziele-der-informationssicherheit. [Zugriff am 17 August 2019].

Wendehost, T., ComputerWeekly, TechTarget Germany GmbH, Mai 2016. [Online]. Available: https://www.computerweekly.com/de/feature/Unternehmen-muessen-bei-der-Planung-von-ERP-Patches-auf-dem-aktuellen-Stand-sein. [Zugriff am 20 Juli 2019].

Werth, T., IT-Onlinemagazin, Sanden Unternehmensberatung GmbH, 13 Juni 2019. [Online]. Available: https://it-onlinemagazin.de/ganzheitliche-sicherheit-fuer-sap-erp/. [Zugriff am 21 Juli 2019].

Kosten der IT-Sicherheit im Smart Home

Autor: Robin Seidel

Einleitung

Problemstellung

Die fortschreitende Digitalisierung bietet immer neue Möglichkeiten sowohl für Unternehmen als auch für Privatpersonen. Digitale Lösungen erhöhen die Produktivität, sorgen für eine größere Reichweite von Produkten, Angeboten und Informationen, erleichtern alltägliche Aufgaben und erhöhen somit den Komfort. Allerdings gehen mit der Digitalisierung auch negative Aspekte einher. So werden Daten zum neuen Handelsgut, werden in Massen und teilweise ohne das Wissen der betreffenden Personen gesammelt, ausgewertet oder sogar weitergegeben. Zudem können sich unbefugte Personen über das Internet Zugang zu angebundenen Geräten verschaffen, Sicherheitslücken ausnutzen und erhebliche monetäre sowie nicht-monetäre Schäden anrichten. Mit der fortschreitenden Digitalisierung steigt auch die Abhängigkeit von den digitalen Lösungen und somit auch die Popularität als Ziel von Kriminellen. Bereits im Jahr 2017 wurde in den vorangegangenen 12 Monaten fast jeder zweite deutsche Internetnutzer Opfer von Cyberkriminalität.[46]

In den vergangenen Jahren wurde im privaten Bereich vor allem das Risiko von Smart Home Geräten medial aufgegriffen, die den Anwender in seinem

---

[46] Vgl. bitkom.org: Cybercrime (26.08.2019).

Alltag unterstützen sollen, aber bereits häufig durch Sicherheitsmängel auffielen. Besonders aktuell sind hierbei die Fälle der Gesprächsauswertung von Sprachassistenten durch Mitarbeiter von Apple, Google und Amazon, die tief in die Privatsphäre von Nutzern eingreifen.

Zielsetzung

Die folgende Arbeit soll die Sicherheit von Smart Home beleuchten. Es stellt sich die Frage: Wie sicher sind Smart Home Geräte aktuell? Wie hoch sind die Kosten für Sicherheitsmaßnahmen im Bereich Smart Home? Zur Beantwortung dieser Fragen sollen häufig auftretende Mängel und die daraus resultierenden Schäden aufgezeigt, sowie mögliche Ursachen und Sicherheitsmaßnahmen erarbeitet werden. Zudem soll eingeschätzt beziehungsweise möglichst berechnet werden, wie groß der Einfluss einer Sicherheitsmaßnahme auf die Kosten des Produktes wäre.

Vorgehensweise

Die Arbeit besteht aus 5 Kapiteln. Zunächst soll durch die Klärung der Begriffe „IT-Sicherheit" und „Smart Home" die theoretische Grundlage für das Thema gelegt werden. Im Anschluss soll die Überschneidung der beiden Gebiete bei der Sicherheit von Smart Home Geräten beleuchtet werden. Hierfür sollen zunächst der Nutzen von Smart Home Geräten aber auch bestehende Probleme vor allem hinsichtlich der IT-Sicherheit erläutert werden. Zu Hilfe gezogen werden hierfür drei aktuelle Fälle in denen Mängel hinsichtlich der Sicherheit von Smart Home Geräten aufgetreten sind. Die entsprechenden Mängel werden anschließend mittels einer Risikoanalyse hinsichtlich ihrer Auswirkungen eingeordnet, bevor mögliche Sicherheitsmaßnahmen aufgezeigt und bewertet werden. Die Maßnahmen sollen vor allem hinsichtlich Ihrer Kosten eingeschätzt und einer der Fälle, die Datenschutzverstöße der Sprachassistenten, konkret beziffert werden.

146

Nach einem Zwischenfazit sollen anhand der analysierten Begebenheiten Gründe gefunden werden, weshalb es noch immer zu Problemen im Bereich der Sicherheit von Smart Home Geräten kommt und weshalb die aufgezeigten Maßnahmen im Vornherein nicht getroffen wurden.

Grundlegende Begrifflichkeiten

IT-Sicherheit

Die Sicherheit von IT-Systemen wird mit dem Begriff IT-Sicherheit beschrieben. Dabei bedeutet die Sicherstellung von IT-Sicherheit den Schutz soziotechnischer Systeme gegen Schäden und Bedrohungen einschließlich des Datenschutzes.[47] Die IT-Sicherheit betrachtet Bedrohungen (Hacker, Schadprogramme etc.) und Schwachstellen (angreifbare Punkte im IT-System oder Umfeld des IT-Systems) aus deren Zusammenspiel Gefährdungen für das System entstehen. Schwachstellen können dabei aus Konzeption, Implementierung, Konfiguration oder auch aus der Bedienung resultieren. Trifft eine Bedrohung auf eine Schwachstelle können Schäden durch Übernahme des Systems, hinsichtlich der Vertraulichkeit von Informationen und Daten, der Verfügbarkeit oder der Integrität von Daten und System entstehen, die sich anschließend monetär sowie nicht-monetär auswirken können. Da eine 100%ige Sicherheit nicht erreichbar ist und zu hohe Sicherheitsanforderungen Prozesse behindern oder unverhältnismäßig hohe Kosten verursachen können, ist es die Aufgabe der IT-Sicherheit abzuwägen welche Sicherheitsmaßnahmen getroffen werden sollten, um das System bestmöglich abzusichern.[48]

---

[47] Vgl. Weis, E.: brandmauer.de (26.08.2019).
[48] Vgl. BSI: Internet-Sicherheit: Einführung, Grundlagen, Vorgehensweise (25.08.2019).

Smart Home

Der Begriff „Smart Home" ist nicht eindeutig definiert. In der Regel meint Smart Home aber Lösungen für technikunterstütztes Wohnen und Leben, wobei mehrere miteinander vernetzte Produkte den Alltag erleichtern sollen. Über Sensoren oder Eingabegeräte wie Tablet, Smartphone oder Sprachassistenten (z.B. Alexa), die mit einem zentralen Gateway verbunden sind, können Endgeräte wie Jalousien, Lampen oder Lautsprecher automatisch gesteuert oder die Bedienung zumindest erleichtert werden. Mit dem Ausdruck „Smart" soll hierbei der Fokus auf das „intelligent[e], intuitiv[e] und sicher[e] [Z]usammenspielen"[49] der Haushaltsgeräte sowie die Anpassbarkeit auf individuelle Bedürfnisse gelegt werden.

Die Kommunikation zwischen Geräten und Gateway kann entweder über Funk, Kabel oder auch Stromnetz erfolgen.[50]

Im Optimalzustand beschreibt der Begriff des Smart Home ein „vollständig vernetztes und intelligentes Haus"[51].

IT-Sicherheit in Smart Home Geräten

Welchen Nutzen haben Smart Home Geräte?

Während ein Smart Home im Großen und Ganzen eine intelligente Steuerung und Automatisierung des privaten Alltags zum Ziel hat, sind einzelne

---

[49] verbraucherzentrale.de: Verbraucherzentrale: Smart Home - Das "intelligente Zuhause" (27.08.2019).
[50] Vgl. verbraucherzentrale.de: Verbraucherzentrale: Smart Home - Das "intelligente Zuhause" (27.08.2019)
[51] verbraucherzentrale.de: Verbraucherzentrale: Smart Home - Das "intelligente Zuhause" (27.08.2019).

Smart Home Geräte von unterschiedlichem Nutzen. So soll die Vereinfachung der Bedienung von Geräten beispielsweise durch Sprachsteuerung der Erhöhung des persönlichen Komforts dienen.

Zusätzlich sollen intelligente, automatisierte Haushaltsgeräte wie beispielsweise Lampen, Waschmaschinen oder Heizungen die Verschwendung von Strom verhindern oder diesen gar zeitlich optimal hinsichtlich der aktuellen Kosten nutzen können. Eine intelligente Waschmaschine kann so zum Beispiel in einer Wohnung mit Tag- und Nachtstrom, den Waschvorgang automatisch erst in der Nacht starten, um Geld zu sparen.

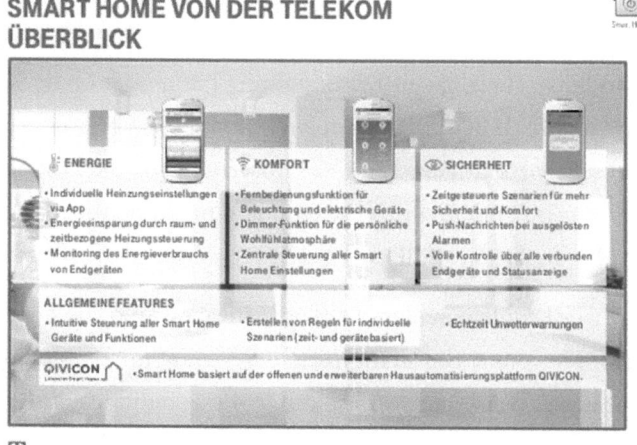

Abbildung 1: Beworbener Nutzen von Smart Home Geräten
(https://www.smarthome.de/, 27.08.2019)

Der dritte Nutzen, mit dem viele Smart Home Geräte beworben werden, ist die Erhöhung der Sicherheit. Intelligente Kameras zur Überwachung, automatisch schließende Fenster oder elektronische Schlösser versprechen eine Erhöhung der Sicherheit des Heims.[52]

Probleme von Smart Home Geräten

Trotz und teilweise auch gerade wegen der vielen verschiedenen beworbenen Funktionen und Vorteile unterliegen Smart Home Geräte auch mehreren Problemen.

Da die Technik des Smart Home ein noch recht junges und in ständiger Weiterentwicklung befindliches Thema darstellt, fehlt es in vielen Bereichen an den notwendigen rechtlichen Regelungen. So ist beispielsweise nicht geregelt, wer dafür haftet, wenn ein smarter Kühlschrank eine fehlerhafte, zum Beispiel viel zu große, Bestellung tätigt oder ob der Kühlschrank überhaupt rechtlich in der Lage ist, eine Bestellung ohne aktives Eingreifen eines Menschen zu tätigen. Eine Voraussetzung für die Festlegung solcher Regelungen wäre zudem zunächst einmal eine einheitliche Definition des Begriffes „Smart Home", die, wie bereits erwähnt, nicht vorhanden ist.

Weiterhin ein Problem stellen die Kompatibilität und die Lebensdauer der Geräte dar. Da gerade die Vernetzung der Geräte miteinander den Gedanken des Smart Home ausmacht, muss diese reibungslos funktionieren. Durch die vielen verschiedenen Anbieter und fehlende einheitliche Regelungen oder Normen im Bereich Smart Home kann dies zwischen Geräten unterschiedlicher Hersteller häufig nicht gewährleistet werden. Zusätzlich sind aufgrund der ständigen Weiterentwicklungen viele Geräte nicht auf eine nachhaltige Lebensdauer ausgelegt, sondern müssen bereits nach kurzer Zeit ausgetauscht werden.

---

[52] Vgl. verbraucherzentrale.de: Verbraucherzentrale: Smart Home - Das "intelligente Zuhause" (27.08.2019).

Zu guter Letzt liegt ein großes Problem vieler Smart Home Geräte im Bereich der Sicherheit. Obwohl einige Geräte wie elektronische Türschlösser oder Kameras gerade diese Sicherheit erhöhen sollen, können diese stattdessen im Gegenteil zum großen Sicherheitsproblem werden. Der Grund hierfür liegt in der häufig mangelnden IT-Sicherheit der Geräte. Durch mangelnde IT-Sicherheit können Unbefugte die Kontrolle über die Geräte übernehmen, Daten abgreifen, Sicherheitsmechanismen wie elektronische Türschlösser gänzlich aushebeln, durch Überwachungssysteme in die Privatsphäre der eigentlichen Besitzer eindringen oder schlicht Kosten verursachen.[53]

Im Folgenden sollen diese Risiken anhand konkreter Vorfälle veranschaulicht werden.

Beispielfälle mangelnder IT-Sicherheit in Smart Home Geräten

Fall 1: Die „Orvibo"-Datenbank

Im Juni 2019 deckten Sicherheitsforscher eine Sicherheitslücke beim chinesischen Hersteller von Smart Home Geräten „Orvibo" auf. Eine Datenbank mit 2 Milliarden Einträgen war frei im Internet zugänglich. Neben privaten Daten wie User- und Familiennamen, E-Mail-Adressen und Standortdaten konnten auch Passwörter und Reset-Codes der Geräte eingesehen werden, ohne dass auch nur ein Passwort eingegeben werden musste. Die Passwörter und Reset-Codes waren zwar nur in MD5-gehashter Form einsehbar, da MD5 allerdings als entschlüsselbar und damit nicht mehr sicher gilt, hätten auch diese Informationen mit ein wenig Aufwand missbräuchlich verwendet werden können.[54]

---

[53] Würth. F.: haus.de (27.08.2019).
[54] Vgl. Winder, D.: forbes.com (27.08.2019).

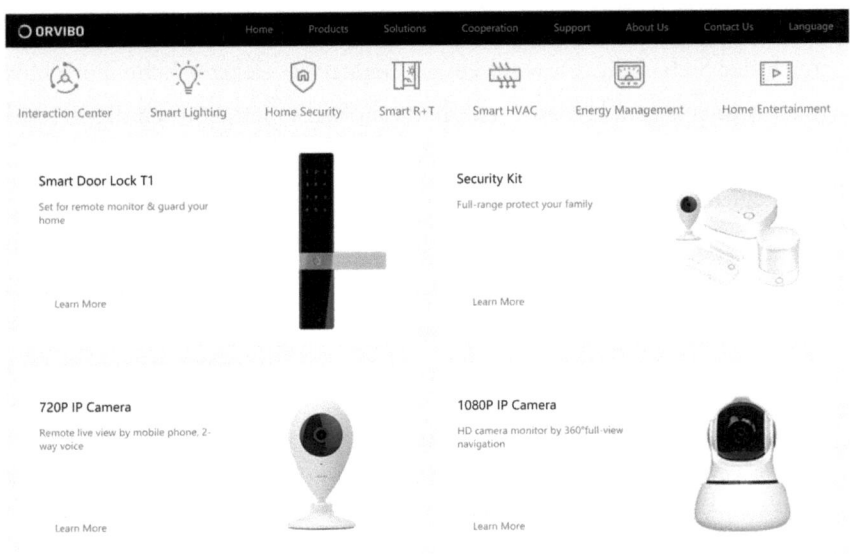

Abbildung 2: Screenshot Orvibo Home Security Portfolio
(https://www.orvibo.com, 27.08.2019)

Mit Hilfe der frei zugänglichen Daten wäre es Unbefugten möglich gewesen jegliche Geräte des Herstellers zu übernehmen, deren Passwörter und E-Mail-Adressen zu ändern und somit den eigentlichen Besitzer komplett aus seinem Gerät auszusperren. Kriminelle könnten so nicht nur die Geräte unbrauchbar machen, sondern diese auch unbemerkt für ihre Zwecke nutzen. Besonders kritisch ist hierbei das Portfolio des Herstellers zu betrachten, dass nicht nur Alltagsgegenstände für Komfort-Zwecke, sondern auch vermeintliche Sicherheitsgeräte beinhaltet. Statt der zusätzlichen Absicherung des Hauses stellten die Geräte also im Gegenteil eine große Sicherheitslücke dar. Mit der Kontrolle über die Geräte hätte sich jedermann unbemerkt und ohne Probleme Zugang zu „gesicherten" Häusern und Wohnungen verschaffen können.

Zusätzlich kritisch stellte sich die Tatsache dar, dass der Hersteller erst über 2 Wochen nach der Information durch die Entdecker der Lücke am 16.6.2019,[55] unmittelbar nach der medialen Veröffentlichung am 2.7.2019[56] auf die Information reagierte und dafür sorgte, dass die Datenbank nun nicht mehr einsehbar ist.

Ob die Daten tatsächlich von Unbefugten entdeckt und verwendet wurden ist unklar, der potenzielle Schaden allerdings wäre für Gerätebesitzer wie für das Unternehmen erheblich gewesen. Während für Kunden neben tiefen Eingriffen in die Privatsphäre beispielsweise durch Abgreifen von Kamerabildern auch große monetäre Schäden in Form von Einbrüchen möglich gewesen wären, hätte das Unternehmen mit großen Imageverlusten und Haftungsklagen rechnen müssen, die aufgrund der Menge potenzieller Opfer (100 Mio. Kunden)[57] mit hoher Wahrscheinlichkeit existenzbedrohend oder sogar existenzvernichtend gewesen wären.

Die Einrichtung geeigneter Sicherheitsmaßnahmen wie Passwortschutz der Datenbank, geeigneter Verschlüsselung der Daten oder im einfachsten Fall lediglich lokaler Zugriffserlaubnis auf die Datenbank, erscheinen stattdessen aufgrund bekannter Technik als kostengünstig.

Fall 2: Brickerbot

Der sogenannte Brickerbot bezeichnet eine Software, die zwischen Ende 2016 und Ende 2017 laut Angaben des Entwicklers etwa 10 Millionen unsichere Smart Home Geräte unbrauchbar gemacht hat.

Die Software testete massenhaft bekannte Standardzugangsdaten inklusive Standardpasswörtern, um Zugang zu den Geräten zu erlangen. Hatte die

---

[55] Vgl. Tremmel, M.: golem.de (27.08.2019).
[56] Vgl. Winder, D.: forbes.com (27.08.2019).
[57] Vgl. Tremmel, M.: golem.de (27.08.2019).

Software ein Gerät gefunden, dass mit einem solchen Standardzugang ausgestattet war, bekam die Software so Zugriff auf das Gerät. Anschließend überschrieb Brickerbot den Speicher des Geräts mit Zufallsdaten und machte es damit funktionsunfähig.

Der Entwickler der Software beabsichtigte mit Hilfe des Brickerbots unsichere Geräte unbrauchbar zu machen bevor Unbefugte sich mit selbiger Methode über die Standardzugangsdaten Zugang verschaffen und größeren Schaden anrichten konnten. Er empfand hierbei also den monetären Schaden für den Kunden durch das nicht mehr brauchbare Gerät als den geringsten potenziell möglichen Schaden. Vor allem der Zusammenschluss der Geräte zu großen Botnetzen, die anschließend für DDoS Angriffe hätten genutzt werden können, sollte verhindert werden. Je nach Art des Geräts hätte der Zugang allerdings auch für Eingriffe in die Privatsphäre oder Einbrüche genutzt werden können.[58]

Der potenzielle Schaden der Sicherheitslücken wäre entsprechend sowohl im monetären als auch im nicht monetären Bereich hoch gewesen, der tatsächliche Schaden beschränkte sich allerdings auf den monetären Wert des unbrauchbar gemachten Geräts.

Mögliche Sicherheitsmaßnahmen wären die individuelle Generierung von Zugangsdaten bereits vor Verkauf des Geräts oder die Sensibilisierung der Käufer die Zugangsdaten nach Inbetriebnahme sofort zu ändern. Zwar bedeutete die individuelle Generierung zusätzlichen Aufwand, während gut sichtbare Informationen für den Kunden auf der Packung nahezu keine zusätzlichen Kosten verursachen würden, doch auch die Entwicklung eines Algorithmus zur Generierung läge wohl monetär weit unter dem potenziellen Schaden für Kunde und Unternehmen.

---

[58] Vgl. Kahle, C.: winfuture.de (25.08.2019).

Fall 3: Mithörende Sprachassistenten

Der wohl aktuellste Fall von Sicherheitsmängeln in Smart Home Geräten bezieht sich auf die, immer größere Beliebtheit gewinnenden, Sprachassistenten wie Alexa, Google Assistant oder Siri. Gerade bei Produkten wie Amazon Echo oder Google Home, die ausschließlich für die Sprachbedienung vorhergesehen sind, werden die Assistenten von Kunden genutzt. Die Geräte reagieren auf Signalworte und sollen im Anschluss mit dem Besitzer interagieren indem sie an das Gerät gestellte Fragen wie beispielsweise „Wie wird das Wetter morgen?" mit Hilfe des Internets beantworten oder Anweisungen wie „Stell das Radio an" ohne weitere physische Interaktion des Anwenders ausführen. Zwar soll durch die Aktivierung mittels des Signalwortes das „Zuhören" der Geräte limitiert werden, da aber auch das Signalwort gehört werden muss, hören die Geräte in der Praxis trotzdem durchgehend bei Gesprächen zu. Lediglich die Aufnahme, Übermittlung und Verarbeitung des Gesagten ist auf Interaktionen nach Aktivierung durch das Signalwort beschränkt.

Wie nun bekannt wurde, werden die übermittelten Gespräche allerdings nicht nur vom Gerät selbst ausgewertet, um eine Antwort zu geben oder die Anweisung auszuführen. Stattdessen wird das Gesagte auch von Mitarbeitern der Unternehmen Apple, Google und Amazon angehört, mitgeschrieben und ausgewertet. Die Unternehmen begründen dieses Vorgehen mit der Notwendigkeit zur Verbesserung der Spracherkennung. Kritisch ist hierbei allerdings, dass somit die Gespräche nicht nur von technischen Geräten, sondern von Menschen mitgehört werden. Dass damit reale Personen ihre privaten Gespräche hören war Anwendern zuvor nicht bekannt und kann als Eingriff in die Privatsphäre gesehen und vom Kunden als nicht monetärer Schaden gewertet werden.

Zwar geben die Unternehmen an, dass ausschließlich Gespräche nach Aktivierung durch das Signalwort, also vermeintlich nur direkte Konversationen mit dem entsprechenden Gerät ausgewertet würden, die vielbeobachtete Tatsache, dass die Geräte zuweilen auch andere Worte als das Signalwort verstehen und sich aktivieren lässt dennoch die Möglichkeit offen, dass auch Konversationen, die nicht mit dem Gerät in Verbindung stehen, ausgewertet werden.[59]

Risikoanalyse

Risikoanalysen dienen dazu, Risiken und eventuell mögliche Präventionsmaßnahmen einzuschätzen. Auch im BSI Grundschutz ist diese in BSI-Standard 200-3 vorgesehen. Anhand der vorgestellten realen Fälle soll nun eine grobe Risikoanalyse für die entsprechenden Risiken durchgeführt werden, um diese und die zur Vermeidung notwendig gewesenen Maßnahmen einzuschätzen bzw. zu vergleichen. Gemeint ist im Folgenden für jede Sicherheitslücke das Ausnutzen dieser durch Unbefugte. Ist von der Auftrittswahrscheinlichkeit des Sicherheitsmangels „Ungeschützte Datenbank" die Rede, ist entsprechend nicht die Wahrscheinlichkeit gemeint wie oft die Sicherheitslücke einer ungeschützten Datenbank auftritt, sondern wie wahrscheinlich es ist, dass eine solche Sicherheitslücke von Unbefugten ausgenutzt wird, wenn sie besteht.

---

[59] Vgl. van Hee et al.: vrt.be (27.08.2019).

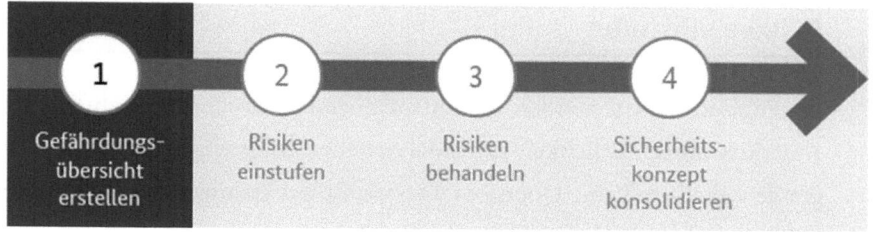

Abbildung 3: Vorgehen Risikoanalyse nach BSI Grundschutz

Gefährdungsübersicht

Im ersten Schritt werden aus den Fällen die konkreten Sicherheitsmängel analysiert.[60] Aus den vorliegenden Fällen sind das:

- Ungeschützter Server/Datenbanken
- Unverschlüsselte Speicherung von Passwörtern
- Ausnutzen von Standardzugangsdaten
- Ungewolltes Mithören/Mitschreiben privater Gespräche

Zusätzliche häufige Sicherheitsmängel, die allerdings in den erläuterten Fällen nicht die expliziten Probleme darstellten, sind außerdem zum Beispiel:

- Unverschlüsselte Kommunikation zwischen Geräten
- Unverschlüsselte Updates
- Ausnutzen von Programmierfehlern/Exploits[61]

---

[60] Vgl. Bundesamt für Sicherheit in der Informationstechnik: IT-Grundschutz-Schulung – Lerneinheit 7.4: Gefährdungsübersicht anlegen (30.08.2019).
[61] Vgl. Bundesamt für Sicherheit in der Informationstechnik: IT-Grundschutz-Schulung – Lerneinheit 7.4: Gefährdungsübersicht anlegen (30.08.2019).

Risiken einstufen

Im zweiten Schritt werden die entsprechenden Risiken hinsichtlich ihrer Auftrittswahrscheinlichkeit sowie der Schadenshöhe eingeschätzt.[62] Die folgende Tabelle soll eine Übersicht über die Einschätzungen der Wahrscheinlichkeiten sowie Anhaltspunkte der Begründung geben.

Sicherheitsmangel	Wahrscheinlichkeit des Ausnutzens	Begründung
Ungeschützter Server/Datenbank (Fall 1 – Orvibo-Datenbank)	Sehr hoch	Keinerlei Aufwand für den Unbefugten. Wenn die Datenbank entdeckt wird liegen alle Informationen offen und können missbräuchlich verwendet werden.
Unverschlüsselte Speicherung von Passwörtern (Fall 1 – Orvibo-Datenbank)	Mittel (bei verschlüsselter Datenbank, Mitarbeiter mit Berechtigungen zum Einsehen der Datenbank könnten dennoch Passwörter missbrauchen) bis sehr hoch (bei unverschlüsselter Datenbank)	Gerade Passwörter sind als Schlüssel zu den Geräten wertvoll. Sind diese gar nicht oder nur unzureichend verschlüsselt und wie im vorliegenden Fall auch noch in einer ungeschützten Datenbank abgelegt, sind sie der Hauptgewinn für jeden Kriminellen.

---

[62] Vgl. Bundesamt für Sicherheit in der Informationstechnik: IT-Grundschutz-Schulung – Lerneinheit 7.6: Häufigkeit und Auswirkungen einschätzen (30.08.2019).

Sicherheitsmangel	Wahrscheinlichkeit des Ausnutzens	Begründung
Ausnutzen von Standardpasswörtern (Fall 2 – Brickerbot)	Hoch	Da im Internet ganze Listen von Standardzugangsdaten für Geräteserien kursieren[63], ist der Beschaffungsaufwand hierfür gering. Mit Hilfe von Botprogrammen können diese wie im Fall des Brickerbots einfach ausprobiert werden und verschaffen den vollen Zugriff auf das Gerät.
Ungewolltes Mithören/Mitschreiben privater Gespräche (Fall 3 – mithörende Sprachassistenten)	Niedrig bis mittel (Wahrscheinlichkeit dafür, dass das eigene persönliche Gespräch betroffen ist)	Die betroffenen Unternehmen geben an, dass lediglich direkte Kommunikation mit den Sprachassistenten ausgewertet wird. Durch die Fehlinterpretation von (nicht gesagten) Signalwörtern können allerdings dennoch private Gespräche ausgewertet werden. Auch die Aussage der Unternehmen, dass Mitarbeiter angewiesen seien bei zu privaten Themen die Analyse zu beenden minimiert das Risiko, kann aber dennoch missachtet werden.

---

[63] Vgl. Cirt.net: Default Passwords (28.08.2019).

Sicherheitsmangel	Wahrscheinlichkeit des Ausnutzens	Begründung
Unverschlüsselte Kommunikation zwischen Geräten	Mittel bis hoch	Das Abfangen (und ggf. verändern) der Kommunikation zwischen Geräten erscheint aufwendiger als die zuvor genannten Methoden. Dennoch kann auch dies ausgenutzt werden, um beispielsweise Zugangsdaten abzufangen und so Zugang zu Geräten zu erhalten.
Unverschlüsselte Updates	Mittel bis hoch	Ebenso wie bei unverschlüsselter Kommunikation erscheint der Aufwand größer, dennoch ist es möglich und erfolgsversprechend Update-Pakete abzufangen und beispielsweise so zu verändern, dass Geräte unbrauchbar werden oder auf diese Weise eine Hintertür einzubauen.

Sicherheitsmangel	Wahrscheinlichkeit des Ausnutzens	Begründung
Ausnutzen von Programmierfehlern/Exploits	Niedrig	Der Aufwand zum Auffinden von Programmierfehlern und Exploits ist in den meisten Fällen hoch. Dass kleinere Programmierfehler gezielt gesucht und gefunden werden und tatsächlich auch nutzbar sind erscheint eher unwahrscheinlich im Vergleich zu den bereits genannten offensichtlichen Mängeln.

Tabelle 1: Wahrscheinlichkeiten des Ausnutzens der Sicherheitsmängel

In der zweiten Tabelle sollen ebenso die Schadenshöhen eingeschätzt und erläutert werden.

Sicherheitsmangel	Potenzielle Schadenshöhe	Begründung
Ungeschützter Server/Datenbank (Fall 1 – Orvibo-Datenbank)	Sehr hoch	Es kann auf sämtliche gespeicherte Informationen zugegriffen werden, sowohl auf persönliche Daten als auch auf Zugangsdaten der Geräte. Für den Anwender können sowohl nicht-monetäre Schäden durch beispielsweise Datendiebstahl oder Ausspähen bzw. Abhören über Smart Home Geräte entstehen als auch

Sicherheitsmangel	Potenzielle Schadenshöhe	Begründung
		erhebliche monetäre Schäden, wenn Sicherheitsvorrichtungen für Einbrüche ausgehebelt werden.
		Aufgrund des hohen Schadens für den Kunden muss auch das verantwortliche Unternehmen (im vorliegenden Fall Orvibo) mit großem Image-Verlust und ggf. auch Klagen rechnen.
		Zusätzlich können die Geräte ebenfalls zum Hilfsmittel für Cyberkriminelle werden, indem diese zu einem Botnetz zusammengeschaltet werden und beispielsweise durch DDoS-Attacken wiederum Schäden anrichten.[64]
		Ob die Sicherheitslücke im konkreten Fall der Orvibo-Datenbank Schäden verursacht hat ist nicht bekannt.
Unverschlüsselte Speicherung von Passwörtern (Fall 1 – Orvibo-Datenbank)	Sehr hoch	Ebenso wie im Falle der unverschlüsselten Datenbank kann der Zugriff auf die Smart Home Geräte gewonnen und in die Privatsphäre der Besitzer eingedrungen sowie die Sicherheitsvorkehrungen umgangen werden. Auch die Zusammenschaltung zu einem Botnetz ist möglich.

---

[64] Gierow, H.: golem.de (26.08.2019).

Sicherheits-mangel	Potenzi-elle Scha-denshöhe	Begründung
Ausnutzen von Standard-passwörtern (Fall 2 – Bri-ckerbot)	<u>Sehr hoch</u>	Wie bei den vorangegangenen beiden Män-geln kann auch hier die volle Kontrolle über die Geräte gewonnen werden. Das Wirken von Brickerbot, der innerhalb eines Jahres 10 Millionen Geräte lahmlegte[65], verdeutlicht wie effektiv und effizient diese Sicherheitslücke ausgenutzt werden kann. Im konkreten Fall des Brickerbots begrenzte sich der Schaden auf den Wert der Geräte, der potenzielle Schaden jedoch hätte wie bei den vorangegangenen Sicherheitsmängeln deutlich höher liegen können.
Ungewolltes Mithö-ren/Mitschrei-ben privater Gespräche (Fall 3 – mit-hörende Sprachassis-tenten)	<u>Hoch</u>	Der Schaden mitgehörter persönlicher Gesprä-che beschränkt sich auf die Störung der Pri-vatsphäre des Kunden. Je nach eigenem Emp-finden kann dies vom Kunden unterschiedlich gravierend wahrgenommen werden. Durch den medialen Aufschrei allein ergibt sich allerdings für die betroffenen Unterneh-men ein Image-Schaden und möglicherweise ein Hemmnis beim Kunden die Geräte weiter zu kaufen oder zu verwenden und damit auch

---

[65] Vgl. Kahle, C.: winfuture.de (25.08.2019).

Sicherheits-mangel	Potenzielle Schadenshöhe	Begründung
		ein monetärer Schaden. Zudem können Strafen aufgrund von Datenschutzverstößen weiteren Schaden verursachen.
Unverschlüsselte Kommunikation zwischen Geräten	Mittel	Da durch das Abfangen der Kommunikation ebenfalls die Kontrolle über Geräte erlangt werden kann, kann gerade bei Sicherheits-Gadgets der Schaden für den Kunden sowohl monetär als auch nicht-monetär enorm sein. Aufgrund der notwendigen Anwesenheit „zur rechten Zeit am rechten Ort" ist es allerdings schwierig diese Sicherheitslücke massenhaft auszunutzen und die Opferzahl dadurch eher gering[66], was den monetären Schaden für ein Unternehmen durch z.B. Haftungsklagen in Grenzen halten dürfte. Image-Schäden hingegen entstehen bereits durch die alleinige Möglichkeit, dass die Lücke ausgenutzt werden könnte.
Unverschlüsselte Updates	Mittel	Der Schaden durch die Manipulation unverschlüsselter Updates ist ähnlich des vorherigen Abfangens der Kommunikation nur in begrenztem Umfang möglich und hält deshalb die Opferzahl in Grenzen.[67]

---

[66] Mahn: heise.de (27.08.2019).
[67] Vgl. Thoma, J.: golem.de (27.08.2019).

Sicherheits- mangel	Potenzi- elle Scha- denshöhe	Begründung
Ausnutzen von Program- mierfeh- lern/Exploits	<u>Unter- schiedlich</u>	Je nach Art und Umfang des Fehlers oder Ex- ploits kann das Ausnutzen dieser unterschied- liche Ausmaße annehmen. Die potenzielle Opferzahl erstreckt sich auf alle Geräte, die die gleiche Software nutzen, da alle durch den gleichen Fehler angreifbar sind

Tabelle 2: Einschätzung der Schadenshöhen der Sicherheitsmängel

Im Anschluss an die Einschätzung von Wahrscheinlichkeiten und Schadenshöhen können die einzelnen Risiken anhand einer Risikomatrix in Risikokategorien eingeteilt werden. In der folgenden Risikomatrix sind die behandelten Risiken nach der vorgenommenen Einschätzung eingepflegt.

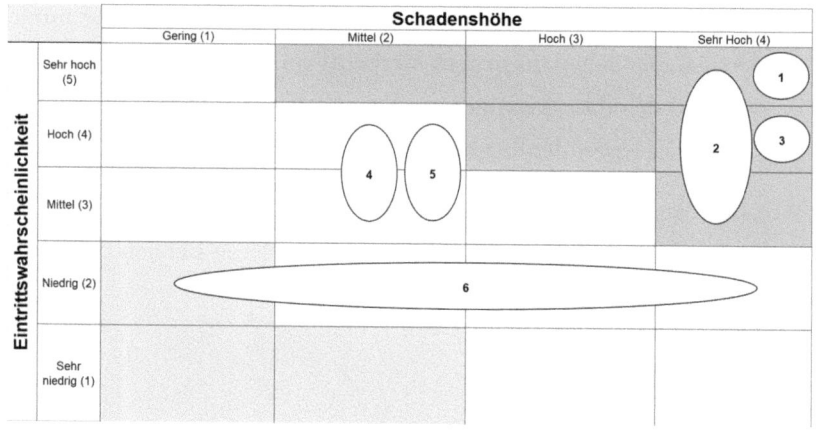

Abbildung 4: Risikomatrix nach BSI IT-Grundschutz Schulung

Die nummerierten Ovale 1-6 markieren die einzelnen Risiken: [68]

1 = Ungeschützter Server/Datenbank

2 = Unverschlüsselte Speicherung von Passwörtern

3 = Ausnutzen von Standardpasswörtern

4 = Unverschlüsselte Kommunikation zwischen Geräten

5 = Unverschlüsselte Updates

6 = Ausnutzen von Programmierfehlern/Exploits

Die Größe der Ovale markiert lediglich übergreifende Kategorisierungen (z.B. „mittel -hoch") und hat keine weitere Bedeutung.

Die Einordnung der Abhörung durch die Sprachassistenten bzw. im Hintergrund mithörende und mitschreibende Mitarbeiter ist aus dieser Kategorisierung ausgelassen, da die Schadenshöhe für den einzelnen sehr individuell und der Schaden für das Unternehmen nahezu vollständig unabhängig von der Wahrscheinlichkeit, dass tatsächlich private Gespräche mitgehört werden, ist. Der Schaden entsteht hierbei allein durch die vorhandene Möglichkeit und den dazugehörigen medialen Aufschrei (sowie ggf. Strafen wegen Verstoßes gegen den Datenschutz).

Wie im Diagramm sichtbar ist, stellen die Risiken 1-3 erhebliche Sicherheitsmängel dar, während die Fälle 4-6 im mittleren Bereich der Risikokategorien anzusiedeln sind.

---

[68] Bundesamt für Sicherheit in der Informationstechnik: IT-Grundschutz-Schulung – Lerneinheit 7.7: Risiken bewerten (30.08.2019).

Risikobehandlung

Im folgenden Schritt der Risikoanalyse, sollen die Risiken „behandelt" werden. Dabei gibt es verschiedene Ansätze wie mit den erkannten Risiken umgegangen werden kann:

1. Vermeidung durch Umstrukturierung der Prozesse
   - ➢ Andere Maßnahmen wären möglich, aber teuer, Risiko wäre weiterhin unakzeptabel hoch, Prozesse verändern effektiver
2. Risikoreduktion durch zusätzliche Sicherheitsmaßnahmen
   - ➢ Risiken können durch akzeptablen Aufwand auf ein ebenfalls akzeptables Maß verringert werden
3. Risikotransfer
   - ➢ Verlagerung der Risiken, wenn Aufwand zu hoch oder Wahrscheinlichkeit gering aber Schadenshöhe hoch
4. Risikoakzeptanz
   - ➢ Keine Maßnahmen, da keine Maßnahmen bekannt, Aufwand zu hoch oder Wahrscheinlichkeit niedrig + Schadenshöhe gering[69]

Wäre zu den jeweiligen besprochenen Fällen bereits im Vorhinein eine Risikoanalyse gemacht worden, so müsste nun davon ausgegangen werden, dass alle Unternehmen sich in diesen Fällen für das vierte Vorgehen entschieden und das Risiko akzeptiert haben.

Im Folgenden sollen nun allerdings in Bezug auf Punkt 2 mögliche Sicherheitsmaßnahmen gefunden und bewertet werden, um zu überprüfen, ob eine Verbesserung durch geeignete IT-Security Maßnahmen nicht doch als

---

[69] Vgl. Bundesamt für Sicherheit in der Informationstechnik: IT-Grundschutz-Schulung – Lerneinheit 7.9: Risiken behandeln (30.08.2019).

möglich erschienen wäre. Hierfür soll erneut eine Tabelle Maßnahmen sowie die Einschätzung des Aufwandes und die Begründung hierfür veranschaulichen.

Sicherheitslücke	Maßnahme	Kosteneinschätzung	Begründung
Ungeschützter Server/Datenbank (Fall 1 – Orvibo-Datenbank)	Datenbank verschlüsseln, nur lokalen Zugriff erlauben	<u>Gering</u>	Da geeignete Verschlüsselungsverfahren bekannt sind und der Zugriff auf die Datenbank alternativ auch auf lokalen Zugriff beschränkt werden kann, wäre der Aufwand bzw. die Kosten einer Maßnahme gering. Beide Maßnahmen würden das Risiko eines Missbrauchs der Datenbankdaten stark verringern. Bei Verschlüsselung bliebe lediglich ein geringes Risiko, dass diese (in Zukunft) geknackt werden kann, bei lokalem Zugriff könnten lediglich Mitarbeiter die Daten missbrauchen. Eine zusätzliche Verschlüsselte bzw. gehashte Speicherung der Daten würde ebenfalls keinen großen Aufwand

Sicherheits-lücke	Maßnahme	Kosten-einschät-zung	Begründung
			bedeuten, das Risiko aber weiter deutlich reduzieren.
Unverschlüsselte Speicherung von Passwörtern (Fall 1 – Orvibo-Datenbank)	Verschlüsselte / gehashte Speicherung der Passwörter	**Gering bis mittel**	Wie bereits im vorherigen Punkt erwähnt, würde die Verschlüsselung der Datenbankinhalte zusätzliche Sicherheit bieten. Sichere Verfahren sind bekannt, bedürften also keines großen Entwicklungsaufwandes. Je sicherer das Verfahren, desto höher wäre ggf. der Aufwand. Zusammen mit der zusätzlichen Verschlüsselung/lokalen Zugriffslimitierung der Datenbank wäre das Risiko deutlich reduziert
Ausnutzen von Standardpasswörtern (Fall 2 – Brickerbot)	Individuelle Generierung der Zugangsdaten, Nutzersensibilisierung oder Änderungszwang für die Zugangsdaten	**Gering bis mittel**	Um zu verhindern, dass Geräte ihre bekannten Standardzugangsdaten behalten und so von Kriminellen übernommen werden können, könnte im Idealfall bereits von Beginn an ein individuell generiertes Passwort für jedes Gerät erstellt werden. Hierfür müsste allerdings ein eigener

Sicherheits-lücke	Maßnahme	Kosten-einschät-zung	Begründung
	nach Einrichtung des Geräts		und geheimer Algorithmus entwickelt werden, der möglichst auch nicht oder nur mit großem Aufwand durch Abgleich mehrerer generierter Daten zu entschlüsseln ist. Der hierfür zu tätigende Aufwand würde wohl im mittleren Bereich liegen. Alternativ könnte beim User angesetzt werden, der entweder durch Sensibilisierung auf das Risiko und die Behebungsmaßnahme „Änderung der Zugangsdaten" aufmerksam gemacht oder besser noch durch eine unumgängliche Änderungsaufforderung bei der Einrichtung dazu gezwungen wird. Die Kosten hierfür wären wohl gering.
Unverschlüsselte Kommunikation zwischen Geräten	Verschlüsselung der Kommunikation	**Gering bis mittel**	Ebenso wie bei der Speicherung der Passwörter und Datenbankinhalte wäre eine Verschlüsselung notwendig, die das Risiko deutlich senkt und

Sicherheits-lücke	Maßnahme	Kosten-einschät-zung	Begründung
			dank der vorhandenen Techniken keinen allzu großen Aufwand darstellen dürfte.
Unverschlüsselte Updates	Verschlüsselung der Updatedateien	**Gering bis mittel**	Auch Updates könnten ohne großen Aufwand verschlüsselt werden
Ausnutzen von Programmierfehlern/Exploits	Updates, Vorabidentifikation mittels Hacking Teams	**Mittel bis hoch**	Um die Ausnutzung von Programmierfehlern und Exploits zu verhindern, müssen schnelle Updates nach gefundenen Fehlern sichergestellt werden. Da bis zum Entdecken der Fehler dieser aber schon ausgenutzt worden sein könnte, müsste zur tatsächlichen Prävention der Fehler bereits vor dem Rollout der Software oder zumindest innerhalb möglichst kurzer Zeit danach gefunden werden. Hierbei helfen könnten spezialisierte Hacking-Teams, deren Kosten allerdings wohl in einen höheren Bereich fallen.

Sicherheits-lücke	Maßnahme	Kosten-einschät-zung	Begründung
Ungewolltes Mithö-ren/Mit-schreiben privater Ge-spräche (Fall 3 – mithö-rende Sprachassis-tenten)	Unterlassung des Mitschrei-bens oder Wahl für den User durch Opt-In bzw. Opt-Out	<u>**Gering**</u> (siehe 3.4.3.1)	Da das Risiko von den Unter-nehmen selbst ausgelöst wird, indem die Gespräche mitge-hört und -geschrieben wer-den, könnte dieses durch Un-terlassung des Vorgehens ein-fach beseitigt werden. Alter-nativ könnte eine Opt-In bzw. Opt-Out Funktion ein-gebaut werden, die es dem U-ser freistellt, ob dieser die Er-laubnis hierfür erteilt oder nicht. Die Kosten hierfür wären (ins Verhältnis zu den Betroffenen Unternehmen gesetzt) ver-gleichsweise gering.

Tabelle 3: Kosteneinschätzung der Sicherheitsmaßnahmen

Um die vorgenommene Einschätzung der Maßnahmenkosten besser zu ver-anschaulichen bzw. greifbar zu machen, soll folgend ein Versuch unternom-men werden die Kosten, die die Maßnahme der „Unterlassung des Mithö-rens" im letztgenannten Sprachassistenten-Fall abstrakt betrachtet kosten würde, zu beziffern

Versuch der Bezifferung der Kosten für den Datenschutz im Sprachassistenten (Fall 3)

Für den Versuch einer Bezifferung der Kosten werden die folgenden Angaben verwendet:

- Google gibt an, dass 0,2% aller Gespräche von Mitarbeitern mitgehört bzw. mitgeschrieben werden.[70] Diese Angabe wird für die Rechnung Synonym auf Amazon übertragen.
- Alexa-Geräte wurden weltweit über 100 Mio. mal verkauft[71] (zum Google Assistant gibt es keine Angaben)

Zusätzlich werden folgende, als möglich angesehene, Annahmen getroffen:

- Jedes Gerät nimmt pro Tag 2 Gespräche auf
- Ein aufgenommenes Gespräch dauert durchschnittlich 20 Sekunden
- Statt die Gespräche aufzunehmen, könnten Mitarbeiter bezahlt werden, welche die gleiche auswertbare Menge Material produzieren oder aber die Benutzer für die Auswertung ihres Materials bezahlt werden
- Die Bezahlung in diesem Fall beliefe sich auf den aktuellen deutschen Mindestlohn von 9,19€[72] zzgl. 30% Nebenkosten

Hieraus ergibt sich die folgende Rechnung (Rundung auf 2 Nachkommastellen):

- Mit 100 Mio. Geräten und 2 Gesprächen pro Tag ergeben sich 200 Mio. Gespräche mit Alexa-Geräten pro Tag (100.000.000 * 2 = 200.000.000)

---

[70] Vgl. Hurtz, T.: sueddeutsche.de (29.08.2019).
[71] Dpa: handelsblatt.com (24.08.2019).
[72] Vgl. Deutscher Gewerkschaftsbund: Was ändert sich 2019 beim Mindestlohn? (26.08.2019).

- Aus 200 Mio. Gesprächen werden bei der Mithörquote von 0,2% letztendlich 400.000 Gespräche von Menschen mitgehört (200.000.000 * 0,002 = 400.000)
- Für 400.000 mitgehörte Gespräche mit einer Durchschnittslänge von 20 Sekunden ergibt sich ein Material von ca. 2222,22 Stunden pro Tag (400.000 * 20s = 8.000.000s = 133.333,33min = 2.222,22h)
- 2.222,22 Stunden, abgegolten mit 9,19€/h zzgl. 30% Nebenkosten ergeben Kosten von ca. 26.548,86€ pro Tag (2222,22 * (9,19€ * 1,3) = 26.548,86€)
- Aus 26.548,86€ Kosten pro Tag ergeben sich ca. 9.690.334,75€ jährliche Kosten (26.548,86€ * 365 = 9.690.334,75€)
- Umgerechnet auf die 100.000.000 verkauften Geräte würden sich die jährlichen Kosten, die durch die Maßnahme pro Gerät anfallen auf 0,097€ belaufen (9.690.334,75 / 100.000.000 = 0,097)

Eine Unterlassung des Mithörens durch Mitarbeiter der Hersteller würde die Unternehmen also unter den getroffenen Annahmen ca. 9,69 Mio.€ kosten. Betrachtet man die Größe der Unternehmen oder den Einfluss auf den Kaufpreis der einzelnen Geräte kann festgestellt werden, dass die Höhe des Aufwandes sehr gering ausfällt und eine Unterlassung im Rahmen des möglichen wäre. Zu berücksichtigen ist in diesem Zusammenhang allerdings, dass das Szenario der Anstellung von Mitarbeitern, die das auswertbare Material anstelle von Nutzern produzieren, nur einen theoretischen Wert zulässt, da tatsächlich im Alltag der Nutzer entstandene Aufnahmen in der Praxis einen höheren Wert haben dürften als bei gestellten Situationen produzierte Aufnahmen der Mitarbeiter.

Zwischenfazit zur Risikoanalyse

Nach Durchführung der Risikoanalyse zu den häufigen Sicherheitsmängeln in Smart Home Geräten, fällt auf, dass viele der Mängel ein hohes Schadenspotenzial haben und teilweise so gravierend sind, dass sie Kriminellen ohne großen Aufwand das Ausnutzen der Sicherheitslücke ermöglichen. Unverschlüsselte Datenbanken, Kommunikationen oder Updates, einhergehend mit der Speicherung von Daten in unverschlüsseltem bzw. ungehashtem Zustand, können eine Goldgrube für Kriminelle sein und sind gerade bei Geräten, die eigentlich die Sicherheit des Heims verbessern sollen, besonders kritisch.

Betrachtet man zudem, dass gerade in den kritischsten Fällen eine deutliche Verminderung des Risikos auf einfache und kostengünstige Weise möglich wäre, drängt sich die Frage auf weshalb diese Maßnahmen dennoch nicht getroffen werden.

Erklärungsansätze hierfür sollen im nächsten Kapitel gefunden werden.

Gründe für mangelnde IT-Sicherheit

Wie im vorherigen Kapitel deutlich wurde, werden im Bereich Smart Home häufig Sicherheitsmaßnahmen unterlassen, obwohl diese das Risiko von Sicherheitsmängeln stark reduzieren würden und gleichzeitig hinsichtlich des Aufwands und im Verhältnis zu den erzielten Gewinnen nicht allzu schwer ins Gewicht fielen. Da zu hohe Kosten daher als Grund für fehlende Sicherheitsmaßnahmen in den meisten Fällen ausgeschlossen werden können, sollen folgend mögliche Erklärungen gefunden werden.

Entwicklungsstand

Eine mögliche Erklärung für die Unterlassung des Einbaus von Sicherheits-maßnahmen ist der Stand der Entwicklung von Smart Home Geräten. Betrachtet man den Gartner Hype Cycle von 2017 sowie 2018 ist zu erkennen, dass die Einschätzung des Entwicklungsstands der „Connected Home" (wird synonym zu „Smart Home verwendet[73]) Technologie im betrachteten Zeitraum den „Peak of inflated expectations" erreicht und überschritten hat.

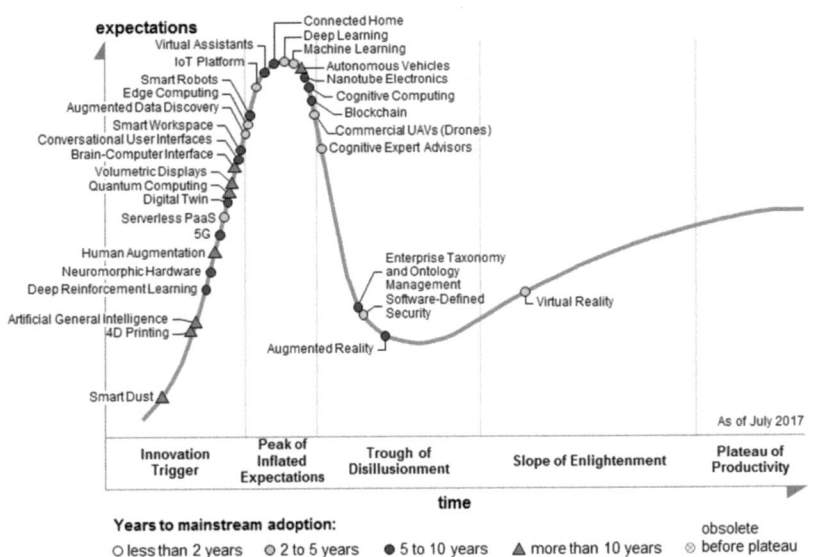

Abbildung 5: Gartner Hype Cycle 2017

Die neue aufgekommene Technologie hatte also in den vergangenen Jahren den Höhepunkt ihrer Hype-Phase. In dieser Phase sehen viele Unternehmen und Privatpersonen große Chancen für die Technologie, weshalb sie

---

[73] Vgl. Brown, D.: usatoday.com (28.08.2019).

dieser Euphorie und hohe Erwartungen entgegenbringen. Die Euphorie der Verbraucher versuchen viele Unternehmen zu nutzen, um als „Trittbrettfahrer"[74] ihre Produkte abzusetzen. Um noch rechtzeitig in den boomenden Markt einzusteigen, bleibt zum einen nicht viel Entwicklungszeit, zum anderen bringt der Anwender der Technik im Allgemeinen einen so großen Enthusiasmus entgegen, dass auch unausgereifte Produkte gekauft werden.

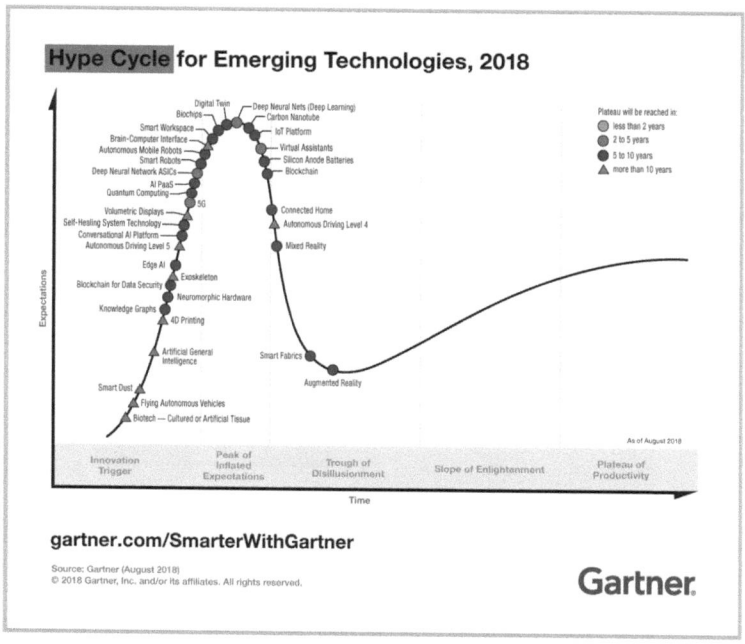

Abbildung 6: Gartner Hype Cycle 2018

Erst im Höhepunkt des Hypes werden die Probleme erkannt, aus der eine Enttäuschung und ein regelrechtes „fallen []lassen"[75] resultiert. Die Beach-

---

[74] Meyer, C. et al.: channelcast.de (29.08.2019).
[75] Meyer, C. et al.: channelcast.de (29.08.2019).

tung der Technologie nimmt ab, während diese allerdings dennoch weiterentwickelt wird und mit der Zeit produktive und überzeugende Umsetzungen erreicht.[76] Überträgt man diesen Verlauf auf die Entwicklung von Smart Home so wird deutlich, dass Unternehmen in den letzten Jahren unausgereifte Produkte auf den Markt gebracht haben, um zum einen die Zeit des Hypes der Technologie zu nutzen und zum anderen weil dem Anwender selbst, aufgrund des übertriebenen Enthusiasmus gegenüber der Technologie, das Bewusstsein für Themen wie Sicherheit fehlte. Zwar wären die notwendigen Sicherheitsmaßnahmen in vielen Fällen hinsichtlich ihrer Kosten umsetzbar, sie genießen aber bei Unternehmen wie Käufern geringe Priorität. Dies spiegelt sich auch in einer Studie der EU zur Softwareentwicklung im Bereich Smart Home wieder, bei der der Bereich Cybersecurity mit nur 10% auf einem der untersten Plätze liegt.

Figure 27. Software development for smart home application. Share of labs that are active in smart home and software applications.

Abbildung 7: EU-Studie zur Softwareentwicklung im Bereich Smart Home[77]

---

[76] Vgl. Meyer, C. et al.: channelcast.de (29.08.2019).
[77] Andreadou et al., Smart grid laboratories inventory 2018 (25.08.2019).

Nachdem der Hype laut Gartner nun beendet ist, fallen dem Anwender auch Probleme im Bereich der Sicherheit auf und die Hersteller sind gezwungen auf diese zu reagieren. Das beste Beispiel hierfür ist das angesprochene Mithören der Aufnahmen von Sprachassistenten durch Mitarbeiter aller drei großen Hersteller. Obwohl ein solches Vorgehen naheliegend war (Machine learning funktioniert über Beispieldaten, die durch das Vorgehen eingegeben bzw. korrigiert wurden), nutzten alle drei Hersteller das Desinteresse der breiten Öffentlichkeit für ihre Zwecke aus. Die Tatsache, dass während der Endphase dieser Arbeit alle 3 Unternehmen das generelle Mithören eingestellt (Apple und Google) bzw. per Opt-Out Option (Amazon) einen Ausweg geboten haben unterstreicht diese Schlussfolgerung sowie die Einschätzung der finanziellen Machbarkeit der zuvor erarbeiteten Maßnahmen, da eben diese tatsächlich umgesetzt wurden.[78]

Umgang des Gesetzgebers

Ein weiterer Faktor für fehlende Sicherheitsmaßnahmen ist der Umgang des Gesetzgebers mit dem Thema Smart Home und Sicherheit. Wie bereits in angeführt, fehlen aktuell noch viele einheitliche Regelungen und Gesetze im Bereich Smart Home. Ohne entsprechende Gesetze ist nicht klar geregelt, wer im Schadensfall die Haftung trägt und entsprechend fehlt die „Möglichkeit Hersteller zur Verantwortung zu ziehen"[79] und diesen somit auch der Blick für die Konsequenzen. Eine konkrete Verbesserung ist in diesem Bereich nur geringfügig in Aussicht. Zwar ist im Juni 2019 das erste europäische Zertifizierungsprogramm „für Internet of Things (IoT) Designer, die einen unabhängigen Dritten mit der Überprüfung der Sicherheit

---

[78] Vgl. Hurtz, T.: sueddeutsche.de (29.08.2019).
[79] Würth, E.: brandmauer.de. (27.08.2019)

ihrer IoT-Lösungen beauftragen möchten"[80] gestartet, das in Zukunft auch die Einführung einheitlicher Normen und Gesetze ermöglichen soll, die Zertifizierung selbst geschieht aber zum jetzigen Zeitpunkt noch auf freiwilliger Basis.[81]

Ebenfalls kritisch zu sehen ist die Haltung des deutschen Gesetzgebers hinsichtlich des Datenschutzes in Smart Home Geräten. Obwohl die Priorität des digitalen Datenschutzes spätestens seit Einführung der DSGVO klar sein sollte, wurde dieser jüngst durch die Beantwortung einer kleinen Anfrage durch das Bundesinnenministerium eher abgewertet. So soll eine Überwachung von Smart Home Geräten wie Kameras oder Sprachassistenten durch Behörden nicht den gesetzlichen Anforderungen des sogenannten „großen Lauschangriffs", der akustischen Überwachung eines Wohnraums, sondern den weniger hohen Anforderungen an eine Onlinedurchsuchung unterliegen, da Smart Home Geräte keine neue Geräteklasse darstellten.[82] Diese Ansicht lässt den Schluss zu, dass zumindest der deutsche Gesetzgeber wenig Anlass zur Anpassung oder Neufassung von Gesetzen zur Sicherheit und dem Datenschutz von Smart Home Geräten sieht, was vor dem Hintergrund dieser Arbeit durchaus kritisch gesehen werden kann.

Schlussbetrachtung

Die Technologie des Smart Home bietet mit Anwendungsmöglichkeiten vor allem im Bereich Komfort, Energieeinsparung und Sicherheit hohes Potenzial, unterliegt aktuell aber besonders im Bereich der Sicherheit noch vielen Problemen. Obwohl viele in jüngster Zeit aufgetretene Mängel hohes

---

[80] BW: onvista.de (28.08.2019)
[81] Vgl. BW: onvista.de (28.08.2019).
[82] Vgl. dpa: zeit.de (29.08.2019).

Schadenpotenzial besitzen und in weiten Teilen durch einfache und auch finanziell angemessene Maßnahmen ausgeräumt oder reduziert werden könnten, wurden diese bislang häufig nicht umgesetzt. Unternehmen setzten eher auf eine schnelle Markteinführung ihrer Produkte, um den Hype um die Technologie für sich zu nutzen, während dem Verbraucher vor lauter Euphorie das Bewusstsein für den Sicherheitsaspekt fehlte. Zudem hat es der Gesetzgeber bislang verpasst eindeutige Definitionen, Regelungen und Gesetze auf den Weg zu bringen, die klare Vorgaben festlegen und mit Hilfe derer die Hersteller im Versäumnisfall zur Verantwortung gezogen werden können.

Mit dem Verlassen der Hype-Phase der Technologiekurve steht Smart Home nun der Phase ernsthafter produktiver Entwicklung bevor. Das aufkommende Bewusstsein der Verbraucher, auch für Sicherheitsaspekte, übt marktseitig und medial Druck auf die Hersteller aus, während allerdings zumindest beim deutschen Gesetzgeber auch in naher Zukunft noch keine Initiative zur Gesetzgebung im Bereich Smart Home zu erwarten ist. Hoffnung macht die Einführung einer europäischen Zertifizierung, die den Grundstein für europaweite Normen und Gesetze legen und damit die Sicherheit von Smart Home Geräten nachhaltig verbessern kann.

Verwendete Literatur

Andreadou et al. (2018): Andreadou, N.; Jansen, L. L.; Marinopoulos A.; Papaioannou I. in EU publications: Smart grid laboratories inventory 2018; https://publications.europa.eu/en/publication-detail/-/publication/6641bd38-28fa-11e9-8d04-01aa75ed71a1/language-en, Stand: 25.08.2019

Bitkom, 2017: Cybercrime: Jeder zweite Internetnutzer wurde Opfer; https://www.bitkom.org/Presse/Presseinformation/Cybercrime-Jederzweite-Internetnutzer-wurde-Opfer.html, Stand: 26.08.2019

Brown (2019): Brown, Dalvin: What exactly is a 'smart' device anyway? https://eu.usatoday.com/story/tech/2019/03/02/smart-home-vs-connected-home-there-difference/2538115002/, Stand 28.08.2019

BSI (2011): Bundesamt für Sicherheit in der Informationstechnik: Internet-Sicherheit: Einführung, Grundlagen, Vorgehensweise; https://www.bsi.bund.de/SharedDocs/Downloads/DE/BSI/Internetsicherheit/ISi-E.pdf?__blob=publicationFile&v=1, Stand: 25.08.2019

BSI1: Bundesamt für Sicherheit in der Informationstechnik: IT-Grundschutz-Schulung – Lerneinheit 7.4: Gefährdungsübersicht anlegen; https://www.bsi.bund.de/DE/Themen/ITGrundschutz/ITGrundschutzSchulung/OnlinekursITGrundschutz2018/Lektion_7_Risikoanalyse/Lektion_7_04/Lektion_7_04_node.html, Stand 30.08.2019

BSI2: Bundesamt für Sicherheit in der Informationstechnik: IT-Grundschutz-Schulung – Lerneinheit 7.6: Häufigkeit und Auswirkungen einschätzen; https://www.bsi.bund.de/DE/Themen/ITGrundschutz/ITGrundschutzSchulung/OnlinekursITGrundschutz2018/Lektion_7_Risikoanalyse/Lektion_7_06/Lektion_7_06_node.html, Stand 30.08.2019

BSI3: Bundesamt für Sicherheit in der Informationstechnik: IT-Grundschutz-Schulung – Lerneinheit 7.7: Risiken bewerten; https://www.bsi.bund.de/DE/Themen/ITGrundschutz/ITGrundschutz-Schulung/OnlinekursITGrundschutz2018/Lektion_7_Risikoanalyse/Lektion_7_07/Lektion_7_07_node.html, Stand 30.08.2019

BSI4: Bundesamt für Sicherheit in der Informationstechnik: IT-Grundschutz-Schulung – Lerneinheit 7.9: Risiken behandeln; https://www.bsi.bund.de/DE/Themen/ITGrundschutz/ITGrundschutz-Schulung/OnlinekursITGrundschutz2018/Lektion_7_Risikoanalyse/Lektion_7_09/Lektion_7_09_node.html, Stand 30.08.2019

BW (2019): Business Wire: digital.security führt das erste europäische Sicherheits-Label für vernetzte Lösungen ein; https://www.onvista.de/news/digital-security-fuehrt-das-erste-europaeische-sicherheits-label-fuer-vernetzte-loesungen-ein-246915721, Stand: 28.08.2019

Cirt: Cirt.net: Default Passwords; https://cirt.net/passwords, Stand 28.08.2019

DGB (2019): Deutscher Gewerkschaftsbund: Was ändert sich 2019 beim Mindestlohn? https://www.dgb.de/schwerpunkt/mindestlohn/mindestlohn-2019-was-aendert-sich-in-2019, Stand 26.08.2019

dpa (2019): Deutsche Presse-Agentur in Handelsblatt: Amazon hat mehr als 100 Millionen Alexa-Geräte verkauft; https://www.handelsblatt.com/unternehmen/it-medien/sprachassistent-amazon-hat-mehr-als-100-millionen-alexa-geraete-verkauft/23830954.html?ticket=ST-9631516-1Ibhgp5i-IEQcl9Zqhxqb-ap4, Stand: 24.08.2019

dpa2 (2019): Deutsche Presse-Agentur in Zeit Online: Bundesregierung will kein neues Gesetz für Smart-Home-Geräte; https://www.zeit.de/politik/2019-07/datenschutz-smart-home-ueberwachung-bundesregierung, Stand: 29.08.2019

Gartner (2017): Gartner inc.: Gartner Identifies Three Megatrends That Will Drive Digital Business Into the Next Decade; https://www.gartner.com/en/newsroom/press-releases/2017-08-15-gartner-identifies-three-megatrends-that-will-drive-digital-business-into-the-next-decade; Stand 26.08.2019

Gartner (2018): Panetta, Kasey: Widespread artificial intelligence, biohacking, new platforms and immersive experiences dominate this year's Gartner Hype Cycle.; https://www.gartner.com/smarterwithgartner/5-trends-emerge-in-gartner-hype-cycle-for-emerging-technologies-2018/, Stand 26.08.2019

Gierow (2017): Gierow, Hauke: Brickerbot soll 2 Millionen IoT-Geräte zerstört haben; https://www.golem.de/news/internet-of-things-bricker-bot-soll-2-millionen-iot-geraete-zerstoert-haben-1704-127483.html, Stand: 26.08.2019

Hurtz (2019): Hurtz, Thomas: "Hey Google, wer hört uns noch zu?"; https://www.sueddeutsche.de/digital/alexa-google-datenschutz-1.4535355, Stand 29.08.2019

Hurtz2 (2019): Hurtz, Thomas: Sprachassistenten verlieren ihre menschlichen Ohren; https://www.sueddeutsche.de/digital/alexa-siri-google-datenschutz-1.4552480, Stand: 29.08.2019

Kahle (2017): Kahle, Christian: BrickerBot: IoT-Zerstörung aus Notwehr findet jetzt ein Ende; https://winfuture.de/news,101058.html, Stand 25.08.2019

Lasch: Lasch, Leonhard: Smart Home von der Telekom – Übersicht; http://tk-lasch.de/telekom-smart-home-1.html, Stand: 20.08.2019

Mahn (2019): Mahn, Jan in c't Magazin: Sicherheitslücke: Tausende Smart-Home-Geräte angreifbar; https://www.heise.de/newsticker/meldung/No-Name-Hausautomation-Luecke-erlaubt-leichten-Firmware-Upload-4284783.html, Stand: 27.08.2019

Meyer et al (2013): Meyer, Christian; Raum, Andreas; Wenninger, Andreas: Hoch und runter: So wird Technologie kurvenreich erklärt; http://www.channelcast.de/hoch-und-runter-so-wird-technologie-kurven-reich-erklaert/, Stand: 29.08.2019

Orvibo: Shenzhen ORVIBO Technology Co. Ltd: Screenshot der Homepage; https://www.orvibo.com/en/product/productList.html#2, Stand: 25.08.2019

Springer: Risiko Matrix; static.springer.com › sgw › documents › application › vnd.ms-excel, Stand 25.08.2019

Thoma (2015): Thoma, Jörg: Unverschlüsselte App-Updates gefährden Samsungs Smartphones; https://www.golem.de/news/security-unverschluesselte-app-updates-gefaehrden-samsungs-smartphones-1506-114711.html, Stand: 27.08.2019

Tremmel (2019): Tremmel, Moritz: Smart-Home-Datenbank mit 2 Milliarden Einträgen im Internet; https://www.golem.de/news/datenleck-smart-home-datenbank-mit-2-milliarden-eintraegen-im-internet-1907-142375.html, Stand 27.08.2019

Van Hee et al. (2019): Van Hee, Lente; Van Den Heuvel, Ruben; Verheyden, Tim; Baert, Denny: Google employees are eavesdropping, even in your living room, VRT NWS has discovered; vrt.be/vrtnws/en/2019/07/10/google-employees-are-eavesdropping-even-in-flemish-living-rooms/ Stand 27.08.2019

VZ (2017): Verbraucherzentrale: Smart Home - Das "intelligente Zuhause"; https://www.verbraucherzentrale.de/wissen/umwelt-haushalt/wohnen/smart-home-das-intelligente-zuhause-6882, Stand: 27.08.2019

Weis (2018): Weis, Eric: Was ist der Unterschied zwischen IT Sicherheit und Informationssicherheit? https://www.brandmauer.de/blog/it-security/unterschied-it-sicherheit-und-informationssicherheit, Stand 26.08.2019

Winder (2019): Winder, Davey: Confirmed: 2 Billion Records Exposed In Massive Smart Home Device Breach; https://www.forbes.com/sites/davey-winder/2019/07/02/confirmed-2-billion-records-exposed-in-massive-smart-home-device-breach/#864a980411c2, Stand: 27.08.2019

Würth: Würth, Florian: Smart Home: Diese Probleme gilt es noch zu lösen; https://www.haus.de/smart-home/smart-home-diese-probleme-gilt-es-noch-zu-loesen, Stand: 27.08.2019

Ansatz zur Kostenkostenkalkulation für die Informationssicherheit von IoT-Geräten

Autor: Tobias Stepanek

Einleitung

Das Internet of Things (IoT) stellt keine Zukunftsvision mehr dar, denn es ist bereits in den Unternehmen angekommen und treibt die digitale Transformation voran. Die damit verbundene Veränderung der Geschäftsprozesse erhöht die Produktivität und steigert das Wachstum in den verschiedensten Branchen.[1][2] Das Forschungsunternehmen Gartner spricht von mehr als 11 Milliarden vernetzten Geräten, welche bereits im vergangenen Jahr zum Einsatz gekommen sind. Bis zum Jahr 2020 soll die Zahl auf schätzungsweise 20 Milliarden steigen.[3] Hiervon werden 7,5 Milliarden Geräte der geschäftlichen Nutzung zugeordnet.[4] Hiervon werden 7,5 Milliarden Geräte der geschäftlichen Nutzung zugeordnet.[5] Diese Prognose impliziert, dass die Unternehmen auch in Zukunft vermehrt auf den Einsatz von IoT-Geräten setzen.

---

[1] Vgl. TREND MICRO Deutschland GmbH (2018a), S. 2.
[2] Vgl. TREND MICRO Deutschland GmbH (2018c).
[3] Vgl. Hung, M.: gartner.com (20.05.2019).
[4] Vgl. TREND MICRO Deutschland GmbH (2018c).
[5] Vgl. TREND MICRO Deutschland GmbH (2018c).

Problemstellung und Zielsetzung

IoT-Geräte gehören derzeit zu den Megatrends der Digitalisierung. Ein Trend der laut Gartner zunehmend an Bedeutung gewinnen wird.[6] Gleichzeitig ist mit Cyberangriffen zu rechnen, welche enorme Auswirkungen auf die Unternehmen haben werden.

Einer Studie des japanische IT-Sicherheitsunternehmen Trend Micro zufolge, wurden bei einer weltweiten Umfrage über 1.150 Entscheider aus IT und IT-Sicherheit zum Thema Absicherung des Internets der Dinge befragt. Dem Ergebnis zufolge führt die stets wachsende Anzahl an vernetzten Geräten in Unternehmen zu einer massiven Zunahme von Cyberbedrohungen, denn die Unternehmen verzeichnen durchschnittlich drei Angriffe pro Jahr.[7] Trotz dieser ernsthaften Bedrohungen spielt laut 43 Prozent der Experten die IT-Sicherheit bei der Umsetzung von IoT-Projekten in Unternehmen nur eine nebensächliche Rolle. Rund ein Drittel der Unternehmen, welche IoT-Lösungen bereits umgesetzt haben oder im Begriff dazu sind, haben IT-Sicherheitsexperten in den Implementationsprozess mit einbezogen.[8]

Laut Micro Trends Security Evangelist Udo Schneider, stellen IoT-Geräte ein großes Problem hinsichtlich neuer Cyber-Risiken dar. Durchschnittlich geben Unternehmen jährlich 2,5 Millionen US-Dollar für neuste IoT-Technologien aus und verzeichnen damit hohe Investitionen in diesem Bereich.[9] Aus diesem Grund sollten sich die Investitionen in IT-Sicherheitsmaßnahmen an den Investitionen für den Ausbau von Systemen orientie-

---

[6] Vgl. Gartner Inc.: gartner.com (20.05.2019))
[7] Vgl. TREND MICRO Deutschland GmbH (2018b).
[8] Vgl. TREND MICRO Deutschland GmbH (2018b).
[9] Vgl. TREND MICRO Deutschland GmbH (2018b).

ren, um ein gewisses Maß an Informationssicherheit zu gewährleisten. Außerdem sollte die IT-Sicherheit sowohl im Entwicklungs- als auch in dem Umsetzungsprozess berücksichtigt werden. Anderenfalls drohen den Unternehmen enorme Schäden, welche die möglichen Gewinne der Technologie bei weitem übersteigen werden.[10]

Eine vergleichbare Studie von Gartner rechnet damit, dass im Jahr 2020 rund ein Viertel der identifizierten Angriffe in Unternehmen gegen das Internet der Dinge gerichtet sind. Demgegenüber werden die Ausgaben für IT-Sicherheit weniger als 10% des gesamten IT-Sicherheitsbudgets ausmachen.[11]

Diese Ergebnisse legen nahe, dass das Bewusstsein für IoT-Bedrohungen in den Unternehmen verbessert werden muss.[12] Außerdem müssen Unternehmen angesichts der gravierenden Auswirkungen von Cyber-Angriffen die richtigen Maßnahmen in Puncto IT-Sicherheit treffen, um die Risiken so minimal wie möglich zu halten.[13] Gleichzeitig muss das geringe IT-Sicherheitsbudget für den Sektor IoT an die Investitionen erhöht werden.

Genau an dieser Stelle setzt der vorliegende Beitrag an. Ziel ist es, einen international anerkannten Informationssicherheitsprozess für IoT-Geräte zu identifizieren, welcher sich durch die geeignete Wahl eines Kosten-kalkulatorischen Ansatzes ganzheitlich bewerten lässt. Abschließend soll eine geeignete Methode die anfallenden Kosten verursachungsgerecht verrechnen.

---

[10] Vgl. TREND MICRO Deutschland GmbH (2018b).
[11] Vgl. Hung, M.: gartner.com (20.05.2019).
[12] Vgl. TREND MICRO Deutschland GmbH (2018c).
[13] Vgl. TREND MICRO Deutschland GmbH (2018b).

Aufbau des Beitrags

Zunächst wird die terminologische Begriffsabgrenzung ein einheitliches Verständnis über die Begrifflichkeiten IoT-Geräte und Informationssicherheit schaffen.

Um einen Informationssicherheitsprozess für IoT-Geräte einführen zu können bedarf es einer Übersicht internationaler Normen und Standards, welche für die Schaffung von Informationssicherheit herangezogen werden können.

Im weiteren Verlauf der Arbeit wird der IT-Grundschutz nach dem Bundesamt für Sicherheit in der Informationstechnik näher beleuchtet. Ein Zusammenspiel aus mehreren Komponenten bildet das Grundgerüst des Schutzes und ermöglicht die Erstellung eines Informationssicherheitsprozesses. Dieser Sicherheitsprozess gliedert sich in die Initiierung, Erstellung der Leitlinie zur Informationssicherheit, Organisation sowie die Erstellung einer Sicherheitskonzeption. Letzteres wird nach der Basisabsicherung an dem Beispiel von IoT-Geräten dargelegt.

Die aus dem IT-Grundschutz gewonnenen Erkenntnisse dienen als Grundlage für den daraus resultierenden Ansatz zur kosten-kalkulatorischen Betrachtung in einem Unternehmen.

Hierfür werden zunächst die für eine Kalkulation relevanten Herausforderungen aufgezeigt. Es folgt eine Schätzung des IT-Sicherheitsbudgets für IoT-Geräte, die einen groben Richtwert ermittelt. Für eine plausible Bewertung der im Informationssicherheitsprozess anfallenden Kosten wird der Bottom-Up Ansatz in Verbindung mit der Delphi-Methode herangezogen. Da dieses Verfahren keine Berücksichtigung der anfallenden Gemeinkosten vorsieht, bedarf es im Nachhinein einer Kostenrechnung als verursachungsgerechte Verrechnungsmethode.

Die Kosten-kalkulatorische Umsetzung der Maßnahmen identifiziert die zu realisierenden einmaligen und wiederkehrenden Investitionen.

Der darauffolgende Einblick in die von Amazon Web Services angebotenen IoT Produkte dient als Hilfestellung für die Kostenkalkulation und zeigt zugleich die Möglichkeit zum Outsourcen von Informationssicherheitsprozessen auf.

Den Abschluss bildet das Resümee, welches auf den Erkenntnissen des Informationssicherheitsprozesses für IoT-Geräte nach dem Bundesamt für Sicherheit in der Informationstechnik aufbaut und einen Ansatz zur Kalkulation von Informationssicherheitskosten aufzeigt.

Grundlagen der Informationssicherheit

Um ein einheitliches Verständnis zu schaffen wird in den Grundlagen der Informationssicherheit zunächst auf die in der Arbeit verwendeten Begrifflichkeiten eingegangen. Im weiteren Verlauf werden international anerkannten Standards und Normen der Informationssicherheit beleuchtet. Den Kern bilden der Aufbau und Ablauf des Informationssicherheitsprozesses nach dem Bundesamt für Sicherheit in der Informationstechnik.

Terminologische Begriffsabgrenzung

Bei den IoT-Geräten handelt es sich um "intelligente" Gegenstände, welche zusätzliche "smarte" Funktionen enthalten. Diese werden in der Regel drahtlos an Datennetze angeschlossen. Ihren Einsatz finden die Geräte in Institutionen und Unternehmen. Dabei findet eine Abgrenzung zwischen direkt adressierbare und IoT-Geräte, welche eine zentrale Steuereinheit voraussetzen, statt.

Direkt adressierbare Geräte werden mittels einer eigenen IP-Adresse an das Datennetz angeschlossen und können autark agieren. Verwaltet werden können sie durch eine zentrale Steuereinheit. Diese ist optional und wird für den Betrieb nur bedingt erfordert. Hingegen findet bei IoT-Geräten mit zentraler Steuereinheit eine ausschließlich direkte Kommunikation mittels Funknetze wie Bluetooth oder ZigBee statt. Sie zeichnen sich durch einen indirekten Anschluss an die Datennetze aus, welcher ausschließlich mithilfe einer zentralen Steuereinheit sichergestellt wird. Der Zugriff auf die IoT-Geräte über das Internet kann oftmals negative Auswirkungen auf die Informationssicherheit des gesamten Informationsverbunds nach sich ziehen.[14] Unabhängig von der Art der Speicherung, verfolgt die Informationssicherheit den Schutz von Informationen als Ziel.[15]

Folgende drei Grundwerte der Informationssicherheit sind zu beachten: Vertraulichkeit, Verfügbarkeit und Integrität.

Dies bedeutet, dass vertrauliche Informationen vor unbefugter Preisgabe geschützt werden müssen. Dienstleistungen, Funktionen eines IT-Systems oder auch Informationen müssen dem Benutzer zum geforderten Zeitpunkt zur Verfügung stehen. Außerdem ist darauf zu achten, dass die Daten vollständig und unverändert sind.[16]

---

[14] Vgl. Bundesamt für Sicherheit in der Informationstechnik: SYS.4.4 Allgemeines IoT-Gerät (2019e).
[15] Vgl. Bundesamt für Sicherheit in der Informationstechnik: BSI - Glossar - IT-Grundschutz-Kataloge (21.07.2019).
[16] Vgl. Bundesamt für Sicherheit in der Informationstechnik: Leitfaden Informationssicherheit (10.05.2019).

Internationale Standards und Normen der Informationssicherheit

Um die Informationssicherheit von IoT-Geräten zu gewährleisten, ist die Verwendung internationaler Standards und Normen hilfreich. Verschiedenste wurden in den vergangenen Jahren entwickelt. Sie stellen sicher, dass durch anerkannte, einheitliche Methoden und Best Practices Informationssicherheit für gewisse Unternehmensbereiche realisiert werden. In der Regel lassen sich diese Normen sogar auditieren sowie zertifizieren und können einem Unternehmen als Nachweis zur Absicherung eines gewissen Sicherheitsniveaus dienen.[17]

In der Praxis finden die internationale ISO/IEC-27000-Reihe, ISO/IEC 15408, DIN SPEC 27072 sowie der IT-Grundschutz nach dem BSI ihren Einsatz zum Schutz der Informationssicherheit.

Bei der ISO/IEC-27000-Reihe handelt es sich um eine Reihe von Normen zur Informationssicherheit, welche durch die internationalen Normungsorganisationen ISO und IEC herausgegeben wurden.[18] Eine Zertifizierung ist nach Erfüllung dieser Normen möglich.[19]

Der Standard ISO/IEC 15408 hingegen richtet sich primär an die Evaluation von IT-Sicherheitsprodukten.[20] Die Evaluierung basiert auf Grundlage

---

[17] Vgl. Bundesamt für Sicherheit in der Informationstechnik: BSI-Standard 200-1 (2017a), S. 7 f.; Bundesamt für Sicherheit in der Informationstechnik: Informationssicherheit (14.05.2019), S. 7.

[18] Vgl. Bundesamt für Sicherheit in der Informationstechnik: BSI-Standard 200-1 (2017a), S. 8.

[19] Vgl. Bundesamt für Sicherheit in der Informationstechnik: Informationssicherheit (14.05.2019), S. 7.

[20] Vgl. Bundesverband Informationswirtschaft, Telekommunikation und neue Medien e.V.: ISO/IEC 18045. (o.J.) (11.07.2019).

der Common Criteria.[21]

Das Deutsche Institut für Normung (DIN) hat mit der DIN SPEC 27072 eine Spezifikation zur Informationssicherheit von IoT-Geräten veröffentlicht.[22] Sie legt Mindestanforderungen an die vernetzten Geräte fest und setzt damit den Grundstein für ein Basissicherheitsniveau.[23] Die Inhalte dieser Normung sind unter maßgeblicher Beteiligung des BSI entwickelt worden. [24]

Eine bewährte Methodik, um das Sicherheitsniveau der Informationssicherheit in Unternehmen jeglicher Größenordnung zu erhöhen bietet der vom BSI entworfene IT-Grundschutz. Er gilt als Maßstab zur Absicherung von Informationen und ist durch seine Kompatibilität zur ISO 27001 auch international sowohl anerkannt als auch zertifizierbar.[25]

Aufbau des IT-Grundschutzes

Um den Informationssicherheitsprozess nach dem BSI näher beleuchten zu können, bedarf es einer expliziten Betrachtung des IT-Grundschutzes. Dessen Inhalte umfassen die BSI-Standards sowie das IT-Grundschutz-Kompendium.

Bei den BSI-Standards handelt es sich um Methoden und Vorgehensweisen,

---

[21] Vgl. Bundesamt für Sicherheit in der Informationstechnik: BSI - Common Criteria Startseite (o.J.a) (11.07.2019).

[22] Vgl. Bundesamt für Sicherheit in der Informationstechnik: DIN-Spezifikation (2019b); DIN Deutsches Institut für Normung e. V.: DIN SPEC 27072: Mehr Sicherheit im Smart Home (2019b).

[23] Vgl. DIN Deutsches Institut für Normung e. V. (2019a).

[24] Vgl. Bundesamt für Sicherheit in der Informationstechnik: DIN-Spezifikation (2019b).

[25] Vgl. Bundesamt für Sicherheit in der Informationstechnik: BSI - Über den IT-Grundschutz (o.J.c) (31.05.2019).

welche sich auf unterschiedlichste Themen aus dem Bereich der Informationssicherheit fokussieren. Der erste Standard (200-1) definiert allgemeine Anforderungen, die ein Managementsystem für Informationssicherheit erfüllen muss. Eine Methodik zum Aufbau eines Informationsmanagementsystems bietet der BSI-Standard 200-2. Der letzte BSI-Standard (200-3) beinhaltet eine gebündelte Darstellung alle risikobezogenen Arbeitsschritte, die zur Umsetzung des IT-Grundschutzes dienen.[26]

Neben den BSI-Standards ist das IT-Grundschutz-Kompendium die grundlegende Veröffentlichung des IT-Grundschutzes. Es unterscheidet insgesamt 94 Bausteine, welche sich mit den unterschiedlichsten Themen der Informationssicherheit beschäftigen. Darüber hinaus beinhalten sie die jeweiligen Gefährdungen sowie Sicherheitsanforderungen. Zu den ergänzenden Dokumenten des Kompendiums zählen die detaillierten Umsetzungshinweise, Anleitung zur Migration und die elementaren Gefährdungen.

Die Hinweise zur Umsetzung beschreiben die Art und Weise wie die Anforderungen der Bausteine realisiert werden können. Außerdem erläutern sie geeignete Sicherheitsmaßnahmen im Detail. Bereits bestehende Konzepte können durch die Anleitung zur Migration modernisiert werden.[27] Eine Liste mit elementaren Gefährdungen kann als wesentliches Hilfsmittel für eine Risikoanalyse herangezogen werden.[28] All diese Inhalte werden zum Schutz der Informationssicherheit benötigt.

---

[26] Vgl. Bundesamt für Sicherheit in der Informationstechnik: BSI - Über den IT-Grundschutz (o.J.c) (31.05.201).

[27] Vgl. Bundesamt für Sicherheit in der Informationstechnik: IT-Grundschutz-Kompendium (2019c).

[28] Vgl. Bundesamt für Sicherheit in der Informationstechnik: Lerneinheit 7.3: Die elementaren Gefährdungen (o.J.e).

Informationssicherheitsprozess nach dem IT-Grundschutz

Bei dem Informationssicherheitsprozess nach dem IT-Grundschutz des BSI handelt es sich um eine systematische Vorgehensweise, welche durch Hilfestellungen zum Aufbau sowie der Aufrechterhaltung von Informationssicherheit dient. Unternehmen erzielen durch die Initiierung des Sicherheitsprozesses, Erstellung einer Sicherheitsleitlinie, Organisation des Sicherheitsprozesses und der Erstellung einer Sicherheitskonzeption deren angestrebtes Sicherheitsniveau.[29]

In den folgenden Kapiteln werden die einzelnen Prozessschritte näher beleuchtet. Die Erstellung einer Sicherheitskonzeption erfolgt nach der Basisabsicherung an dem Beispiel von IoT-Geräten. Hierbei handelt es sich um einen kontinuierlichen Verbesserungsprozess.

Initiierung des Sicherheitsprozesses nach dem BSI

Die Initiierung des Sicherheitsprozesses startet mit Übernahme von Verantwortung durch die Leitungsebene. Hierbei informiert sich die Leistungsebene über potenzielle Risiken und die daraus resultierenden Konsequenzen für das jeweilige Unternehmen. Außerdem übernimmt sie die Gesamtverantwortung für die Informationssicherheit und benennt eine verantwortliche Person.[30]

Es folgt die Konzeption und Planung des Sicherheitsprozesses, in der alle Geschäftsprozesse und Fachaufgaben dem verantwortlichen Personal zuge-

---

[29] Vgl. Bundesamt für Sicherheit in der Informationstechnik: BSI-Standard 200-2 (2017b) (26.07.2019), S. 13.
[30] Vgl. Bundesamt für Sicherheit in der Informationstechnik: BSI-Standard 200-2 (2017b), S. 20.

teilt werden. Eine Grobeinschätzung des Sicherheitsniveaus sowie die Ermittlung von internen und externen Rahmenbedingungen legen allgemeine Informationssicherheitsziele fest.

Sobald die Leitungsebene diese genehmigt und darüber hinaus die erforderlichen finanziellen, personellen und zeitlichen Ressourcen bereitgestellt hat, erfolgt die Entscheidung einer Vorgehensweise. Das BSI unterscheidet in Basis, Kern oder Standard-Absicherung. [31]

Die Standard-Absicherung verfolgt eine ganzheitliche Umsetzung von Informationssicherheit.

Laut BSI ist die Realisierung in einem einzelnen großen Schritt oftmals ein zu ehrgeiziges Ziel. Erfolgversprechender sind viele kleine Schritte, die einen langfristigen, kontinuierlichen Verbesserungsprozess ohne hohe Investitionskosten nach sich ziehen. Aus diesem Grund ist es ratsam, zunächst nur die dringend erforderlichen Sicherheitsvorkehrungen umzusetzen (Basis-Absicherung). Zusätzlich lässt sich in Bereichen mit höchsten Sicherheitsanforderungen schnell das erforderliche hohe Sicherheitsniveau erreichen (Kern-Absicherung).

Ausgehend von dieser Basis, sollte ein kontinuierlicher Verbesserungsprozess die Informationssicherheit in der Gesamtorganisation dauerhaft sicherstellen. [32]

---

[31] Vgl. Bundesamt für Sicherheit in der Informationstechnik: BSI-Standard 200-2 (2017b), S. 27.

[32] Vgl. Bundesamt für Sicherheit in der Informationstechnik: BSI-Standard 200-2 (2017b), S. 14.

Erstellung der Leitlinie zur Informationssicherheit

Die Leitlinie zur Informationssicherheit definiert, für welche Zwecke, mit welchen Mitteln und Strukturen Informationssicherheit innerhalb des Unternehmens hergestellt werden soll.[33]

Sie beinhaltet die von dem Unternehmen angestrebten Informationssicherheitsziele sowie die verfolgte Sicherheitsstrategie. Das angestrebte Sicherheitsniveau lässt sich somit aus der Leitlinie entnehmen. Zugleich spiegelt sie Anspruch und Aussage wider, was dazu führen soll, dass das Sicherheitsniveau auf allen Ebenen des Unternehmens sichergestellt werden soll.[34]

Um diese Leitlinie zu erstellen wird zunächst der Auftrag zur Erarbeitung von der Leitungsebene einholt. Falls das Unternehmen kein Informationssicherheit-Management-Team besitzt, bedarf es der Einberufung einer Entwicklungsgruppe, welche die Leitlinien entwickelt, überprüft sowie überarbeitet. Anschließend werden Geltungsbereich und Inhalte der IS-Leitlinie festlegt. Die Inkraftsetzung und Bekanntgabe erfolgt durch die Leitungsebene. Eine regelmäßige Überprüfung und Aktualisierung der Sicherheitsleitlinie ist aufgrund der rasanten Entwicklungen im Bereich der IT unabdingbar.

Organisation des Sicherheitsprozesses

Für den Aufbau einer für die Größe und Art der Institution geeignete Organisationsstruktur werden zunächst die Rollen für die Gestaltung des Informationssicherheitsprozesses festlegt. Die Aufgaben, Kompetenzen und

---

[33] Vgl. Bundesamt für Sicherheit in der Informationstechnik: BSI-Standard 200-2 (2017b), S. 31.
[34] Vgl. Bundesamt für Sicherheit in der Informationstechnik: BSI-Standard 200-2 (2017b), S. 31.

Verantwortungsbereiche werden innerhalb des IS-Management-Team, zugeordnet.

Es folgt eine Festlegung von personeller Ausstattung der Rollen. Hierbei empfiehlt der BSI einen Informationssicherheitsbeauftragten zu benennen, welcher als zentraler Ansprechpartner für die Verwaltung, Kommunikation und Kommunikation der Sicherheitsprozesse fungiert. [35]

Die Schnittstellen zwischen den verschiedensten Rollen müssen in der IS-Organisation sowohl definiert als auch dokumentiert werden. [36]

Neben dem Informationssicherheitsmanagement gibt es in Unternehmen oftmals eine Vielzahl von Bereichen, welche Aufgaben der Informationssicherheit wahrnehmen. Da diese Bereiche häufig als getrennte Disziplinen und teilweise auch in anderen Organisationseinheiten organisiert sind, wird eine Abstimmung der Vorgehensweisen und Schnittstellen empfohlen. Die stellt die Integration des Informationssicherheitsmanagement in die organisationsweiten Abläufe und Prozesse sicher. [37]

Gegebenenfalls erfordert die interne Sicherheitsorganisation den Einsatz externer Sicherheitsexperten. Dies ist der Fall, wenn Schlüsselrollen durch interne Mitarbeiter wahrgenommen werden können. Hierfür bedarf es der Beauftragung externer Mitarbeiter, welche die notwendigen Qualifikationen mit sich bringen. [38]

---

[35] Vgl. Bundesamt für Sicherheit in der Informationstechnik: BSI-Standard 200-2 (2017b), S. 31.
[36] Vgl. Bundesamt für Sicherheit in der Informationstechnik: BSI-Standard 200-2 (2017b), S. 49.
[37] Vgl. Bundesamt für Sicherheit in der Informationstechnik: BSI-Standard 200-2 (2017b), S. 48.
[38] Vgl. Bundesamt für Sicherheit in der Informationstechnik: BSI-Standard 200-2 (2017b), S. 49.

Erstellung einer Sicherheitskonzeption nach der Basis-Absicherung

Das Bundesamt für Sicherheit in der Informationstechnik unterscheidet bei der Erstellung einer Sicherheitskonzeption drei verschiedene Prozesse, die sich nach der jeweils gewählten Absicherungsart richten. Je höher das gewählte Absicherungsniveau desto komplexer gestaltet sich dieser Prozess.

Im weiteren Verlauf des Kapitels wird der Basis-Prozess zur Erstellung einer Sicherheitskonzeption an dem Beispiel der Allgemeinen IoT-Geräte näher beleuchtet. Dieser sieht eine Festlegung des Geltungsbereiches, die Auswahl und Priorisierung relevanter Bausteine, den IT-Grundschutz-Check sowie die Realisierung der Maßnahmen vor.

Für die Erstellung der Sicherheitskonzeption muss zunächst festgelegt werden, welcher Geltungsbereich im Unternehmen abgedeckt werden soll. Dieser kann entweder das gesamte Unternehmen oder nur einzelne Bereiche umfassen. Der nächste Schritt besteht darin, den betrachteten Geltungsbereich mit Hilfe der vorhandenen Bausteine aus dem IT-Grundschutz-Kompendium nachzubilden. Hierfür finden eine Auswahl und Priorisierung der relevanten Bausteine statt.[39]

Um einen Informationsbund für IoT-Geräte nach dem IT-Grundschutz zu modellieren, muss zunächst der passende Baustein des IT-Grundschutz-Kompendiums ausgewählt und anschließend umgesetzt werden. Eine Einteilung in prozess- und systemorientierte Bausteine erleichtert die Auswahl.[40]

---

[39] Vgl. Bundesamt für Sicherheit in der Informationstechnik: BSI-Standard 200-2 (2017b), S. 61.

[40] Vgl. Bundesamt für Sicherheit in der Informationstechnik: BSI-Standard 200-2 (2017b), S. 61 f.

Gleichzeitig sortiert es die Bausteine nach zusammengehörigen Themen in ein Schichtenmodell. Die allgemeinen IoT-Geräte zählen zu den prozessorientierten Bausteinen, welche sich den sonstigen IT-Systemen zuordnen.[41]

Die Auswahl und Priorisierung des IT-Grundschutz-Bausteins werden nun als Prüfplan benutzt. Für jede Vorgehensweise existiert ein nach dem Absicherungsniveau angepasster IT-Grundschutz-Check. Bei dem hier anzuwendenden Beispiel wird der IT-Grundschutz-Check für die Basis-Absicherung herangezogen. Hierfür müssen lediglich die Basis-Anforderungen erfüllt sein.

Der IT-Grundschutz-Check basiert auf drei notwendigen Schritten. Zunächst werden die organisatorischen Vorbereitungen getroffen, indem die verantwortlichen Ansprechpartner für den Soll-Ist-Vergleich ausgewählt werden. Es folgt der eigentliche Soll-Ist-Vergleich mittels Interviews und Stichproben. Ziel dieses Vergleiches ist es zu identifizieren, welche Basis-Anforderungen ausreichend oder nur unzureichend erfüllt werden.[42] Anfangs ist es erst einmal ratsam sich über die spezifischen Bedrohungen und Schwachstellen der IoT-Geräte zu informieren. Für diesen Zweck findet man in dem jeweiligen Baustein des IT-Grundschutz-Kompendiums die entsprechenden Gefährdungslagen. Zu den häufigsten Gefährdungen der allgemeinen IoT-Geräte zählen die:

- Ausspähung von sensiblen Daten über die IoT-Geräte

- Verwendung von Universal Plug and Play

---

[41] Vgl. Bundesamt für Sicherheit in der Informationstechnik: BSI-Standard 200-2 (2017b), S. 133.
[42] Vgl. Bundesamt für Sicherheit in der Informationstechnik: BSI-Standard 200-2 (2017b), S. 63.

- Schäden Dritter durch nicht regelmäßiges Patchen

- Spionageangriffe mittels Hintertüren in IoT-Geräten

Um sich gegen diese Gefährdungen abzusichern, müssen die IoT-Geräte spezifische Anforderungen erfüllen. Hierzu lässt sich entweder auf den Baustein oder den IT-Grundschutz-Check zurückgreifen. Dort sind die Anforderungen entsprechen der jeweiligen Sicherheitsniveaus definiert.

IoT-Geräte müssen nach der Basis-Absicherung folgende Anforderungen erfüllen:

- Einsatzkriterien für IoT-Geräte, die für ein Minimum an Sicherheit sorgen

- Authentisierung, die nach speziellen Richtlinien erfolgt

- Regelmäßige Aktualisierung von Updates und Patches

- Aktivieren von Autoupdate-Mechanismen

- Spezielle Einschränkungen des Netzzugriffs[43]

Abschließend werden die erzielten Ergebnisse des Soll-Ist-Vergleichs einschließlich der erhobenen Begründungen dokumentiert. Synergieeffekte lassen sich durch Aufbereitung der Ergebnisse erzielen, indem sie direkt in die Standard- oder Kern-Absicherung integriert werden.[44]

Basierend auf den oben genannten Anforderungen gibt der BSI operative Maßnahmen vor. Diese sollen die Lücken der IoT-Geräte in Puncto Informationssicherheit schließen. Zunächst muss beim Einsatz von IoT-Geräten

---

[43] Vgl. Bundesamt für Sicherheit in der Informationstechnik: SYS.4.4 Allgemeines IoT-Gerät (2019e).
[44] Vgl. Bundesamt für Sicherheit in der Informationstechnik: BSI-Standard 200-2 (2017b), S. 63.

gewährleistet sein, dass die Geräte Update-Funktionen besitzen. Gleichzeitig muss der Hersteller einen Update Prozess anbieten. Geräte, welche keine Authentisierung sowie Änderung der Standard-Passwörter anbieten, dürfen nicht eingesetzt werden. Außerdem müssen die codierten Zugangsdaten änderbar sein. Ein weiterer wichtiger Punkt ist die Authentisierung der Geräte. Diese muss vorhanden sein. Zugleich gewährleisten Passwortrichtlinien Komplexität, Geheimhaltung sowie die regelmäßige Änderung der Passwörter. Empfohlen wird eine zertifikatbasierte Authentisierung.

Außerdem müssen die IoT-Geräte regelmäßige Prüfungen nach neuen Updates und Patches unterzogen werden. Falls vorhanden, muss eine zeitnahe Installation durchgeführt werden. Darüber hinaus muss die Überprüfung von Drittkomponenten auf Aktualität erfolgen. Dabei ist darauf zu achten, dass der Bezug von Updates und Patches nur aus vertrauenswürdigen Quellen geschieht. Ein Download über eine Transportverschlüsselung (z.B. HTTPS) wird empfohlen. Zudem muss die Durchführbarkeit einer manuellen Wartung geprüft werden.

Bei den Verbindungen der IoT-Geräte ist darauf zu achten, dass diese nur mittels Firewalls hergestellt werden. Es dürfen nur die unbedingt notwendigen Ports freigeschaltet werden. Hierbei darf auf keinen Fall der Zugriff über Telnet (Port 23) von außen freigegeben sein. Der Zugriff über (Port 22) darf nur über individuelle Passwörter oder Softwarezertifikate erfolgen. Ziele ausgehender Verbindungen sollten unbedingt konfiguriert werden. Die Erreichbarkeit von außen darf nur mit entsprechender Authentisierung geschehen.

Eine weitere Absicherung kann durch die Verwendung von VPN erfolgen. Außerdem empfiehlt es sich die Geräte in einem separaten physischen Netzbereich (VLANs) zu betreiben. Damit sich die Geräte von außen nicht in den Werkszustand zurücksetzen lassen, muss ein physischer Zugriffsschutz gewährleistet sein.[45]

Um das angestrebte Basis-Absicherungsniveau zu erreichen, müssen bestehende Schwachstellen ermittelt und alle erforderlichen Maßnahmen identifiziert werden. Anschließend müssen alle Maßnahmen, die im Sicherheitskonzept vorgesehen sind, anhand eines Realisierungsplans konsequent umgesetzt werden.[46] Generell sieht die Basis-Absicherung eine Realisierung aller Basis-Anforderungen vor. Jedoch stehen den Unternehmen in der Regel nur beschränkte Ressourcen an Geld und Personal zu Verfügung. Dies führt dazu, dass oftmals nicht alle benötigten Maßnahmen realisiert werden können. Um trotzdem eine möglichst effiziente Erfüllung der vorgesehenen Anforderungen zu erreichen, sollte eine Kosten- und Aufwandsschätzung der fehlenden sowie teilweise erfüllten Anforderungen erfolgen.

Da die Informationstechnik sehr innovativ ist und sich ständig weiterentwickelt, muss das Sicherheitsniveau stets aufrechterhalten und kontinuierlich verbessert werden. Um dies sicherzustellen, müssen nicht nur die erforderlichen Sicherheitsmaßnahmen umgesetzt und fortlaufend aktualisiert werden, sondern auch der gesamte Prozess der Informationssicherheit muss regelmäßig auf seine Wirksamkeit und Effizienz hin überprüft werden.

Die IT-Grundschutz-Vorgehensweise nach der Basis-Absicherung eignet sich gut für den Einstieg, um die wichtigsten Sicherheitsempfehlungen für den ausgewählten Einsatzbereich identifizieren und umsetzen zu können. Dessen Ziel ist es ein vollständiges Sicherheitskonzept gemäß der Standard-

---

[45] Vgl. Bundesamt für Sicherheit in der Informationstechnik: Umsetzungshinweise zum IT-Grundschutz-Kompendium 2019 (20.05.2019).

[46] Vgl. Bundesamt für Sicherheit in der Informationstechnik: IT-Grundschutz - Basis für Informationssicherheit (o.J.d) (09.08.2019).

Absicherung zu erstellen. Aus diesem Grund wird es empfohlen, als Zwischenschritt vor der Standard-Absicherung, die Sicherheitskonzeption nach der Kern-Absicherung zu ergänzen. Dies muss nach der Vollendung der Basis-Absicherung zeitnah entschieden werden und ist abhängig von den Sicherheitsansprüchen und der verfügbaren Ressourcen im Unternehmen.[47]

Der Informationssicherheitsprozess nach dem IT-Grundschutz des BSI bietet durch seine ganzheitliche Berücksichtigung der Prozesse eine gute Basis für einen Ansatz zur Kostenkalkulation.

Ansatz zur Kostenkalkulation im Unternehmen

Das vorangegangene Kapitel hat gezeigt, dass der BSI mit seinem Informationssicherheitsprozess ein gutes Rahmenwerk zur Schaffung von Informationssicherheit bietet. Allerdings bedarf es vor der Realisierung eines Sicherheitsprozesses einer kosten-kalkulatorischen Betrachtung. Genau an dieser Stelle setzt der Ansatz zur Kostenkalkulation an und zeigt zunächst die zu berücksichtigenden Herausforderungen einer Kostenkalkulation von Informationssicherheitsprozessen auf. Diese dienen als Grundlage für die darauffolgende Schätzung des IT-Sicherheitsbudgets. Als strukturierte Vorgehensweise zur Bewertung der Kosten wird der Bottom-Up Ansatz in Kombination mit einer Delphi Methode herangezogen. Die Kostenrechnung fungiert als Verrechnungsmethode und ermöglicht die kosten-kalkulatorische Umsetzung des Informationssicherheitsprozesses. Abschließend werden die von Amazon Web Services angebotenen IoT Produkte näher beleuchtet.

---

[47] Vgl. Bundesamt für Sicherheit in der Informationstechnik: BSI-Standard 200-2 (2017b), S. 66 f.

Herausforderung der Kostenkalkulation

Der Informationssicherheitsprozess nach dem BSI hat gezeigt, dass es sich bei der Informationssicherheit nicht nur um ein rein technisches Anliegen handelt, denn um einen angemessenen Schutz der IoT-Geräte zu erreichen, muss eine ganzheitliche Betrachtung des Prozesses erfolgen. Hiermit sind erhebliche Investitionen verbunden, welche es im Vorfeld zu bestimmen gilt. Dies wiederum zieht kosten-kalkulatorische Herausforderungen nach sich.[48]

Zunächst ist es zu beachten, dass sich IT-Sicherheitsinvestitionen nicht wie klassische Investitionen verhalten. Oftmals handelt es sich bei den präventiven Kosten um reine Vorsorgeinvestitionen, die keine Kosteneinsparungen mit sich bringen.[49] Aus diesem Grund sind die Kosten und der aus den Maßnahmen resultierende Nutzen im Vergleich zu klassischen Investitionsprojekten nur schwer ermittelbar.[50] Die Wirtschaftlichkeit lässt sich somit nur über die retrospektiven Kosten, welche Kosteneinsparungen durch Vermeidung eines Sicherheitsvorfalles darstellen, messen. Diese sind entweder nicht bekannt oder lassen sich nur schwer berechnen.[51]

Wie bereits erwähnt, verfügen Unternehmen zur Umsetzung von Informationssicherheitsmaßnahmen oftmals über ein begrenztes Budget. Dies führt dazu, dass nicht alle Maßnahmen im erforderlichen Umfang umgesetzt werden können. Eine effiziente Verteilung von personellen sowie finanziellen

---

[48] Vgl. Fraunhofer-Institut für Sichere Informationstechnologie: Werte schützen, Kosten senken, Erträge steigern - Beispiele für die Wirtschaftlichkeit von Informationssicherheit (2011), S. 6.

[49] Vgl. IT Verlag für Informationstechnik GmbH: Werte schützen, Kosten senken, Erträge steigern - Beispiele für die Wirtschaftlichkeit von Informationssicherheit (11.08.2019).

[50] Vgl. Federrath, H.: Kosten- und Nutzenbetrachtungen im IT-Sicherheitsmanagement (2008), S. 21.

[51] Vgl. Lang, M.: IT-Management: Best Practices für CIOs (2018), S. 301.

Ressourcen soll die erforderlichen Sicherheitsmaßnahmen bestmöglich umsetzen. Dabei findet eine Differenzierung in einmalige und wiederkehrende Investitionskosten statt. An dieser Stelle zeigt sich häufig, dass die Entscheidung zur Einsparung von Sicherheitsmaßnahmen zu einem erhöhten, fortlaufenden Personaleinsatz führt. Umgekehrt ergeben sich durch eine Einsparung des Personals immer größere werdende Sicherheitsdefizite.[52]

Unternehmen, die ein erhöhtes Sicherheitsniveau nach dem IT-Grundschutz des BSI anstreben, müssen sich bewusst sein, dass durch die zunehmende Anzahl an organisatorischen Prozessen auch die Kosten proportional steigen werden. Eine kosten-kalkulatorische Betrachtung kann somit nur in Relation zu einem bestimmten Absicherungsniveau erfolgen.

Eine weitere Herausforderung stellt die Verteilung der Kosten dar, denn laut einer Studie des SANS-Institutes budgetieren lediglich 23% der Unternehmen die Kosten für IT-Sicherheitsinvestitionen auf eine separate, identifizierbare Kostenstelle. Die restlichen Organisationen verbuchen solche Investitionen einer allgemeine Kostenstelle und somit nicht verursachungsgemäß.[53]

All diese Herausforderungen müssen bei dem folgenden Ansatz zur Kalkulation der Kosten berücksichtigt werden.

Kostenschätzung des IT-Sicherheitsbudgets

Das russische Softwareunternehmen Kaspersky, welches sich auf die Entwicklung von Sicherheitssoftware spezialisiert hat, führt eine jährliche On-

---

[52] Vgl. Bundesamt für Sicherheit in der Informationstechnik: BSI-Standard 200-2 (2017b), S. 159.
[53] Vgl. IT Verlag für Informationstechnik GmbH: Werte schützen, Kosten senken, Erträge steigern - Beispiele für die Wirtschaftlichkeit von Informationssicherheit (11.08.2019).

line-Umfrage durch. Über tausend weltweit aktive Geschäftsvertreter werden dabei zu der Thematik „IT-Sicherheitsbudget" befragt. Hierzu zählen Unternehmen unterschiedlichster Größen, Länder sowie Branchen. Die folgende Abbildung 1 veranschaulicht das im Jahr 2018 durchschnittlich aufgewendete IT-Sicherheitsbudget europäisch ansässiger Unternehmen, welche nach den unterschiedlichsten Branchen und Größen gegliedert sind.[54] Darüber hinaus wird das Sicherheitsbudget für IoT-Geräte aufgezeigt.

Branche:	Ø IT Sicherheitsbudget		Ø IT Sicherheitsbudget für IoT-Geräte	
	< 1.000 Mitarbeiter	> 1.000 Mitarbeiter	< 1.000 Mitarbeiter	> 1.000 Mitarbeiter
Produktion/Industrie	246.023 €	12.887.755 €	19.682 €	1.031.020 €
Finanzen	244.949 €	5.783.415 €	19.596 €	462.673 €
IT & Telekommunikation	450.093 €	12.581.720 €	36.007 €	1.006.538 €
Einzel-/Großhandel	493.841 €	3.415.624 €	39.507 €	273.250 €
Regierung	209.323 €	5.322.037 €	16.746 €	425.763 €

USD-EUR	Ø Ausgaben für IoT
0,901	8,00%

Abbildung 1: IT-Sicherheitsbudget für IoT-Geräte aus dem Jahr 2018

Das durchschnittliche IT-Sicherheitsbudget verdeutlicht, die große Diskrepanz der verschiedensten Branchen und Unternehmensgrößen in Bezug auf die Höhe der freigegebenen liquiden Mittel. Bei den kleinen Unternehmen mit einer Größe von weniger als 1000 Beschäftigten, weist der Einzelhandel und die IT-Branche die größten Budgets auf. Darauf folgt die Produktions-, Finanz- sowie Regierungsbranche. Besonders die Produktions- und IT Branche sind unter großen Unternehmen mit über 1000 Mitarbeitern auf ein hohes Sicherheitsbudget angewiesen. Generell verzeichnen die großen

---

[54] Vgl. AO Kaspersky Lab: Kaspersky-Methodik zur Berechnung der IT-Sicherheitskosten (27.08.2019).

Unternehmen deutlich höhere Sicherheitsbudgets auf, was auf den vermehrten Einsatz von neuester Informationstechnologie als auch auf den Schutz sensibler Daten hinweist.

Wie bereits erwähnt, wird nach dem Forschungsinstitut Gartner der prozentuale Anteil von IoT-Geräten auf unter 10% geschätzt. Aus diesem Grund wurden für die Berechnung des IT-Sicherheitsbudgets für diese Geräte Ausgaben in Höhe von 8% herangezogen.

Um einen groben Richtwert für zukünftige Budgets zu erhalten erfordert es einer Prognose der weiteren Entwicklung von Investitionen im Bereich der IoT-Geräten, denn Experten sind der Meinung, dass sich das IT-Sicherheitsbudget für IoT-Geräten an den steigenden Investitionen orientieren muss. Die aufgeführte Abbildung 2 stellt genau diese Prognose dar.

In den Jahren von 2018 bis 2020 ist damit zu rechnen, dass die Investitio-

| Branche: | Ø IT Sicherheitsbudget für IoT-Geräte | | | |
| | 2018 | | 2020 | |
	< 1.000 Mitarbeiter	> 1.000 Mitarbeiter	< 1.000 Mitarbeiter	> 1.000 Mitarbeiter
Produktion/Industrie	19.682 €	1.031.020 €	27.488 €	1.439.961 €
Finanzen	19.596 €	462.673 €	27.368 €	646.186 €
IT & Telekommunikation	36.007 €	1.006.538 €	50.289 €	1.405.767 €
Einzel-/Großhandel	39.507 €	273.250 €	55.177 €	381.631 €
Regierung	16.746 €	425.763 €	23.388 €	594.636 €

Abbildung 2: Prognose für das IT-Sicherheitsbudget von IoT-Geräten

nen in dem Bereich der IoT-Geräte um rund 40% steigen werden. Dementsprechend erfordert es laut Sicherheitsexperten einer Erhöhung des Sicherheitsbudgets um den gleichen prozentualen Anteil.

Da es sich bei den hier errechneten Budgets um grobe Schätzwerte handelt, die in keiner Relation zu einem fest definierten Absicherungsniveaus stehen, erfordert es einem strukturierten Ansatz zur kosten-kalkulatorischen Umsetzung des Sicherheitsprozesses.

In den Jahren von 2018 bis 2020 ist damit zu rechnen, dass die Investitionen in dem Bereich der IoT-Geräte um rund 40% steigen werden. Dementsprechend erfordert es laut Sicherheitsexperten einer Erhöhung des Sicherheitsbudgets um den gleichen prozentualen Anteil.

Da es sich bei den hier errechneten Budgets um grobe Schätzwerte handelt, die in keiner Relation zu einem fest definierten Absicherungsniveaus stehen, erfordert es einem strukturierten Ansatz zur kosten-kalkulatorischen Umsetzung des Sicherheitsprozesses.

Bottom-Up Ansatz zur Bewertung der Kosten

Bei dem IT-Grundschutz nach dem BSI handelt es sich um ein Verfahren mit einem hohen Reifegrad, welches gut dokumentierte Prozesse nach sich zieht. Aus diesem Grund eignet sich zur Bewertung der Informationssicherheitskosten der Ansatz nach dem Bottom-Up Verfahren.[55]

Hierbei werden die anfallenden dokumentierten Prozessschritte in ihre Einzelteile zerlegt und je Arbeitspaket kosten-kalkulatorisch bewertet.

Für die explizite Kalkulation der Kosten gibt es eine Vielzahl typischer und anerkannter Verfahren, welche herangezogen werden können.[56] Eine plausible Schätzung der Kosten kann über die sogenannte „Delphi Methode" erfolgen.

---

[55] Vgl. Helmke, S., Uebel, M. Managementorientiertes IT-Controlling und IT-Governance (2016), S. 248.

[56] Vgl. Dragosits, M.: Aufwände von IT-Projekten: Kosten schätzen und Abweichungen rechtzeitig erkennen (2015), S. 74

Delphi Methode

Die „Delphi Methode" ermöglicht die Erstellung einer objektiven Schätzung der Gesamtkosten.[57] Mittels dieser Methode holt sich das Unternehmen Expertenmeinungen ein. Somit lässt sich durch die verschiedenen Sichtweisen die Ergebnisqualität steigern. Von großer Bedeutung sind die Auswahl und Einbeziehung geeigneter Personen.[58]

Hierfür werden Experten benötigt, die im einschlägigen Sachgebiet der Informationssicherheit wissenschaftlich oder beruflich tätig sind. Alle Experten zusammen sind als eine Gruppe zusammengefasst, da sie mit ihrem Wissensfundus und ihrer Autorität an der Schätzung der Informationssicherheitskosten beteiligt sind.[59]

Sobald sich die Gruppe der Experten gebildet hat, läuft das charakteristische Vorgehen der Delphi-Befragung folgt ab:

- Erstellung und Verwendung eines formalisierten Fragebogens (Basierend auf dem IT-Grundschutz-Check)

- Befragung der ausgewählten Experten

- Sicherstellung von Anonymität durch Einzelantworten

- Ermittlung einer statistischen Gruppenantwort

- Übermittlung der Ergebnisse an die Teilnehmer[60]

---

[57] Vgl. Neyses, D., Spieles, C.: Management von Softwareprojekten (2010), S. 7.
[58] Vgl. Dragosits, M.: Aufwände von IT-Projekten: Kosten schätzen und Abweichungen rechtzeitig erkennen (2015), S. 74.
[59] Vgl. Zerres, C.: Handbuch Marketing-Controlling (2017), S. 95.
[60] Vgl. Weimer, G.: Service Reporting im Outsourcing-Controlling (2010), S. 133.

In Abhängigkeit der gewonnenen Ergebnisse richtet sich der weitere Einsatz von personellen sowie finanziellen Ressourcen für die Realisierung von Informationssicherheitsmaßnahmen.

Kostenrechnung als verursachungsgerechte Verrechnungsmethode

Der Blick auf den Informationssicherheitsprozess nach dem BSI zeigt, dass es sich bei den ersten drei Prozessen, um allgemein gültige, organisatorische Maßnahmen, handelt.

Sofern sich ein Unternehmen bei der Erstellung einer Sicherheitskonzeption dafür entschieden hat mehrere IT-Grundschutz Bausteine zu realisieren, müssen die Kosten der zuvor erfolgten Prozesse den jeweiligen Bausteinen verursachungsgerecht zugeordnet werden.

Nur so lassen sich die Kosten im Nachhinein ganzheitlich und plausibel beziffern.

Genau an diese Stelle setzt die Kostenrechnung an, indem sie die zuvor geschätzten Kosten erfasst, speichert, den verschiedensten Bezugsgrößen (z.B. Bausteinen) zuordnet und für spezielle Zwecke auswertet, selektiert, verknüpft oder für eine Kostenauswertung verdichtet.[61]

Der Aufbau einer Kostenrechnung setzt sich aus einer Kostenarten-, Kostenstellen- sowie einer Kostenträgerrechnung zusammen.

In der Kostenartenrechnung werden die Kosten nach den wichtigsten Arten

---

[61] Vgl. Weber, J.: Definition: Kostenrechnung (06.08.2019).

aufgeschlüsselt und für die weitere Verrechnung im Rahmen der Kosten-stellen- und Kostenträgerrechnung aufbereitet.[62]

Zugleich finden eine Einteilung und Verrechnung in Einzel- sowie Ge-meinkosten statt.

Bei den anfallenden Einzelkosten handelt es sich um Kosten, welche durch die Erstellung von Gütern, Investitionen oder Dienstleistungen den einzel-nen Kostenträgern genauestens, direkt und ohne Verschlüsselung zugerech-net werden können.[63]

Die Gemeinkosten hingegen sind Kosten, welche sich einer Leistungsein-heit nur indirekt durch eine Verschlüsselung zurechnen lassen.[64]

Der nächste Schritt ist die Kostenstellenrechnung. Dort werden die in der Kostenartenrechnung ermittelten Kosten den betrieblichen Organisations-einheiten (Kostenstellen) zugeordnet. Weiterhin werden Kalkulationssätze ermittelt, die zur weiteren Verrechnung der Kosten dienen.[65]

Für die Ermittlung eines verursachungsgerechten Kalkulationssatzes, wel-cher die Gemeinkosten steuerbar macht, kann die Prozesskostenrechnung herangezogen werden.[66]

Da sich die Gemeinkosten typischerweise nicht proportional zur Zuschlags-basis verhalten, bietet die Prozesskostenrechnung im Vergleich zu anderen

---

[62] Vgl. Horsch, J.: Kostenrechnung (2018), S. 20 ; Joos-Sachse, T.: Controlling, Kostenrechnung und Kostenmanagement (2006), S. 95.

[63] Vgl. Horsch, J.: Kostenrechnung (2018), S. 35.

[64] Vgl. Joos-Sachse, T.: Controlling, Kostenrechnung und Kostenmanagement (2006), S. 92 ; Horsch, J.: Kostenrechnung (2018), S. 35.

[65] Vgl. Horsch, J.: Kostenrechnung (2018), S. 20 ; Joos-Sachse, T.: Controlling, Kostenrechnung und Kostenmanagement (2006), S. 95.

[66] Vgl. Zerres, C.: Handbuch Marketing-Controlling (2017), S. 15.

Zuschlagssätzen eine verursachungsgerechtere Zuordnung von Kosten auf Kostenstellen und Kostenträger, denn dort werden die Gemeinkosten über die in Anspruch genommenen Prozesse verrechnet.[67]

Die abschließende Kostenträgerrechnung schaut wofür die Kosten angefallen sind. Dabei werden die entstandenen Kosten den im Unternehmen hergestellten Leistungen zugeordnet.[68] Die Kosten für die Kostenträger werden entweder direkt aus den Einzelkosten der Kostenartenrechnung oder mit Hilfe der Gemeinkosten aus der Kostenstellenrechnung (Prozesskostenrechnung) ausgewiesen.[69]

Der Einsatz einer Kostenrechnung als Kalkulationsbasis hat gezeigt, dass es einer Kostenarten-, Kostenstellen- sowie Kostenträgerrechnung erfordert, um eine verursachungsgerechte Verrechnung der Gemeinkosten sicherzustellen.

Kosten-kalkulatorische Umsetzung des Informationssicherheitsprozesses

Die kosten-kalkulatorische Umsetzung des Informationssicherheitsprozesses nach dem BSI kann nach einer klassischen Kostenrechnung erfolgen. Zunächst werden bei der Kostenartenrechnung alle im Informationssicherheitsprozess anfallenden Kosten erfasst. Der BSI sieht eine Einteilung in einmalige sowie wiederkehrende Investitionskosten (siehe Abbildung 3).[70]

---

[67] Vgl. Horsch, J.: Kostenrechnung (2018), S. 280.

[68] Vgl. Joos-Sachse, T.: Controlling, Kostenrechnung und Kostenmanagement (2006), S. 95.

[69] Vgl. Weber, J.: Definition: Kostenträgerrechnung (08.08.2019).

[70] Vgl. Bundesamt für Sicherheit in der Informationstechnik: BSI-Standard 200-2 (2017b), S. 159.

Einmalige Inverstitionskosten			Kosten
Anschaffungskoten	Hardware		
	Software		
	Gesamte Anschaffungskosten		
Einrichtungskoten	Einsatzkriterien prüfen		
	Registrierung		
	Authentisierung		
	Aktivieren von Autoupdate-Mechanismen		
	Einschränkungen des Netzgriffs konfigurieren		
	Gesamte Einrichtungskosten		
Einmalige Prozesskosten	Initiierung des Sicherheitsprozesses		
	Erstellung der Leitlinie zur Informationssicherheit		
	Organisation des Sicherheitsprozesses		
	Gesamte einmalige Prozesskosten		
Wiederkehrende Investitionskosten			Kosten
Betriebskosten	Personalkosten		
		Schulungen	
		Externe Beratungs- Dienstleistungen	
	Aufrechterhaltung der Informationssicherheit		
		Administration	
		Regelmäßige Aktualisierung	
		Lizenzen	
		Zertifizierungen	
	Miete/Leasing		
	Gesamte Betriebskosten		
Kosten durch Veränderung betriebliche Abläufe	Rechtliche Regularien		
		Maßnahmen DSGVO	
	Gesamte Kosten für betr. Abläufe		
Wiederkehrende Prozesskosten	Erstellung einer Sicherheitskonzeption		
	Gesamte wiederkehrende Prozesskosten		

Abbildung 3: Kostenartenrechnung für eine Basisabsicherung von IoT-Geräten nach dem BSI

Die einmaligen Investitionskosten setzen sich aus Anschaffungs-, Einrichtungs- sowie einmaligen Prozesskosten zusammen.

Bei den Anschaffungskosten handelt es sich um die für den Erwerb der benötigten Soft- und Hardware anfallenden Kosten. Diese Investitionen sind essenziell, um die IoT-Geräte später in einen betriebsbereiten Zustand zu versetzen.[71] Die daraus resultierenden Einrichtungskosten sind Aufwendungen, welche das Unternehmen tätigen muss, um einen sicheren Betrieb zu errichten.[72] Abschließend erfassen die Prozesskosten die Aufwendungen der

---

[71] Vgl. Oser, P.: Definition: Anschaffungskosten (13.08.2019).
[72] Vgl. Seyfriedt, T.: Definition: Einrichtungskosten (13.08.2019).

einmalig anfallenden betrieblichen Abläufe des IT-Grundschutzes.[73]

Um die Informationssicherheit dauerhaft zu gewährleisten fallen wiederkehrende Investitionen für das Unternehmen an. Hierzu zählen Kosten für den laufenden Betrieb, Veränderung betrieblicher Abläufe sowie wiederkehrende Prozesse. Die Betriebskosten umfassen sämtliche Kosten, die in einem Unternehmen für die Aufrechterhaltung des Informationssicherheit anfallen.[74] Hierzu zählen auch die anfallenden Kosten für das Personal sowie Miete/Leasing. Rechtliche Regularien wie die DSGVO können bei der Erfassung personenbezogener Daten greifen und regelmäßige Änderungen betrieblicher Abläufe nach sich ziehen. Dies kann zu ständig anfallenden Kosten führen.

Der Informationssicherheitsprozess nach dem IT-Grundschutz hat gezeigt, dass es sich bei der Erstellung einer Sicherheitskonzeption um einen kontinuierlichen Verbesserungsprozess handelt. Aus diesem Grund werden auch hier regelmäßige Investitionen anfallen.

Sobald alle diese Investitionskosten erfasst sind, erfolgt eine Splittung in Einzel- und Gemeinkosten. Für die nicht direkt zurechenbaren Gemeinkosten erfolgt eine Kostenstellenrechnung. Diese sammelt die anfallenden Gemeinkosten zunächst auf den Vorkostenstellen. Anschließend werden sie weiter auf die Hauptkostenstellen verteilt.

Über die darauffolgende Prozesskostenrechnung lassen sich die Gemeinkosten auf die einzelnen Bausteine verrechnen. Im Vergleich zu den Gemeinkosten lassen sich die Einzelkosten in der Kostenträgerrechnung den einzelnen Bausteinen direkt und somit auch den IoT-Geräten zuordnen.[75]

---

[73] Vgl. Böcking, Definition: Prozesskosten (13.08.2019).
[74] Vgl. Schroeder, F.: Betriebskosten - Was sind Betriebskosten? (2017).
[75] Vgl. Gadatsch, A.: IT-Controlling (2012), S. 87.

Die aus Einzel- und Gemeinkosten resultierenden Selbstkosten, beziffern die Kosten zur Schaffung von Informationssicherheit für die einzelnen BSI-Bausteine. Gleichzeit basieren sie auf einer ganzheitlichen Betrachtung, da sie alle relevanten Sicherheitsprozesse berücksichtigen und verursachungsgerecht verrechnen.

Der folgenden Abbildung lässt sich der vollständige Ablauf der Kostenrechnung am Beispiel der IoT-Geräte entnehmen.

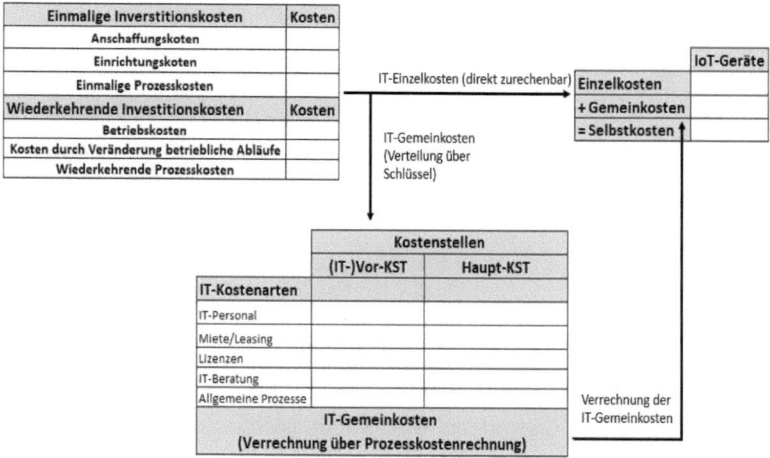

**Abbildung 4: Kostenrechnung für IoT-Geräte
angelehnt an Gadatsch (2012), S. 93.**

Um die Plausibilität dieser Kostenrechnung zu prüfen und eine Make-or-Buy Entscheidung zu treffen, lassen sich Angebote externe Dienstleister heranziehen. Denn einige der vom BSI vorgeschrieben Maßnahmen lassen sich durch die IoT Produkte von Amazon Web Services realisieren.

Amazon Web Services IoT Produkte

Die Amazon Web Services decken mit ihren angebotenen IoT Produkten ein breites und tiefes Funktionsspektrum für industrielle, private sowie kommerzielle Zwecke ab. Dabei wird in Gerätesoftware, Steuerungsdiensten sowie Datendiensten unterschieden.

Zur Sicherstellung der Informationssicherheit von IoT-Geräten dienen das AWS IoT Device Management, AWS IoT Core sowie der AWS IoT Device Defender.

Das AWS IoT Device Management ist ein cloud-basierter Geräteverwaltungsservice, der sich während des gesamten Lebenszyklus um eine sichere Einbindung, Organisation, Überwachung und Fernverwaltung der IoT-Geräte kümmert.[76]

Bei dem AWS IoT Device Defender hingegen handelt es sich um einen vollständig verwalteten Service, mit dem eine komplette Geräteflotte an IoT-Geräten gesichert werden kann. Dabei werden die Richtlinien, Zertifikate und anderen Ressourcen überwacht. Außerdem wird sichergestellt, dass die Geräte mit der richtigen Sicherheitskonfiguration ausgestattet sind. Das Identifizieren von Auffälligkeiten ermöglicht das rechtzeitige Ergreifen der entsprechenden Maßnahmen.[77]

Dieser Service funktioniert nur in Kombination mit dem verwalteten Cloud-Service AWS IoT Core. Er ermöglicht die einfache sowie sichere Zusammenarbeit zwischen IoT-Geräten, Cloud-Anwendungen und anderen

---

[76] Vgl. Amazon Web Services: IoT Device Management (07.08.2019g); Amazon Web Services (06.08.2019).

[77] Vgl. Amazon Web Services: AWS IoT Device Defender (07.08.2019c).

Geräten. Alle Verbindungspunkte verfügen über Authentifizierungs- und komplette Verschlüsselungsverfahren, sodass Daten niemals ohne geprüfte Identität zwischen Geräten und AWS IoT Services ausgetauscht werden.[78]

Für AWS-Kunden besteht die Möglichkeit, ohne jegliche Prüfung ein C5-Testat für ihre Cloud-Anwendungen zu erlangen. Außerdem lassen sich die SaaS- und PaaS-Anwendungen für das C5-Rahmenwerk zertifizieren. Somit erhalten die Kunden einen Nachweis, über die Einhaltung der BSI-Standards zur Sicherstellung von Informationssicherheit.[79]

Bei den hier angebotenen Services handelt es sich um ein sogenanntes „Pay-Per-Use" Geschäftsmodell, denn die Kosten richten sich nach der tatsächlichen Nutzung der Dienste. Amazon bietet durch seine transparente Preisgestaltung ihren Kunden eine Basis zur Kalkulation der Kosten und kann zur Schaffung von Informationssicherheit der IoT-Geräte fungieren.

Allerdings stellt sich die differenzierte Parametrisierung der Preisgestaltung eine Hürde dar, denn diese sind im Voraus oftmals nicht bekannt und gleichzeitig für eine plausible Kostenkalkulation der Services notwendig (essenziell). Aus diesem Grund ist es ratsam sich durch den AWS Vertrieb ein individuell zugeschnittenes Angebot einzuholen, um die Make or Buy Entscheidung bestmöglich zu treffen.

Die AWS IoT-Produkte haben gezeigt, dass sich ein Informationsschutz nach den Standards des BSI auch von externen Dienstleistern realisieren lässt. Gleichzeitig kann ein Unternehmen durch den gewonnenen Vergleichswert zur normalen kosten-kalkulatorischen Betrachtung wirtschaftlich agieren.

---

[78] Vgl. Amazon Web Services: AWS IoT Core (07.08.2019b).
[79] Vgl. Amazon Web Services: Cloud Computing Compliance Controls Catalog (C5) (07.08.2019f).

Resümee

Die vorliegende Arbeit zeigt, dass Unternehmen in Zukunft vermehrt auf den Einsatz von IoT-Geräten setzen werden. Gleichzeitig ist durch die fehlende Awareness für zunehmende Bedrohungen und die weiterhin gering bleibenden Ausgaben für die Informationssicherheit mit gravierenden Auswirkungen für die Unternehmen zu rechnen.

Ziel der Arbeit war es einen international anerkannten Prozess zur Schaffung von Informationssicherheit zu identifizieren, welcher sich anschließend durch einen kosten-kalkulatorischen Ansatz ganzheitlich und plausibel am Beispiel der IoT-Geräte bewerten lässt. Zusätzlich muss eine geeignete Methode die anfallenden Kosten verursachungsgerecht zuordnen.

Der erste Schritt gibt durch seine terminologische Begriffsabgrenzung, internationalen Standards und Normen sowie dem Informationssicherheitsprozess nach dem BSI einen Einblick in die Grundlagen der Informationssicherheit.

IoT-Geräte sind intelligente Gegenstände mit smarten Funktionen, die drahtlos an ein Datennetz angeschlossen sind. Man grenzt diese in direkt adressierbare sowie Geräte mit zentraler Steuereinheit ab.

Die Informationssicherheit hat sich als Ziel gesetzt, jegliche Art von anfallenden Daten zu schützen. Hierfür gibt es eine Vielzahl von Standards und Normen, die sich deren Schutz widmen.

Den Maßstab setzt der nach dem BSI entworfenen Grundschutz, durch seine internationale Anerkennung und Zertifizierung. Der Aufbau dieses IT-Grundschutzes gliedert sich in BSI-Standards, IT-Grundschutz-Kompendium sowie ergänzende Dokumente. Ein Zusammenspiel aus allen Inhalten ermöglicht die Implementierung des Informationssicherheitsprozesses.

Bei dem Prozess nach dem IT-Grundschutz handelt es sich um eine systematische Vorgehensweise, die durch Hilfestellungen zum Aufbau und Aufrechterhaltung von Informationssicherheit dient. Zunächst wird der Sicherheitsprozess durch die Leitungsebene initiiert, gesteuert und kontrolliert. Dabei wird die Entscheidung zwischen einer Basis-, Kern-, Standardabsicherung gefällt. Die darauffolgende Erstellung einer Leitlinie definiert, für welche Zwecke mit welchen Mitteln und Strukturen Informationssicherheit innerhalb eines Unternehmens hergestellt werden soll. Es folgt der Aufbau einer für die Größe und Art entsprechende Organisationsstruktur für das Informationssicherheitsmanagement. Dieser sieht gegebenenfalls eine Beauftragung qualifizierter, externer Mitarbeiter vor. Abschließend wird eine Sicherheitskonzeption erstellt, die sich nach dem zuvor gewählten Absicherungsniveau richtet. Je höher der gewählte Schutz, desto umfangreicher gestaltet sich die Konzeption zur Absicherung. Hierfür wird zunächst der Geltungsbereich anhand des IT-Grundschutz-Kompendiums festgelegt und die relevanten Bausteine priorisiert. Der IT-Grundschutz-Check dient als Ablaufplan für einen Soll-Ist-Vergleich der zu erfüllenden Anforderungen. Defizite lassen sich durch die Realisierung spezieller Maßnahmen beseitigen. Sowohl die Anforderungen als auch die jeweiligen Maßnahmen lassen sich den Inhalten des IT-Grenzschutzes entnehmen. Dadurch, dass die Informationstechnik den Einsatz neuster Innovationen vorsieht, erfordert es für die Sicherstellung der Informationssicherheit einem kontinuierlichen Verbesserungsprozess. Aus diesem Grund empfiehlt der BSI im Anschluss eine Erstellung der nächst höheren Sicherheitskonzeption durchzuführen.

Die Betrachtung des Informationssicherheitsprozesses nach dem BSI verdeutlicht, dass eine ganzheitliche Berücksichtigung der Prozesse stattfindet und somit eine exzellente Basis für einen Ansatz zur Kostenkalkulation geschaffen wird.

Der Ansatz zur Kostenkalkulation baut auf den gewonnenen Erkenntnissen aus den Grundlagen der Informationssicherheit auf. Zunächst zeigt er die bei einer Kalkulation zu berücksichtigenden Herausforderungen auf und ermittelt einen groben Richtwert für das IT-Sicherheitsbudget von IoT-Geräten. Anschließend wird der Bottom-Up Ansatz in Verbindung mit der Delphi Methode zur Bewertung der Kosten herangezogen und orientiert sich durch die gute Grundstruktur an dem Informationssicherheitsprozess nach dem BSI. Außerdem dient die Kostenrechnung als Kalkulationsbasis und zur kosten-kalkulatorischen Umsetzung der Maßnahmen. Abschließend geben die von AWS angebotenen IoT-Produkte eine Alternative zur Berechnung der Kosten und Realisierung der umzusetzenden Maßnahmen.

IT-Sicherheitsinvestitionen stellen reine Vorsorgeinvestitionen, bei denen sich sowohl Kosten als auch Nutzen nur schwer abschätzen lassen, dar. Gleichzeitig ist damit zu rechnen, dass Unternehmen nur begrenzte finanzielle Ressourcen für die Realisierung von Informationssicherheitsmaßnahmen zur Verfügung stehen. Aus diesem Grund lassen sich oftmals nicht alle notwendigen Maßnahmen umsetzen. Wie bereits erwähnt, erfolgt die Absicherung nach den vom BSI definierten Schutzniveaus. Deshalb kann eine kosten-kalkulatorische Betrachtung nur in Relation zu dem gewählten Absicherungsniveau erfolgen. Lediglich ein geringer Anteil an Unternehmen nimmt eine verursachungsgerechte Budgetierung der Kosten vor. Somit besteht in diesem Bereich Nachholbedarf für die Unternehmen.

Die Kostenschätzung des IT-Sicherheitsbudgets gibt einen groben Richtwert vor und zeigt, dass große Diskrepanzen zwischen den unterschiedlichen Branchen in Bezug auf die Höhe der freigegebenen liquiden Mittel herrschen. Außerdem müssen die kontinuierlich steigenden Investitionen im Bereich der IoT-Geräte, durch eine Erhöhung des Sicherheitsbudgets berücksichtigt werden.

Dadurch, dass sich der Informationssicherheitsprozess nach dem BSI gut dokumentieren lässt, eignet sich das Bottom-Up Verfahren zu einer Bewertung der Kosten. Dort werden alle Prozessschritte in Einzelteile zerlegt und anschließend kosten-kalkulatorisch bewertet. Eine objektive Schätzung der Gesamtkosten erfolgt durch eine Befragung qualifizierter Experten mittels der Delphi-Methode.

Sobald sich ein Unternehmen dazu entscheidet den Informationssicherheitsprozess für mehrere IT-Grundschutzbausteine anzuwenden, erfordert es für die Sicherstellung der Plausibilität einer Kostenrechnung. Diese setzt sich aus einer Kostenarten-, Kostenstellen- sowie Kostenträgerrechnung zusammen und gewährleistet durch den Einsatz einer Prozesskostenrechnung die verursachungsgerechte Verrechnung der Gemeinkosten.

Bei der kosten-kalkulatorischen Umsetzung werden die Investitionskosten bei der Kostenartenrechnung in einmalige und wiederkehrende eingeteilt. Gleichzeitig findet eine Splittung in Einzel- sowie Gemeinkosten statt. Die nicht direkt zurechenbaren Gemeinkosten werden in der Kostenstellenrechnung auf die Kostenstellen verteilt. Folgend lassen sich diese Kosten durch eine Prozesskostenrechnung verursachungsgerecht den einzelnen Bausteinen zuordnen. Den Abschluss bildet die Kostenträgerrechnung, welche die anfallenden Einzel- und Gemeinkosten der Bausteine zusammenfasst. Diese spiegelt die Gesamtkosten zur Schaffung von Informationssicherheit einzelner IT-Grundschutz Bausteine wider.

Amazon Web Services bietet mit ihren angebotenen IoT-Produkten, die durch Erfüllung der BSI-Standards und einer transparenten Preisgestaltung überzeugen, eine wirtschaftlich attraktive Alternative zur Eigenherstellung von Informationssicherheit. Gleichzeitig kann eingeholtes Angebot als Plausibilitätsprüfung der zuvor ermittelten Kosten dienen.

Die vorliegende Arbeit zeigt, dass Informationssicherheit, welche in Zukunft immer mehr an Bedeutung gewinnen wird, nicht als Kostentreiber, sondern als existenzielle notwendige Vorsorgeinvestitionen zu betrachten sind.[80] Profitieren werden diejenigen Unternehmen, die ein ganzheitliches Rahmenwerk wie den IT-Grundschutz nach dem BSI einsetzen, die Kosten anhand einer Kostenrechnung verursachungsgerecht berechnen und gleichzeitig alternative Lösungen berücksichtigen.

---

[80] Vgl. Breinich-Schilly (11.04.2019).

Verwendete Literatur

Amazon Web Services (06.08.2019): AWS IoT Device Management – Dokumentation, URL: https://docs.aws.amazon.com/iot-device-management/index.html, Stand: 8. August 2019.

Amazon Web Services (07.08.2019a): AWS IoT – Preise , URL: https://aws.amazon.com/de/iot-core/pricing/, Stand: 8. August 2019.

Amazon Web Services (07.08.2019b): AWS IoT Core, URL: https://aws.amazon.com/de/iot-core/, Stand: 8. August 2019.

Amazon Web Services (07.08.2019c): AWS IoT Device Defender, URL: https://aws.amazon.com/de/iot-device-defender/, Stand: 8. August 2019.

Amazon Web Services (07.08.2019d): AWS IoT Device Defender – Preise, URL: https://aws.amazon.com/de/iot-device-defender/pricing/, Stand: 8. August 2019.

Amazon Web Services (07.08.2019e): AWS Produkte & Services, URL: https://aws.amazon.com/de/products/, Stand: 8. August 2019.

Amazon Web Services (07.08.2019f): Cloud Computing Compliance Controls Catalog (C5), URL: https://aws.amazon.com/de/compliance/bsi-c5/, Stand: 15. August 2019.

Amazon Web Services (07.08.2019g): IoT Device Management, URL: https://aws.amazon.com/de/iot-device-management/, Stand: 8. August 2019.

Amazon Web Services (07.08.2019h): Preise von AWS IoT Device Management , URL: https://aws.amazon.com/de/iot-device-management/pricing/, Stand: 8. August 2019.

AO Kaspersky Lab (2018a): Kaspersky IT Security Budget Calculator, URL: https://calculator.kaspersky.com/de, Stand: 27. August 2019.

AO Kaspersky Lab (2018b): Kaspersky-Methodik zur Berechnung der IT-Sicherheitskosten, URL: https://calculator.kaspersky.com/de/pages/methodology, Stand: 27. August 2019.

Böcking, Hans-Joachim (13.08.2019): Definition: Prozesskosten, URL: https://wirtschaftslexikon.gabler.de/definition/prozesskosten-45669, Stand: 14. August 2019.

Breinich-Schilly, Angelika (2019): Unternehmen geben zu wenig für IT-Sicherheit aus, URL: https://www.springerprofessional.de/risikosteuerung/it-sicherheit/unternehmen-geben-zu-wenig-fuer-it-sicherheit-aus/16487222, Stand: 11. April 2019.

Bundesamt für Sicherheit in der Informationstechnik (o.J.a): BSI - Common Criteria Startseite, URL: https://www.bsi.bund.de/DE/Themen/ZertifizierungundAnerkennung/Produktzertifizierung/ZertifizierungnachCC/ITSicherheitskriterien/CommonCriteria/commoncriteria_node.html, Stand: 11. Juli 2019.

Bundesamt für Sicherheit in der Informationstechnik (o.J.b): BSI - Lerneinheit 6.1: Anforderungen, URL: https://www.bsi.bund.de/DE/Themen/IT-Grundschutz/ITGrundschutzSchulung/OnlinekursITGrundschutz2018/Lektion_6_IT-Grundschutz-Check/Lektion_6_01/Lektion_6_01_node.html, Stand: 9. Juli 2019.

Bundesamt für Sicherheit in der Informationstechnik (o.J.c): BSI - Über den IT-Grundschutz, URL: https://www.bsi.bund.de/DE/Themen/ITGrundschutz/ITGrundschutzAbout/itgrundschutzAbout_node.html;jsessionid=0E1A6D783D89F0C27C091B28F0BECD67.2_cid351, Stand: 31. Mai 2019.

Bundesamt für Sicherheit in der Informationstechnik (o.J.d): IT-Grundschutz - Basis für Informationssicherheit, URL: https://www.bsi.bund.de/DE/Themen/ITGrundschutz/ITGrundschutzKataloge/Inhalt/_content/allgemein/einstieg/01001.html, Stand: 9. August 2019.

Bundesamt für Sicherheit in der Informationstechnik (o.J.e): Lerneinheit 7.3: Die elementaren Gefährdungen, URL: https://www.bsi.bund.de/DE/Themen/ITGrundschutz/ITGrundschutzSchulung/OnlinekursITGrundschutz2018/Lektion_7_Risikoanalyse/Lektion_7_03/Lektion_7_03_node.html, Stand: 26. Juli 2019.

Bundesamt für Sicherheit in der Informationstechnik (2009): Informationssicherheit, URL: https://www.bsi.bund.de/SharedDocs/Downloads/DE/BSI/Grundschutz/Hilfsmittel/Doku/studie_ueberblick-standards.pdf?__blob=publicationFile&v=2, Stand: 14. Mai 2019.

Bundesamt für Sicherheit in der Informationstechnik (2012): Leitfaden Informationssicherheit, URL: https://www.bsi.bund.de/SharedDocs/Downloads/DE/BSI/Grundschutz/Leitfaden/GS-Leitfaden_pdf.pdf?__blob=publicationFile, Stand: 10. Mai 2019.

Bundesamt für Sicherheit in der Informationstechnik (2013): BSI - Glossar - IT-Grundschutz-Kataloge, URL: https://www.bsi.bund.de/DE/Themen/ITGrundschutz/ITGrundschutzKataloge/Inhalt/Glossar/glossar_node.html, Stand: 21. Juli 2019.

Bundesamt für Sicherheit in der Informationstechnik (2017a): BSI-Standard 200-1, URL: https://www.bsi.bund.de/SharedDocs/Downloads/DE/BSI/Grundschutz/Kompendium/standard_200_1.pdf?__blob=publicationFile&v=8, Stand: 12. Mai 2019.

Bundesamt für Sicherheit in der Informationstechnik (2017b): BSI-Standard 200-2, URL: https://www.bsi.bund.de/SharedDocs/Downloads/DE/BSI/Grundschutz/Kompendium/standard_200_2.pdf?__blob=publicationFile&v=7, Stand: 20. Mai 2019.

Bundesamt für Sicherheit in der Informationstechnik (2019a): Checklisten zum IT-Grundschutz-Kompendium der Edition 2019, URL: https://www.bsi.bund.de/SharedDocs/Downloads/DE/BSI/Grundschutz/Kompendium/checklisten_2019.html, Stand: 20. Mai 2019.

Bundesamt für Sicherheit in der Informationstechnik (2019b): DIN-Spezifikation: Mehr Sicherheit im Smart Home, URL: https://www.bsi.bund.de/DE/Presse/Pressemitteilungen/Presse2019/Basissicherheit-Smart-Home-060519.html;jsessionid=974DD09B58105A730A98C2CFCB39B733.2_cid341, Stand: 13. Juli 2019.

Bundesamt für Sicherheit in der Informationstechnik (2019c): IT-Grundschutz-Kompendium, URL: https://www.bsi.bund.de/DE/Themen/ITGrundschutz/ITGrundschutzKompendium/itgrundschutzKompendium_node.html, Stand: 26. Juli 2019.

Bundesamt für Sicherheit in der Informationstechnik (2019d): Struktur des IT-Grundschutz-Kompendiums der Edition 2019, URL: https://www.bsi.bund.de/SharedDocs/Downloads/DE/BSI/Grundschutz/IT-Grundschutz-Modernisierung/Struktur_2019.html.

Bundesamt für Sicherheit in der Informationstechnik (2019e): SYS.4.4 Allgemeines IoT-Gerät, URL: https://www.bsi.bund.de/DE/Themen/ITGrundschutz/ITGrundschutzKompendium/bausteine/SYS/SYS_4_4_Allgemeines_IoT-Ger%C3%A4t.html?nn=10137184#doc10095896bodyText6, Stand: 11. Mai 2019.

Bundesamt für Sicherheit in der Informationstechnik (2019f): Umsetzungshinweise zum IT-Grundschutz-Kompendium 2019, URL: https://www.bsi.bund.de/SharedDocs/Downloads/DE/BSI/Grundschutz/Kompendium/Umsetzungshinweise_Kompendium_CD_2019.html, Stand: 20. Mai 2019.

Bundesverband Informationswirtschaft, Telekommunikation und neue Medien e.V. (o.J.): ISO/IEC 18045, URL: https://www.kompass-sicherheitsstandards.de/Evaluierung-von-IT-Sicherheit/ISO-IEC-18045, Stand: 11. Juli 2019.

Bundesverband IT-Sicherheit e.V. (TeleTrusT) (2010): Wirtschaftlichkeit der IT-Sicherheit, URL: https://www.teletrust.de/fileadmin/_migrated/content_uploads/01-TISP-ComMeeting-Nowey_Wirtschaftlichkeit_der_IT-Sicherheit.pdf, Stand: 20. Mai 2019.

DATACOM Buchverlag GmbH (o.J.b): HTTP (hypertext transfer protocol), URL: https://www.itwissen.info/HTTP-hypertext-transfer-protocol-HTTP-Protokoll.html, Stand: 20. August 2019.

DIN Deutsches Institut für Normung e. V. (2019a): DIN SPEC 27072.

DIN Deutsches Institut für Normung e. V. (2019b): DIN SPEC 27072: Mehr Sicherheit im Smart Home, URL: https://www.din.de/de/din-und-seine-partner/presse/mitteilungen/din-spec-27072-mehr-sicherheit-im-smart-home-330088, Stand: 13. Juli 2019.

Dragosits, Martin (2015): Aufwände von IT-Projekten: Kosten schätzen und Abweichungen rechtzeitig erkennen, URL: https://www.sigs-datacom.de/uploads/tx_dmjournals/dragosits_OS_01_15_puRm.pdf, Stand: 20. Juni 2019.

Federrath, Hannes (2008): Kosten- und Nutzenbetrachtungen im IT-Sicherheitsmanagement, URL: https://svs.informatik.uni-hamburg.de/publications/2008/2008-03-12LeipzigFederrath.pdf, Stand: 12. Juni 2019.

Fraunhofer-Institut für Sichere Informationstechnologie (2011): Werte schützen, Kosten senken, Erträge steigern - Beispiele für die Wirtschaftlichkeit von Informationssicherheit, URL: https://www.sit.fraunhofer.de/fileadmin/dokumente/studien_und_technical_reports/IT-Security-Whitepaper-aktuell.pdf, Stand: 10. Mai 2019.

Gadatsch, Andreas (2012): IT-Controlling, Wiesbaden, Springer Vieweg+Teubner Verlag.

Gartner Inc. (2017): Gartner Says 8.4 Billion Connected "Things" Will Be in Use in 2017, Up 31 Percent From 2016, URL: https://www.gartner.com/en/newsroom/press-releases/2017-02-07-gartner-says-8-billionconnected-things-will-be-in-use-in-2017-up-31-percent-from-2016, Stand: 20. Mai 2019.

Helmke, Stefan/Uebel, Matthias (2016): Managementorientiertes IT-Controlling und IT-Governance, Wiesbaden, Springer Fachmedien.

Horsch, Jürgen (2018): Kostenrechnung, Wiesbaden, Springer Fachmedien.

Hung, Mark (2017): Leading the IoT, URL: https://www.gartner.com/imagesrv/books/iot/iotEbook_digital.pdf, Stand: 20. Mai 2019.

IT Verlag für Informationstechnik GmbH (2016): Probleme und Chancen - Return on Security Investment in der IT (RoSI), URL: https://www.it-daily.net/it-sicherheit/enterprise-security/13152-return-on-security-investment-in-der-it-rosi-probleme-und-chancen, Stand: 11. August 2019.

Joos-Sachse, Thomas (2006): Controlling, Kostenrechnung und Kostenmanagement, Gabler Verlag.

Lackes, Richard (20.08.2019a): Definition: Hardware, URL: https://wirtschaftslexikon.gabler.de/definition/hardware-34131, Stand: 20. August 2019.

Lackes, Richard (20.08.2019b): Definition: Software, URL: https://wirtschaftslexikon.gabler.de/definition/software-45585, Stand: 20. August 2019.

Lang, Michael (Hrsg.) (2018): IT-Management: Best Practices für CIOs, De Gruyter.

Luber, Stefan (o.J.): Was ist Secure Shell (SSH / SSH-1 / SSH-2 / OpenSSH)? URL: https://www.ip-insider.de/was-ist-secure-shell-ssh-ssh-1-ssh-2-openssh-a-691217/, Stand: 20. August 2019.

Luber, Stefan (2017): Was ist eine Firewall? URL: https://www.security-insider.de/was-ist-eine-firewall-a-602870/, Stand: 20. August 2019.

Luber, Stefan (2018): Was ist ein Netzwerk-Port? URL: https://www.ip-insider.de/was-ist-ein-netzwerk-port-a-691212/, Stand: 20. August 2019.

Neyses, Daniel/Spieles, Christian (2010): Management von Softwareprojekten, URL: https://www.uni-trier.de/fileadmin/fb4/prof/INF/WI1/Lehrmaterialien/WS0910/MgmtSWPro/AusarbeitungCase7b.pdf, Stand: 20. August 2019.

Oser, Peter (13.08.2019): Definition: Anschaffungskosten, URL: https://wirtschaftslexikon.gabler.de/definition/anschaffungskosten-29431, Stand: 14. August 2019.

Schroeder, Frank (2017): Betriebskosten - Was sind Betriebskosten? URL: https://www.betriebsausgabe.de/wiki/betriebskosten/, Stand: 14. August 2019.

Seyfriedt, Thilo (13.08.2019): Definition: Einrichtungskosten, URL: https://wirtschaftslexikon.gabler.de/definition/einrichtungskosten-33938, Stand: 14. August 2019.

Siepermann, Markus (19.08.2019): Definition: Update, URL: https://wirtschaftslexikon.gabler.de/definition/update-49022, Stand: 19. August 2019.

TREND MICRO Deutschland GmbH (2018a): Die IoT-Revolution: Chancen, Herausforderungen und Ausmaß der Sicherheitsgefahren, URL: http://blog.trendmicro.de/wp-content/uploads/416925-IoT-Report-DE-V3.pdf, Stand: 12. Mai 2019.

TREND MICRO Deutschland GmbH (2018b): Studie von Trend Micro: Unternehmen vernachlässigen IoT-Sicherheit und setzen das Vertrauen der Kunden aufs Spiel, URL: https://www.trend-micro.com/de_de/about/newsroom/press-releases/2018/20180726-studie-von-trend-micro-unternehmen-vernachlassigen-iot-sicherheit-und-setzen-das-vertrauen-der-kunden-aufs-spiel.html, Stand: 16. Mai 2019.

TREND MICRO Deutschland GmbH (2018c): Trend Micro-Studie: Es fehlt noch an Bewusstsein für IoT-Sicherheit - blog.trendmicro.de, URL:

https://blog.trendmicro.de/trend-micro-studie-es-fehlt-noch-an-bewusst-sein-fuer-iot-sicherheit/, Stand: 13. Juli 2019.

Weber, Jürgen (06.08.2019): Definition: Kostenrechnung, URL: https://wirt-schaftslexikon.gabler.de/definition/kostenrechnung-39542, Stand: 7. August 2019.

Weber, Jürgen (08.08.2019): Definition: Kostenträgerrechnung, URL: https://wirtschaftslexikon.gabler.de/definition/kostentraegerrechnung-38673, Stand: 8. August 2019.

Weber, Jürgen (20.08.2019a): Definition: Hauptkostenstelle, URL: https://wirt-schaftslexikon.gabler.de/definition/hauptkostenstelle-35771, Stand: 20. August 2019.

Weber, Jürgen (20.08.2019c): Definition: Kostenstelle, URL: https://wirtschafts-lexikon.gabler.de/definition/kostenstelle-38578, Stand: 20. August 2019.

Weimer, Gero (2010): Service Reporting im Outsourcing-Controlling, Wiesba-den, Springer Fachmedien.

Zerres, Christopher (2017): Handbuch Marketing-Controlling, Berlin, Heidel-berg, Springer Fachmedien.

Stichwortverzeichnis

234

Die Autoren

Die Autoren dieses Buches sind 5 Studierende des Masterstudiengangs Wirtschaftsinformatik an der FH Bielefeld und ihr Professor.

Maximilian Grigat ist seit Oktober 2018 Masterstudent im Studiengang Wirtschaftsinformatik an der FH Bielefeld. Seinen Bachelor of Science in Wirtschaftsinformatik schloss er ebenfalls an der FH Bielefeld ab. Gebürtig stammt Maximilian Grigat aus Detmold, wo er 2014 am Stadtgymnasium sein Abitur machte. Im Rahmen seiner Masterarbeit befasst sich Maximilian Grigat mit Künstlicher Intelligenz in der Personalplanung.

Stefanie Jurecz ist seit dem WS 2018/19 Masterstudentin im Studiengang Wirtschaftsinformatik an der FH Bielefeld. Ihr Fokus in diesem Studium liegt vor allem in dem Themengebiet des Managements der IT-Sicherheit im Unternehmen, so wird sich auch ihre Masterarbeit mit diesem Thema befassen. Das Bachelorstudium absolvierte sie an der Westfälischen Hochschule in Gelsenkirchen im Studiengang Wirtschaft mit dem Schwerpunkt Wirtschaftsinformatik.

Sascha Kirschner hat das Masterstudium im Studiengang Wirtschaftsinformatik im WS 2018/19 an der FH Bielefeld begonnen und im SS 2020 erfolgreich abgeschlossen. Zuvor hat er im Jahr 2010 eine Ausbildung zum Industriekaufmann und im Jahr 2015 eine berufsbegleitende Fortbildung zum staatlich geprüften Betriebswirt mit Schwerpunkt Rechnungswesen/Controlling abgeschlossen, bevor er im WS 2015/16 mit seinem Bachelorstudium der Wirtschaftsinformatik begonnen hat. Im Rahmen seiner Masterarbeit befasste er sich mit der Erstellung eines Vorgehensmodells zur Implementierung des Unique Device Identifiers bei Herstellern von Medizinprodukten.

Robin Seidel belegt seit dem Wintersemester 2018/2019 den Masterstudiengang Wirtschaftsinformatik an der Fachhochschule Bielefeld. Seinen Bachelorabschluss erlangte er zuvor im Rahmen eines dualen Studiums an der FHDW Bielefeld in Kooperation mit der HARTING Technologiegruppe, bei der er während der Praxisphasen im Unternehmen vor allem im Bereich CRM für Anforderungs- und Fehleranalysen, Userschulungen, sowie das konkrete Projekt zur unternehmensweiten Umstellung von SAP CRM auf Microsoft Dynamics 365 eingesetzt wurde, ehe er sich für das fortführende Masterstudium entschied.

Tobias Stepanek ist seit 2018 Student des Masterstudienganges Wirtschaftsinformatik am Fachbereich Wirtschaft und Gesundheit der FH Bielefeld. Derzeit absolviert er ein freiwilliges Praktikum mit anschließender Abschlussarbeit bei der BMW Group in Dingolfing. Sein betriebswirtschaftliches Bachelorstudium mit den Schwerpunkten Wirtschaftsinformatik, Controlling und Personalwesen hat er 2018 erfolgreich abgeschlossen. Die Entscheidung für das anschließende Masterstudium im Bereich Wirtschaftsinformatik traf er nach seinen Praktika bei der Dr. Ing. h.c. F. Porsche AG und B. Braun Melsungen AG.

Prof. Dr. Achim Schmidtmann ist seit 2017 Professor für Wirtschaftsinformatik, insbesondere betriebliche Informationssysteme/ERP-Systeme am Fachbereich Wirtschaft und Gesundheit der FH Bielefeld. Der Fokus seiner Lehre und Forschung liegt in der Beschäftigung mit IT-Service- und IT-Sicherheitsmanagement, betrieblichen Informationssystemen und dem Informationsmanagement. Von 2006-2017 war Prof. Schmidtmann Professor für Wirtschaftsinformatik am Fachbereich Informatik der FH Dortmund. Als Studiengangsleiter verantwortete er dort den Wirtschaftsinformatik Master sowie seit 2014 als CIO die hochschulweite IT-Strategie der FH Dortmund.

Danksagung

Als Herausgeber möchte ich mich zuerst einmal herzlich bei den Masterstudierenden bedanken, denn für Sie war mit der Abgabe der Seminararbeit in diesem Fall die Arbeit noch nicht beendet. Danke sei auch Torsten Moch für sein Geleitwort gesagt. Außerdem gilt mein besonderer Dank meiner Studentischen Hilfskraft Frau Lang, die mich bei der Korrektur und Überarbeitung des Manuskripts hervorragend unterstützt hat.

Wirtschaftsinformatik an der Fachhochschule Bielefeld

An der Fachhochschule Bielefeld studieren aktuell ca. 10.500 Studierende an den drei Studienorten in Bielefeld, Minden und Gütersloh. Die Hochschule umfasst sechs Fachbereiche und zwar: Gestaltung, Campus Minden, Ingenieurwissenschaften und Mathematik, Sozialwesen, Wirtschaft sowie Gesundheit. Rund 800 Personen sind dort beschäftigt.

Im Fachbereich Wirtschaft studieren aktuell ca. 300 Studierende in drei Wirtschaftsinformatik Studiengängen. Insgesamt bietet der Fachbereich über 3.500 Studierenden ein umfangreiches Angebot an Bachelor- und Masterstudiengängen.

Der Bachelorstudiengang Wirtschaftsinformatik wurde bereits im WS 2006/07 eingeführt und erfreut sich seitdem einer großen Nachfrage. Im WS 2016/17 folgte der Masterstudiengang Wirtschaftsinformatik und im WS 2018/19 wurde das Angebot noch um einen praxisintegrierten Bachelorstudiengang Wirtschaftsinformatik erweitert. Alle drei Studiengänge sind anwendungsorientiert und in den aktuellen Forschungskontext der Wirtschaftsinformatik eingebettet.

Die Wirtschaftsinformatik an der FH Bielefeld legt den Fokus des Studiums auf die Gestaltung betriebswirtschaftlicher Informationssysteme, die Digitalisierung betriebswirtschaftlicher Prozesse und IT-Management. Neben der umfassenden Vermittlung von fachlichen Kompetenzen ermöglichen praktische Team-Projekte, Praxisphasen und häufig ebenfalls in Unternehmen durchgeführte Abschlussarbeiten den Erwerb vielfältiger überfachlicher Kompetenzen. Das Ganze wird abgerundet durch eine individuelle Betreuung und engen Kontakt zu den Dozentinnen und Dozenten.

Die Fachgruppe Wirtschaftsinformatik, der aktuell neun engagierte Professoren sowie drei hoch motivierte wissenschaftliche Mitarbeiterinnen und Mitarbeiter angehören, hält engen Kontakt insbesondere zur regionalen Wirtschaft, der auch zur Weiterentwicklung des Studienangebots genutzt wird. Auf dem jährlich stattfindenden Wirtschaftsinformatik-Transferforum führt sie Hochschule und Praxis zu aktuellen Themen der Wirtschaftsinformatik zusammen.